산림미학시론

김 기 원

국민대학교 출판부

머 리 말

헐벗은 산에 풀씨를 뿌리고 나무를 심은 지 70년이 넘는다. 풀들은 씨를 퍼뜨리고 나무는 성장해서 산은 울창해지고 국토는 푸른 생기로 넘쳐나며 어디를 가나 짙푸른 수해(樹海) 속을 거닐 수 있게 되었다.

경제성장으로 소득이 증가하고 여가가 늘어나면서 깨끗한 환경에 대한 관심으로 갈수록 자연을 찾는 야외활동이 활발하게 일어나고 있다. 여름철 바다로 몰리던 휴가철 인파는 서서히 산으로 숲으로 계곡으로 이동하고 있고, 여름휴가가 끝이 나면 바다보다는 숲을 찾는 휴양객들이 훨씬 많으리라 생각된다.

자연이 주는 자연스러움과 초록빛이 주는 심리적 효과로 숲은 사람을 끌어당긴다. 인간의 조상이 자연에서 태어나고 숲에서 자라왔기에, 귀소본능(歸巢本能) 때문에 숲으로 가고 싶어 한다. 자연휴양림이 만들어지던 초창기에 숲을 찾은 사람들은 불과 4만여 명 안팎이었으나 지금은 1,400만여 명에 이르고 있다.

숲은 이제 온 국민의 안식처가 되었다. 숲에서 안식을 찾고 편안함을 느낄 수 있으려면 숲은 적어도 한 가지 조건을 만족시켜야 할 것이다. 그것은 사람들이 좋아하는 숲의 모양을 갖추는 것이다. 달리 말하면, 숲을 나름대로의 모양과 아름다움을 갖추도록 가꾸는 것이다. 아름답게 가꾸려면 그것에 알맞은 기준이 있어야 하는데 그 기준을 산림미학이라고 생각한다.

산림미학은 100년 이상의 역사를 가지고 있다. 1750년에 시작된 독일인 Baumgarten의 미학(Aesthetica)에서 출발하여, Borch, König, Buckhardt로 이어지는 山林美에 대한 연구는 1885년에 Heinrich von Salisch에 의해 『Forstästhetik(산림미학)』이 출판되면서 정립되는 계기를 맞이한다. 이어서 일본에서 1918년에 독일에 유학했던 新島善直와 그의 제자 村山釀造가 『森林美學』을 발간하고 대만에서는 1991년 林文鎭에 의해 『森林美學』이 출판되었다. 林文鎭의 『森林美學』은 저자가 이 분야에 대해서 연구하게 하고 책을 쓰는데 직접적인 동기를 부여해 준 책이다.

산림미학은 산림의 자연적 예술적 美와 문화예술적 가치표현 및 그의 임업적 응용에 관해 연구하는 학문이다. 이를 위해서는 순수 미학에 대한 이론적인 지식과 문화예술에 대한 이해를 필요로 하고, 미학 연구의 대상은 감각과 관련되기 때문에

5감, 특히 시각에 대한 지식을 요구한다. 응용을 위해서는 나무와 숲이 지닌 생태적, 환경적, 문화적, 재료적인 특성을 알고 있어야 함은 물론이다.

제1장은 미와 미학의 개념에 대해서 살펴본 것이다. 美이라는 단어가 지닌 여러 가지 속뜻을 설명하고 우리말에서 미에 해당하는 '아름다움'에 대해서 정의하였다. 제2장은 미의 구조와 형식을 다룬 것인데 미를 구성하는 원리는 무엇이며 미적 대상으로써 경관에 대한 설명을 덧붙였다. 제3장은 미를 감상하는 방법을 설명한 것인데 미의 감상 수단으로써 5감각기관, 특히 미적 대상을 감상하는데 큰 영향을 주는 시감각에 대한 이해를 넓혔다. 이어서 감각기관으로 숲을 감상하는 방법과 매직아이식 감상법을 덧붙여 설명하였다.

제4장에서는 제1~3장의 지식을 바탕으로 산림미학의 개념을 정리하고, 산림미학의 역사적 발전과정과 연구동향, 연구영역을 소개하였다. 제5장은 산림미의 구조와 특성을 다룬 것이다. 식물조직과 기관, 나무의 외관, 감각적 생태적인 요소들을 소개하고, 사람들이 선호하는 산림미의 사례를 제시하였다. 제6장은 산림을 기술하고 표현하는 방법을 소개한 것으로써 작가들의 예문을 함께 실어 이해를 도왔다. 제7장은 산림을 관리하는데 산림미학을 어떻게 적용할 수 있는가를 설명한 것이다. 근경, 중경, 원경 등 경관거리에 따라서 적용하고 감각적으로 중점을 두어야 할 사항들, 여러 가지 경관시업 방법에 대한 분류와 사례를 함께 소개하였다. 또한, 미국과 캐나다에서 적용되고 있는 풍경관리시스템(SMS)과 시각적 수용력(VAC)에 대한 사례도 소개하여 숲 관리를 위한 지식을 넓히도록 하였다.

이것은 시도에 불과하다. 짧디 짧은 지식과 미천한 경험으로 겨우 '산림미학이란 이런 것이다'라는 것을 다루는 정도의 범위를 벗어나지 못했다. 독자 여러분께 많은 질정(叱正)과 조언을 바라마지 않는다. 초판 이후로 여러 번의 인쇄를 거듭하였지만 수정이나 보완을 제대로 하지 못하였는데 이번에 통계수치와 법령 내용 일부를 정정하였다.

끝으로, 이 책을 나오게 해 준 국민대학교 출판부 관계자들께 감사드린다.

2016년 새해

김 기 원

목 차

제5장 山林美

제6장 표현과 記述

제7장 미학적 산림관리

참고문헌

부 록

색 인

제1장 美

제1절 인간과 美

1. 가치(價値, Value)

인간의 삶에는 목적이 있다. 삶에 목적이 없다면 그는 동물적 존재와 다르지 않다. 그런데 인간 삶의 목적은 가치추구라는 말로써 바꿔서 설명할 수 있겠다. 가치란 값 또는 값어치의 뜻으로써 경제적으로는 욕망을 충족시켜 주는 재화(財貨, goods)의 중요성 정도를 말한다. 그러나, 철학적으로는 인간의 정신적 노력의 목표로 삼는 어떤 대상에 대한 인간 주체와의 관계에서 그것이 가지는 의의를 말하며, 대개는 眞·善·美·聖의 문화적 가치를 말한다.[1)]

가치는 대체적으로 삶의 목적을 달성했을 때 얻어진다. 삶의 목적이 부유함을 얻기 위함이라면 그 가치는 돈, 또는 재화라고 할 수 있을 것이고, 즐거움을 탐닉하는 것이라면 그 가치는 쾌락이다. 또한, 신체의 건전함을 추구하고 있다면 그 가치는 건강이라고 말할 수 있겠다. 이런 것들은 모두 개인들이 추구하는 것으로써 개인적인 가치에 해당한다. 개인차원이 아닌, 사회적 문화적 측면에서 바라보면, 학술적 가치로써 眞, 도덕적 가치로써 善, 예술적 미적 가치로써 美, 그리고 종교적 가치로써 聖을 들 수 있다. 眞·善·美·聖의 가치는 물론 개인도 추구할 수 있는 것이지만, 대체로 활동성향에 있어서 동질성을 지닌 특정한 조직이나 사회가 추구하는 것으로써 집단적 가치라고 말할 수 있겠다.

2. 인간의 가치추구와 미

고대 그리스 3대 철학자의 한 사람이자 소크라테스의 제자인 플라톤은 인간이 추구하는 가치를 眞·善·美로 보았다.

시대가 달라졌다고 하더라도 현대인들이 추구하는 가치는 크게 달라지지 않았으

1) 최동희·김영철·신일철.『哲學』. 일신사. 1975. pp.377

며 대체로 眞·善·美·聖의 범주를 벗어나지 않는다. 그만큼 이들 가치들은 만인이 추구함에 있어서 보편성이 있기 때문일 것이다. 그런데 현대인들의 생활에서 가치를 추구하는 특성을 살펴보면, 審美的 활동이 늘어나고 있는 성향을 보이고 있는데 이것으로 美에 대한 탐구가 공통적인 경향이 아닌가 생각하게 한다. 이러한 사실은 사회학자 매슬로(A. Maslow)의 인간욕구 충족 단계설과 관련된 연구를 통해서 설명할 수 있다.[2] 생리적 욕구, 안전 욕구, 소속과 친화 욕구, 평가와 존경 욕구, 자아실현 욕구, 심미적 욕구를 추가하여 인간의 욕구 충족을 여섯 가지 단계로 이야기 한다.

- 생리적 욕구(Physiological Needs)는 식욕, 수면욕, 성욕, 배고픔, 목마름과 같이 신체의 대사 등 생명유지와 직접 관련된 욕구이다.
- 안전에 대한 욕구(Safety Needs)는 신체적인 상해로부터의 보호뿐만 아니라, 다른 사람으로부터 받는 심리적인 두려움을 극복하고, 개인적인 프라이버시를 지키며, 그리고 도시환경 내에서의 자신의 오리엔테이션(자기위치)을 증진시킬 수 있는 기회(Opportunity)를 포함한다.
- 소속과 친화 욕구(Affiliation Needs)란 가령 사랑을 받고자하는 것과 같은 것이다. 또한 어떤 단체의 회원(Membership)으로 가입하여 활동하고 싶은 욕구도 여기에 해당된다.
- 평가와 존경 욕구(Esteem Needs)는 개인의 완전성(Integrity) 혹은 자기평가(Self-Evaluation), 자신에 대하여 다른 사람이 감지한 평가 등과 관련되어 있다. 평가욕구의 충족은 자신의 환경을 개인화(자기화; Personalize)시킬 수 있는 자신의 능력과 밀접하게 관련되어 있다.
- 자아실현 욕구(Actualization)는 자신의 역량과 관련하여 자기실천을 위한 욕구이다. 이것은 자신의 환경을 개개인이 실제적으로 혹은 지각된 상태로 통제조정(Control)하는 것과 아주 밀접하게 관계하고 있다.
- 심미적 욕구(Cognitive/Aesthetic Needs)는 아름다움(Beauty)에 대한 개인적인 이상(Concept, Idea)과 배움에 대한 욕구 등에 관계하고 있다.

심미적 욕구 충족을 위한 활동은 미에 대한 관심이며 그것은 미적인 가치 추구이다.

---

2) Porteus, J. D. 『Environment and Behavior』. Addison-Wesley Publishing Company. 1977. pp.10~11.

[그림 1-1] 숲에서 미를 찾으려는 탐방객들
- 산음 자연 휴양림(경기 양평소재) -

제2절 美의 개념

1. 뜻

(1) 몇 가지 예문들

앞서 살핀 것처럼 美는 고대인에게서나 현대인에게서나 시대를 막론하고 삶의 목적으로 공통적으로 추구하는 가치의 하나이다. 그런데 정작 美는 무엇인가?

美라는 용어는 순수 우리말로 '아름다움'이라는 말을 대변하고 있다. 미에 대해서 설명하기 전에 우리말 '아름다움'이 어떻게 쓰이고 있는지 살펴보면 이를 이해하는데 도움이 될 것이다. 우리는 일상생활에서 습관적으로 또는 의식적이든 무의식적이든 '아름다움'이라는 말을 자주 쓰고 있다. 그런데 용례들을 살펴보면 '아름다움'이란 말의 뜻이 동일하지 않으며 그 의미가 명쾌하지 않을 때도 있다. 가령 아래와 같은 예문에서 그러한 예를 찾아볼 수 있다.

식물은 직접 자기 몸을 움직여 특별히 마음에 드는 다른 식물의 꽃을 찾아가 꽃가루를 전달할 수 없다. 그래서 그들은 곤충이나 새, 심지어는 박쥐의 도움을 얻어 수정을 한다. 자기 대신 좋은 여인을 만나 사랑을 나누라고 꿀까지 바쳐가며 청부업자의 몸 여기저기에 꽃가루를 실어 보낸다. 좋은 청부업자를 만나기 위해 식물은 자신의 생식기인 꽃을 '아름다운' 색깔과 자태로 장식하여 드러내놓고 있다.

최재천, 『생명이 있는 것은 다 아름답다』

내 사랑아
너는 '어여쁘고 어여쁘다'
네 눈이 비둘기 같구나
나의 사랑하는 자야
너는 '어여쁘고' 화창하다
우리의 침상은 푸르고
우리 집은 백향목 들보
잣나무 석가래구나

성경『아가서』 1장 15~17절

신록에 있어서도 가장 '아름다운' 것은 역시 이즈음과 같은 그의 청춘 시대 - 움 가운데 숨어 있던 잎의 하나하나가 모두 형태를 갖추어 완전한 잎이 되는 동시에 처음 태양의 세례를 받아 청신하고 발랄한 담록(淡綠)을 띠는 시절이라 하겠다. 이 시대는 신록에 있어서 불행히 짧다. 어떤 나무에 있어서는 혹 2, 3주일을 셀 수 있으나, 어떤 나무에 있어서는 불과 3, 4일이 되지 못하여 그의 가장 '아름다운' 시절은 지나가 버린다. 그러나 이 짧은 동안의 신록의 '아름다움'이야말로 참으로 비할 데가 없다. 초록이 비록 소박(素朴)하고 겸허(謙虛)한 빛이라 할지라도 이러한 때의 초록은, 그의 '아름다움'에 있어 어떤 색채에도 뒤서지 아니할 것이다(이하생략).

이양하, 『신록예찬』

'아름다운' 여름 날은 하루하루 흘러갔다. 나는 거의 언제나 안나의 옆에 있는 것이 버릇이 되었으며, 이제 이것도 곧 끝나리라고 생각하니 내 휴가의 푸른 하늘 위에는 무거운 구름이 덮이는 것이었다.

그리고 모든 '아름다운' 것과 아무리 고귀한 것이라도 일시적이고 그 제한된 종말이 있는 것같이, 지금 회상하면 모든 나의 청춘의 마지막인 듯한 이 여름도 하루하루 지나버렸다. 다가온 나의 출발에 관하여 말이 나기 시작했다. 어머니는 내의와 양복 등 물건을 또 한 번 두루 살펴 보시고 그 중 몇 가지는 바느질해 주셨다(이하생략).

Hermann Hesse, 『Sch n ist die Jugend』(청춘은 아름다워라). 박찬형 역.

성스러운 소크라테스시여, 어찌하여 당신은
늘 이 젊은 사나이에게 존경을 표하시나요?
당신은 더 위대한 것을 모르는지요?
마치 신들을 우러러 보듯이,
왜 그토록 사랑 가득한 눈으로 그를 바라보시나이까?

가장 심오한 것을 생각하는 사람은 가장 생명력 있는 것을 사랑한다네,
세상을 바라보는 자는 고귀한 청춘을 이해하는 사람이지.
그리고 지혜있는 사람은 종국에는 '아름다운' 것에 끌리게 되지.

J. C. Friedrich H lderlin, 『Socrates und Alcibiades』[3)]

최재천의 글에서는 '아름다운'이란 식물이 '벌을 유인하기 위해' '꽃색깔과 자태'를 '아름답게' 장식하는 것으로 묘사하고 있다. 성경 66권 중 가장 아름다운 문장으로 쓰였다는 『아가서(雅歌書)』에서는 '아름다운'의 영어에 해당하는 'beautiful'을 우리말로 '어여쁘다'로 적고 있다. 여기서 '어여쁜', 즉 아름다운 연인의 눈을 '비둘기' 같다고 표현하고 있어 아름다운 것은 곧 비둘기를 뜻하게 되는데 의미전달이 분명치 않아 보인다. 이양하의 『신록예찬』은 신록의 아름다움을 찬미한 것으로써 새잎들이 연출하는 가장 훌륭한 아름다움은 담록빛이고 '청신하고 발랄한' 것이다. 헤세가 쓴 『청춘은 아름다워라』에서 예문은 사랑이 한창 익어가고 있는 여름날 하루하루가 아름다운 날들인데, 휴가가 막바지에 접어들어 작별해야 하는 안타까움을 노래하고 있다. 그 아름다운 것도 언젠 가는 끝이 있음을 은연 중 표현하는 것도 엿보인다. 횔더린[4]의 시에서는 사람들은 생명력 있는 것을 사랑하고 고귀한 것을 탐구하지만 끝내는 아름다움에 이끌리게 되어 있음을 밝히고 있다.

종족보전을 위해서 꽃은 아름다운 자태로 벌을 유혹하기도 하고, 아름다운 것은 비둘기에 비유되기도 한다. 자연의 변화과정에서 봄철에 신록이 연출하는 청순하고 발랄한 담록빛은 어떤 색깔도 따라올 수 없는 가장 '아름다운 것'이다. 그래도 아름다운 것은 끝이 있지만, 소크라테스조차 심오한 것을 아는 사람도, 세상을 꿰뚫어 보는 사람도, 지혜있는 사람도 결국에는 '아름다운 것'에 굴복할 수 밖에 없다고 단

---

3) 백기수, 『미의 사색』. 1981. p.51에서 원문을 발췌하여 번역한 것이다. 알키비아데스는 아테네의 정치 및 군사 지도자였다. 총명하였지만 조심성 없는 인물로써 아테네에 극한적인 정치 분쟁을 일으켰고, 스파르타와 펠레폰네소스 전쟁에서 패하게 만든 장본인이다. 아주 잘 생기고 기지가 있는 청년이었으나 사치스럽고 무책임하며 자기 중심적이었다. 그러나 그는 철학자 소크라테스의 철저한 윤리관과 예리한 정신력에 감동받았고, 소크라테스 또한 알키비아데스의 준수한 생김새와 지적인 소양에 매혹되었다. 두 사람은 군대생활을 같이 한 적이 있는데, 알키비아데스가 부상을 당했을 때 소크라테스가 상처를 치료해 주었다고 한다. 그런데 알키비아데스가 서른 살이 되기도 전에 뇌물을 받아 소크라테스가 경멸하게 되었다.

4) 박찬기, 『독일문학사』. 일지사. 1992. pp.227~232.
프리드리히 횔더린(1770~1843)은 독일 뷰르템베르그 州의 라우펜에서 태어난 시인으로 괴테, 실러의 고전주의에 상반된 반고전(反古典)의 3대 시인의 한 사람이다. 마틴 하이데거가 시인 중의 시인으로 칭송한 장본인이다. 원래 신학교출신이었지만 목회(牧會)의 길을 버리고 스스로 시인이 천직이라고 여기고 詩作에 매달렸다. 신학교 시절 철학자 헤겔, 셰링과 사귀었다. 여기에 실린 시는 실러에게 보낸 시 원고인데 알키비아데스가 묻고 소크라테스가 대답하는 문답식 시로 되어있다.

언하고 있다. 도대체 아름다움(美)이란 무엇인가?

(2) 字典的 의미: 美와 羊

美의 어원 구성은 美 = 羊 + 大 의 合字로써 '크고 훌륭한 양(羊)'의 뜻인데 羊이 크면(大) 살찌게 되고 도축하여 먹을 수 있게 되니 '맛이 좋게'(美) 마련이라는 의미가 담겨있다.[5]

한편, 미는 음형상(音形上)으로 '米'와 통하여 '맛좋은 쌀'의 뜻을 나타내기도 한다. 쌀은 계속하여 씹으면 단맛이 나는데 이런 의미에서 미라는 말은 곧, 감(甘) 즉, '달다'라는 뜻을 함축하고 있다. 그래서 美이라는 말은 곧 甘의 뜻이며, 달다라는 말은 아름다움과 통하는 말이다. 甘이란 五味(단 맛, 쓴 맛, 신 맛, 매운 맛, 짠 맛)의 하나이며 五味가 있는 것은 모두 달다. 이렇듯 美라는 말은 味感的 의미로부터 출발하고 있음을 알 수 있다.

美에 대한 글자 풀이를 보면, 우선 ① '아름다울 미'로써 美麗함(美人, 美文), 옳음과 착함(美政, 美事), 훌륭함과 좋음의 뜻을 지니고 있고, ② '맛날 미'로써 맛이 있음(甘美, 美味)의 속뜻이 있으며, ③ '기릴 미'로써 칭찬함(賞美), ④ '잘할 미'로써 옳게 또는 훌륭하게 함의 뜻과, ⑤ '아름답게 여길 미' 또는 '좋다고 할 미'로써 아름답다 또는 좋다고 인정함 등의 의미를 포함하고 있음을 발견한다.[6] 이외에도 자전에서 곱다, 예쁘다, 만족하다, 즐겁다, 훌륭하다, 찬미하다 등의 뜻이 덧붙여져 있음을 발견할 수 있다.[7]

한편, 옛날부터 동서양을 막론하고 羊은 祥瑞로운 것의 상징이 되어왔다. 또, 양은 말, 소, 돼지, 개, 닭과 함께 여섯가지 가축(六畜)의 하나로써 고기반찬을 뜻하는 선(膳) 가운데 중심이 되어 왔다. 그런데 膳이라는 글자는 月(=肉)과 善의 합쳐진 글자이므로 이것으로 膳은 善과 통하고 있음을 발견한다. 善은 '誩'(경/탐) + 羊'으로 구성되어 있다. 속에 담긴 내용을 풀어 보면, '誩'은 원고와 피고가 서로 다투

---

5) 하지만 다른 해석도 있다. 美의 아래쪽 '大'란 글자는 '크다, 비대하다'라는 뜻이 아니라 '사람(人)'의 뜻이 있다. 漢나라 허신(許愼, 30~124)의 <說文解字>에는 "大는 人이다. 大는 사람의 형상을 본 뜬 것이다(大, 人也, 大象人形)"라고 되어 있다. <說文解字>는 허신이 121년에 완성한 最古의 字典이다(유홍준 편역, 『미학에세이』. 원저 周鈞韜. p.21).

6) 민중서림 편집국, 漢韓大字典. 민중서림. 1998. p.417

7) 고대민족문화연구원 편찬위원회, 中韓辭典. 고대민족문화연구원. 2002.

며 발언하는 모습인데, 이 때 羊이 중간에 나서서 신(神)의 역할을 하여 양자가 서로 '좋은' 결론을 구하는 모양이다. 이것에서 善은 '좋다'의 의미를 지니고 있다.[8)]

결국 '美'라는 글자의 성립은 羊이 들어 있어서 의미가 있게 된 것이며 또한 美와 善은 통하고 있음을 알 수 있다. 이처럼 한자 문화권에서 美의 의미는 대체로 맛(味感的)의 의미, 좋은 것(好), 착한 것(善)과 관련된 의미를 지닌 것으로 파악할 수 있겠다.

(3) 美의 味와 관련된 의미

앞서 美에 '맛이 있다'라는 의미가 있다고 설명한 것은 美를 미각적(味覺的) 의미로 사용한 예이다. 여기서 '맛'이란 말의 뜻을 우리말에서 찾아보기로 하자.

맛은 첫째, 음식 따위에 혀를 댈 때 느끼는 감각, 둘째, 어떤 사물에 대한 재미나 만족감, 셋째, 체험을 통해서 알게 된 느낌, 넷째, 꼭 바라는 것, 만족스러운 것, 성에 참 등으로 설명되어 있다. 이들을 잘 살피면 크게 두 부류로 나눌 수 있는데 미각적인 의미와 감각적이고 관념적인 의미가 그것이다. 전자는 음식물이 혀의 맛세포인 미뢰(味蕾)에 접촉됨으로써 얻을 수 있는 것으로써 다섯가지 맛인 단맛, 쓴맛, 신맛, 매운 맛, 짠맛 등 5味를 말한다. 이 맛은 주체인 관찰자가 객체로부터 얻은 체험적 특성이다. 후자는 음식에 관계된 것이 아닌 다른 대상이나 행위 속에서 경험한 느낌이나 특질을 말한다. 예를 든다면, 일상에서 쓰는 표현으로, '이 시는 읽을수록 깊은 맛을 느끼게 한다', '세한도 그림은 볼수록 맛을 더 한다', '전원 교향곡은 들을수록 맛이 나', '꾀꼬리 울음소리는 맑고 고운 맛을 담고 있어', '이 향기는 맛이 진하군' 같은 표현은 맛이 지닌 관념적이고 감각적인 의미를 담고 있다.

우리 말 맛이 지닌 이 같은 두 갈래 의미는 영어의 맛에 해당하는 'taste'에서도 비슷하게 나타나고, 다른 외국 언어에서도 유사한 경향이 있음을 발견한다.

그런데, 앞서 설명한 '맛'의 관념적 감각적 의미는 우리말에서 '멋'에 해당하는 말로 이해할 수 있겠다.[9)] 그렇다면 앞에 '맛'이란 용어를 시, 그림, 음악, 꾀꼬리, 향기 등에 빗대어 썼을 때 그 '맛'의 의미는 곧, 그들의 '멋'을 말하는 것이다. 이것은 궁극적으로 곧 미적 대상의 '아름다움'을 표현한 평가요 판단이다. 그래서 '멋이

8) 민중서림 편집국, 앞의 책.
9) 백기수, 『美學序說』. 서울대학교 출판부. 1975. pp.61~69.

있다'라고 말할 때 이것은 그 대상(객체)에 미적 유형의 특성이 있다라는 의미이다. 또한, '멋을 안다'라는 것은 미적 대상에 들어있는 특성, 즉, 미적 유형의 특성을 관찰자(주체)의 오감과 지적인 작용으로 판단할 수 있는 능력이 있음을 말한다.[10)]

맛과 멋을 종합적으로 정리하면, 미각적 의미로써의 맛은 주체인 관찰자가 미적 대상인 객체로부터 얻은 체험적 특성이고, 맛의 관념적 감각적 의미는 미적 대상의 측면에서의 특성이다. 후자는 특히 순우리말에서 '멋'에 해당하는 것으로 받아들일 수 있다.

(4) 美와 善

•동 양

앞서 美에 대한 설명에서 羊은 육축의 하나로써 膳(반찬)에 중요한 역할을 하고 있고, 또한 膳의 뜻풀이에서 美가 善과 통하고 있음을 확인하였다. 美가 善과 관련된 내용을 동서양의 현인들의 사상에서 간단히 살피기로 한다.[11)]

공자(BC 552~479)는 美와 善을 예술의 요소로 용인하고 양자 일치를 이상으로 삼아 미선일체의 견해를 가지고 있었다. 성선설(性善說)을 주장한 孟子는 인간의 본성은 본래 善하고 아름다운 것인데 善을 충실하게 하는 것이 美라고 보고 있다. 성악설(性惡說)을 대표하는 荀子는 인간의 본성은 惡인데 이를 禮를 통해서 수신(修身)의 방편으로 삼는데 그러한 사람이 조정에 있으면 美政 즉, 善政을 베푼다고 본다. 유가사상을 대변하는 이들은 미와 선이 다른 것이 아니라 서로 통하고 있음을 말하고 있다. 여기에서 겉으로 나타나는 행동으로써의 선은 곧, 미의 내면적 가치가 밖으로 표현된 것으로 보고 있다.

•그리스 3대 철학자

동양에서, 특히 유가사상에 있어서 美와 善은 상호 밀접한 관계를 유지하고 있음을 알 수 있다. 이 같은 양자간의 관계는 고대 그리스 철학자들에게서도 비슷하게 나타나고 있다. 소크라테스는 인생에 쓰임이 되고, 합목적적이면 美이고 善이며 그렇지 않으면 醜이고 惡으로 간주하였다. 플라톤 사상의 중심은 이

10) 같은 책.
11) 동양에 있어서 미에 관한 개관은 유재근의 『東洋의 美學』(도서출판 둥지, 1993)을 참고할 것.

데아 사상인데 이데아 세계의 최상위에 있는 것은 善 이데아로써 지상의 최고 가치이자 목적이다. 그런데 이것은 美의 극치로 나타난다고 보았다. 또한, 아리스토텔레스는 美는 소망의 대상이요 善한 것으로써 快를 주는 것이며 美는 곧 善이다라고 주장하고 있다.[12)]

• 美의 서양 어원(Beauty, Beauté, bello)

이들 언어는 모두 라틴어 bellus에서 파생되었는데 bellus의 어근은 善을 의미하는 'bonus'에 바탕을 두고 있다. 이처럼 동서양에 있어서 美가 어원에 있어서 선과 서로 통하고 있음은 흥미로운 사실이다.

아름답다와 관련된 영어 단어 Beautiful과 Beauty의 뜻풀이를 영영사전에서 검색할 수 있는 내용들을 정리하면 다음과 같다;

<Beautiful>(아름다운)

• Someone or something that is beautiful is attractive to look at and gives you a feeling of pleasure. 이것은 '보기에 대단히 좋고 매력이 있으며' '기쁜 느낌을 주는 것'이며 beautiful woman, incredibly beautiful 등의 예문이 있다. 여성, 물건, 아이, 소리, 빛 등에 쓸 수 있다.

• Very good or giving you great pleasure. 이것은 '무척 좋은' 혹은 '대단한 기쁨을 주는'의 의미로써 beautiful experience, beautiful music, beautiful weather 등의 예문이 있다.

<Beauty>(미, 아름다움)

• 외관(appearance): 사람, 물건이 대단히 매혹적인(유혹적인) 외관을 지녔을 때 하는 표현으로 사용한다.

• 품질(good quality): 즐거움(pleasure), 시, 노래, 감정(emotion), 혹은 기쁨(joy)을 주는 경우이다.

• 유익함(advantage): 특별히 적합하거나 유용한 것을 의미한다.

• 동감/시인(approval): 가령 식당에서 주문한 음식이 나왔는데 그것이 내가 기대하는 것에 꼭 일치하고 멋진 모습으로 나왔을 때, 'oh, you beauty!'라고 외치는 경우를 종종 본다.

---

12) 백기수, 앞의 책.

(5) 성경상의 美: '보기에 좋았더라'

성경에 나타나는 아름다움의 뜻을 알 수 있게 하는 것은 하느님의 창조역사를 기록한 창세기에 들어있다. 하느님은 피조물을 자신의 형상대로 짓거나 가장 자신의 마음에 들고 아름답게 창조하였는데 그 표현을 성경에는 '보시기에 좋았더라'로 되어 있다. 이 표현은 창조된 것들의 완전함과 아름다움이 하느님의 뜻과 일치하였음을 나타낸다.[13] 즉, 여기에서 표현된 '보시기에 좋은'은 물론 시각적 표현이기는 하지만, 보이는 것으로 만족할 뿐만 아니라 안팎의 모든 면에서 완전하여 창조주의 마음을 만족시켜 기쁨을 주었다는 의미이다.

(6) 美의 우리말, 아름다움

이상의 내용들을 종합하면 우리말에서 美를 표현하는 말로써, 아름다움, 좋음, 착함, 예쁨, 아리따움, 사랑스러움, 매력적임, 칭찬할 말함, 고귀함, 훌륭함, 멋(멋짐) 등이 있다. 이 중에서도 가장 많이 쓰이고 있는 '아름다움'에 대해서 알아 보자. 아름다움은 형용사 아름답다의 명사형인데 그 뜻을 거의 모든 사전에 '아름다운 느낌'으로 풀이하고 있다. 형용사 '아름답다'는 사전에 '사물이 원만하게 조화되어 감각, 감정에 기쁨과 만족을 줄만하다, 예쁘고 곱다', 또는 '보거나 듣기에 즐겁고 좋은 느낌을 가지게 할 만 하다', '행동이나 마음씨가 훌륭하고 갸륵하다'로 설명되어 있다. 예문으로써, 아름다운 꽃, 아름다운 목소리, 아름다운 경치, 아름다운 우정, 아름다운 가정생활 등을 열거하고 있다.[14]

그런데 형용사 '아름답다'의 어원을 찾아보면 '아름다움'의 진의를 짐작할 수 있을 것인데 이 점에 대해서는 다음과 같은 견해들이 있다.[15]

- <아름>: 안다에서 온 것으로 知, <다움>은 격, 가치를 의미, 즉 아름다움은 知的價値이다(고유섭).
- <아름>: 안다의 뜻이 아니고 實의 의미이다(안용백).
- <아름답>: 私의 古訓으로써 如有私好, 私恩 즉, '나와 같다, 나답다'라는

---

13) 편찬위원회, 『뉴톰슨 관주 주석 성경』. 1985. p.1
14) 한글학회, 『우리말 큰사전』. 어문각. 1992; 이근술・최기호, 『토박이말 쓰임사전』. 동광출판사. 2001.
15) 백기수. 앞의 책. pp.79~80에서 재인용.

의미를 말한다(양주동).

• <아름>: 私의 古訓으로써 대상이 저와 같을 때 느끼는 감정이다(조지훈).

양주동과 조지훈의 견해는 아름다움은 주관적 판단에 의지한다는 견해이다. 우리말의 아름다움의 뜻은 결국 객체인 미적 대상으로부터 '나다움'을 발견할 때 느끼는 감정을 의미하는 것으로 정리할 수 있을 것 같다. 이와 같은 정의는 세계적으로 유래를 찾기 힘든 독특한 해석이라고 생각된다.

여기서, 우리말 사전에서 '아름다움'에 대한 뜻풀이, 그리고 '아름답다'의 어원 분석을 통해서 발견할 수 있는 것은 한자어 '美'에 포함되어 있는 음식의 '맛'에 해당하는 의미는 없다라는 사실이다. 이러한 사실에서 우리말의 '아름다움'은 '美'의 '멋'에 해당하는 의미로만 쓰인다고 말할 수 있겠다.

(7) 아름다움(美)의 정의

이상에서 살핀 것처럼 아름다움(美)을 한마디로 설명하는 것은 쉽지 않다. 이해하기 쉬운 단어이고 쉬운 뜻이면서도 다양한 뜻과 여러 가지 용법으로 쓰이고 있기 때문이다. 그런 의미에서 '아름다움'에는 설명이 필요없다라는 말에 공감이 간다.

그러나 한 가지 분명한 것은, 앞서 제1절에서 제시한 것처럼, 대개의 인간은 공통의 가치로써 美를 추구하고 동경하며, 미적 대상을 평가할 때 '아름답다'라고 말한다면, 그것은 인간의 오감을 자극하면서 긍정적 정감(情感)을 불러일으켜야 한다는 점이다. 이러한 점에 대해서 공감대를 형성할 수 있다면, 美란 현대인이 공통으로 추구하는 최고 가치의 하나로써 우선 보기에 좋고, 5감에 즐거움과 감동(기쁨)을 주는 멋스러운 것이다라고 말할 수 있겠다.

그러나, 인간이 없으면 미의 존재는 성립되지 않으며 무의미한 것이다.

인간이 존재가치를 가질 때, 인간이 존재하는 한 미도 존재하는 것이다. 그런 의미에서 동물에게 있어서 미는 의미없는 것이다.

2. 美의 범주[16)]

(1) 협의의 美

지금까지 설명한 내용을 근거로 미의 범주를 종합하면 크게 협의의 美와 광의의 美 두 가지로 파악할 수 있다. 협의의 미란 일상적이고 통속적인 의미로써의 미를 말하는데 세분된 범주로써 순정미와 우아미가 있다.

- **純正美(the beautiful)**: 긍정적이고 조화적인 쾌감을 주관에 야기시키게 하는 미로써 조화성, 완결성, 쾌감성 등의 여러 특질이 가장 순수하고 선명하고 완전하게 구현되는 미를 말한다. 고귀하고 완전무결한 인간상, 완벽한 형식을 갖춘 악곡, 티없이 맑은 하늘, 오염되지 않은 맑은 물과 깨끗한 공기, 울창한 숲이 넘실대는 仙境과도 같은 자연 풍경 등을 예로 들 수 있다.

[그림1-2] 오염되지 않은 깨끗한 자연환경은 순정미의 표본

- **優雅美(the grace)**: 진정으로 아름다운 선은 파상선(波狀線, Wellenlinie)인데 이 선을 영국의 화가였던 호가트(W. Hogarth, 1697~1764)는 美의 線

16) 조요한, 『예술철학』. 2003. 미술문화. pp.113~130; 원저 헹크만・로터 엮음. 『Lexikon der Ästhetik』. 김진수 옮김, 『미학사전』. 도서출판 예경. 1996. pp.103~106; 백기수, 『美學』. 서울대학교 출판부. 1981. pp.70~116; 백기수, 『美의 思索』. 서울대학교 출판부. 1981. pp.115~175. 여기에 미적 범주(유형)를 순정미, 우아미, 숭고미, 비극미, 희극미, 추로 구분한 사람은 Max Dessoir이다(조요한. 『예술철학』. p.116).

(line of beauty, Linie der Schönheit)이라고 불렀다.[17] 이를 우아미선(line of grace)이라고 하여 우아미가 지닌 특성을 사상적 선형에서 찾기도 한다. 또한, 우아미는 아름다운 영혼의 겉으로 나타나는 표현으로써 그 움직임은 경쾌하고 유연하며 생기 넘치고, 자유로운 파상적 곡선운동이다. 우아미는 일반적으로 파상적이고 섬세한 곡선과 관련된 아름다움인데, 어떤 경우에는 자연과 예술에만 국한시키려는 경향도 있다.

[그림1-3] 파상(波狀)의 곡선은 우아미의 극치(신갈나무잎의 가장자리)

한편, '우아와 존엄'(Anmut und Würde)이라는 것이 있는데 이것을 체계화시킨 실러에 의하면 적용 범위는 인간적인 영역으로 한정하며, 동물, 식물, 환경 등은 우

17) Hegel, G.W.F., 『Vorlesungen über die Ästhetik』. 두행숙 옮김, 『헤겔미학I』. 나남출판. 1996. p.203.

아미도 존엄미도 소유할 수 없다. 우아는 아름다운 영혼의 표현이며 (도덕적 우미), 존엄은 '숭고한 마음'의 표현이다.[18]

(2) 광의의 美

이것은 부정적 부조화적인 불쾌감을 요소로 내포하면서 그것으로 인해 전체적으로 독특한 통일적인 미적 쾌감을 불러일으키는 미로써 특성미(the characteristic)를 말한다. 여기에 속하는 범주로써 숭고미, 비장미, 골계미, 추가 있다.

- 崇高美(the sublime): 미적 대상의 내용이 비상하게 큰 것에서 성립되는 것으로써 그 절대적 위력 앞에서 관찰자가 心的으로 경탄, 외경, 위대, 숭고의 감정이 고양되는 것을 말한다. 미적 체험에 있어서 다른 유형보다도 가장 감정을 고양시키며 강렬하고 특이한 체험을 주기 때문에 가장 중요한 유형으로 다룬다. 신의 창조력, 천체의 움직임, 산악, 대양, 위인들 등 자연, 인간, 예술품 모두에 적용된다. 예를 들면, 사막의 황량함, 용솟음쳐 솟아오른 산봉우리, 망망대해, 천둥번개, 원시숲의 음습함, 산불이나 화산폭발에 의한 괴멸된 경관 등에서 숭고의 미를 발견할 수 있다.[19]

[그림 1-4] 솟아오른 산봉우리로부터 느끼는 감정은 숭고미

18) 원저 헹크만・로터 엮음, 김진수 옮김, 앞의 책. pp.257~259.
19) McQuillan, A. G. The Gaping Maw and a Sparing Hand, or, the Role of the Sublime in Forest Restoration and Prescribed Fire. a handout. 2001.

• 悲壯美(the tragic): 숭고미의 몰락 내지 否定으로 나타나는 미로써 숭고미의 일종 또는 파생적 형태라고 할 수 있다. 위대한 인간성이 침해되고 파멸되는 비통한 과정 혹은 결과를 말한다.

[그림 1-5] 비장미-온갖 풍상을 겪고 서있는 고사목(미국 오리건 주 Crater Lake)

• 喜劇美 또는 滑稽美(the comic): 기지, 풍자, 반어, 해학의 특성을 지닌 미를

말하며 웃음을 자아내는 것은 대표적인 특징의 하나이다. 형태의 상이함, 기이함으로 또한 그 체험에 있어서 마음의 경쾌함, 중압으로부터의 해방, 정신의 자유로움 등을 맛본다.

[그림 1-6] 골계미
– 천연기념물 제381호 반룡송(뱀솔) – 이천 백사면

- 醜(the ugly): 순정미와 정반대되는 것으로써 최대한도로 불쾌와 부조화의 요소를 지닌 것이다. 미적으로 무관심한 것, 관찰자에게 아무런 미적 감동을 주지 못하는 것이며, 기묘성, 기이성, 결함성, 변칙성 등을 갖고 있다. 음악에 있어서 불협화음, 동물에게는 잡종, 인간에게는 그릇된 교육, 질병과 같은 육체적 결함, 죽음, 도덕적 타락, 야만성, 범죄, 정신적 이상, 자연에서는 인간생활 공간의 파괴, 사회와 정치에서는 부패와 압제 등의 특징을 나타낸다.[20][21]

---

20) 원저 헹크만・로터 엮음, 김진수 옮김, 앞의 책. p.333.
21) 醜에 대해서는 김용옥의 『아름다움과 추함』. 통나무. 1989.을 함께 참고할 것.

[그림 1-7] 추-훼손된 자연은 불쾌한 감정을 자아냄(미국 Bingham 구리광산)

기타 낭만적, 고전적, 서정적, 극적, 회화적, 음악적, 시적 美 등의 범주를 생각해 볼 수 있다.

미학에서 다루는 미의 범주는 일상적이고 통속적인 미로써 순정미, 우아미만이 아니라, 광의의 미로써 여러 가지 특성미를 모두 포함하는 미적인 것(the aesthetic, Das Ästhetische)에 이른다.

이상의 미적 범주나 유형은 서양 미학에서 다루는 내용들인데, 우리나라의 전통미의 범주에 대해서 조지훈은 '아름다움', '고움', '멋' 등 세 가지,[22] 혹은 단순미, 소박미, 해학미 등으로 설명하기도 한다.[23] 여기서 아름다움은 영어의 'beauty'에 해당하는 말로써 미의 일반적인 용어이고, 고움과 멋은 아름다움의 내용이라고 설명하고 있다. 한편, 인간이 추구하는 미의 형태로써 예술미, 자연미, 사회적인 미를 들고 있다.[24] 예술미는 예술가가 창작한 예술품에 깃든 미이고, 자연미는 자연이 지닌 아름다움, 그리고 사회적인 미는 인간이 인간과 교제하면서 사회 생활하는 과정 속에서 나타내 보이는 인간의 미이다.

---

22) 백기수, 『美學』. 서울대학교출판부. 1981. pp.107~116.
23) 권영필, 「한국전통미술의 미학적 과제」, 권영필 외, 『韓國美學試論』. 고려대학교 한국학연구소. 1994. pp.65~117.
24) 임범송, 『인간과 미』. 연변인민출판부/언어문화연구소. 1990. pp.49~84.

3. 미의 기준

(1) 황금비례

지금까지 아름다움에 대한 정의나 범주에 대해 정리하였다. 그렇지만 우리가 어떤 미적 대상을 '아름답다'라고 평가할 때 그 기준은 여전히 애매모호하다. 사람, 사물에 적용할 수 있는 '아름다움의 기준'은 무엇인가?

이것에 대해서는 무엇보다도 질서(order)와 조화(harmony)가 우선시되어야 할 것이다. 백기수는 이를 미의 구현원리라고 표현하면서 조화의 원리에는 이른바 균제(均齊)의 개념이 포함되어 있고 비례를 그의 충족조건으로 제시하였다.[25] 그렇다면 어떤 물체가 가장 아름다운 모습을 지녀야 한다면 물체를 이루는 요소들이 전체적으로 '균형 잡힌 비례' 관계 속에 있어야 한다. 균형 잡힌 비례, 곧 가장 아름다운 비례란 황금비례라는 말로 대체할 수 있을 것이다.

황금비례란 하나의 직선을 길이가 다른 두 개의 선분으로 나눌 때, 나누어진 두 부분의 비례를 처음의 직선과 나누어진 첫 번째 직선의 비례와 동일하게 만드는데서 비롯되었다. 이 비는 대체로 0.618 : 0.382가 되는데 황금수 0.618은 음악가들이 작곡원리로 이용하였던 피보나치 수열의 형성법칙이다. 이미 고대 그리스의 피타고라스 학파는 황금분할을 우주적 조화의 표현으로 간주하였고, 그후 그것은 미적 비례로써 확고한 구성성분이 되었으며, 르네상스 시대엔 평면공간, 비례공간, 인체비례의 척도로 자리잡았다. 황금분할의 발견은 예술가들로 하여금 건축, 음악, 미술 등 예술에서 미를 구성하는데 많은 영향력을 행사하였다.[26]

인체에 대한 비례는 그리스 예술가(조각가)들에 의해 본격화 되었지만 인체비례를 수치로 표현한 것은 비트루비우스에 의해 구체화되었다. 인체비례하면 늘 커다란 원안에 그려져 있는 레오나르도 다 빈치의 인체 그림을 떠올린다. 이것은 <비트루비우스적 인간>이라 불리는 인체상이다.

---

25) 백기수, 『미의 思索』. 서울대학교 출판부. 1981. pp.95~115.
26) 원저 헹크만・로터 엮음, 김진수 옮김, 앞의 책. pp.381~382.

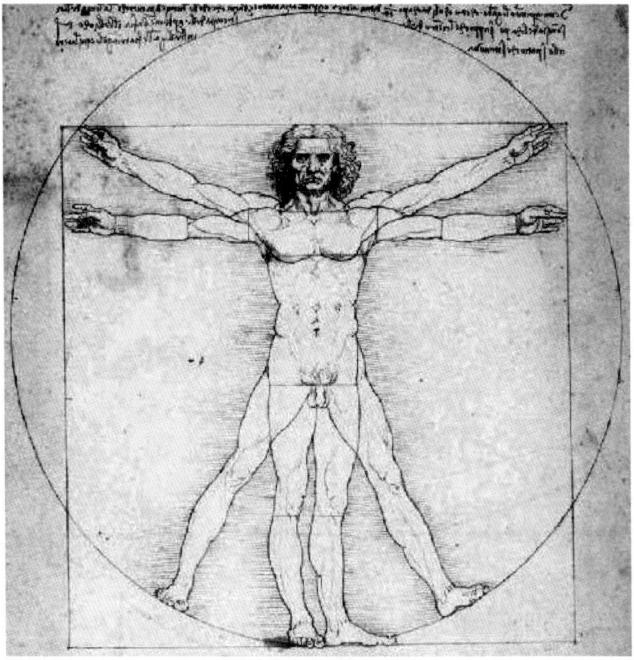

[그림 1-8] 비트루비우스에 따른 인체비례 연구.
레오나르도 다빈치. 1492년경.

비트루비우스[27]는 기원전 1세기경에 살았던 로마의 건축가이다. 사실 <비트루비우스적 인간>이라 불리는 인체상은 이미 레오나르도 다 빈치 이전에 있었지만 다 빈치가 그린 것으로 인하여 건축가 비트루비우스의 명성이 더 널리 알려지게 된 것이다.

그에 의하면, 얼굴은 신장의 1/10, 머리는 1/8, 발의 길이 1/6, 발꿈치~손끝 1/4, 가슴너비 1/4이다. 황금분할비는 인체 중 배꼽을 중심으로 상하체의 비와 나눈 비가 거의 일치한다. 서양의 미술에서 가장 아름다운 조각상이라는 아폴로와 비너스상의 배꼽을 중심으로 인체비를 분석한 것은 황금비와 동일하게 나타났다[그림 1-9].[28]

---

27) 저자주: 마르쿠스 비트루비우스 폴리오(Marcus Vitruvius Pollio)는 이탈리아 베로나 태생이다. 케사르와 아우구스투스 황제 때 활약한 건축가요 저술가이다. 『건축서』(10권)를 썼는데 그의 이론은 건축가로써의 경험과 고대 그리스와 헬레니즘의 문헌에 바탕을 둔 것이 많다고 한다. 이 책이 1484년에 로마에서 초판이 간행된 이 후로 유럽의 건축에 큰 영향을 주었을 뿐만 아니라 현재까지도 고대건축 연구에 있어서 귀중한 자료로 쓰이고 있다.

배꼽을 중심으로 상반신을 황금분할하는 점이 어깨이며, 하반신을 황금 분할하는 점은 무릎이고, 또한 어깨 위를 황금 분할하는 점은 코이다.

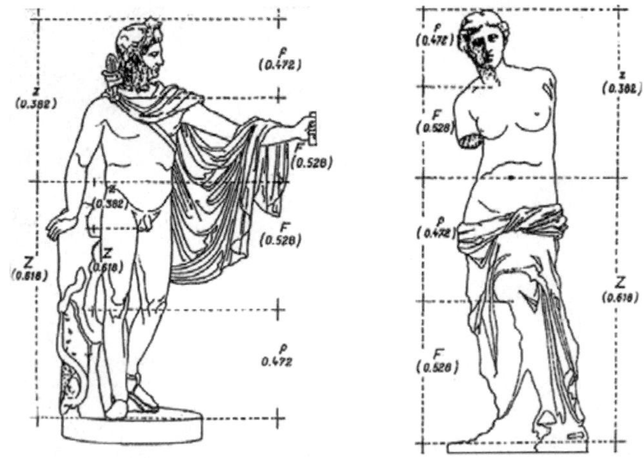

[그림 1-9] 그리스 시대 조각작품의 황금분할(배꼽 중심으로 분할)
왼쪽은 〈벨베데레의 Apollo〉상이고 오른쪽은 〈밀로의 Venus〉상

[그림 1-10] 피버나치 수열 규칙에 따른 솔방울
뒷면에 인편들이 13열로 배열된 모습

28) 조요한, 앞의 책. p.368.

[그림 1-11] 피버나치 수열 규칙에 따른 꽃: 가운데 13개의 나선형 열로 배열된 수술의 모습

황금비례는 인체뿐만 아니라 자연에서 찾아볼 수 있는 비례 중 가장 많은 예를 독차지하고 있다. 예를 들면 나뭇잎의 엽맥, 조개껍데기 소용돌이 등에서 찾아 낼 수 있다. 생활 주변에서는 포스트 카드(엽서), 명함이나 담배갑의 사이즈 등도 가로 세로의 비가 황금비례에 가깝고, 소형 스피커, 필름 사이즈 등에서도 찾을 수 있다. 이렇듯 일상에서 황금비의 예를 많이 찾아 볼 수 있는 것은 황금비례로 이루어진 형태를 그렇지 않은 것보다 대체적으로 높은 선호도를 보이고 있기 때문이라고 한다.

아테네의 아크로 폴리스 광장과 파르테논 신전은 황금분할에 입각하여 건축된 대표적인 건축물이다. 회화 · 조각 · 건축 · 공예(工藝) 등 조형예술 분야, 특히 시각 커뮤니케이션에서 많이 응용하고 있고 다양한 통일 원리로써 널리 활용되고 있다.

(2) 한국인의 인체비례

오늘날 미인들의 신체구조는 어떨까? 우리나라 미스 코리아 출신들의 신체 크기를 보면 1970년대와 비교하여 키와 가슴에서 가장 두드러진 변화를 보인다. 예전의 통통한 미인에서 날씬한 서구형 미녀형으로 아름다움의 기준이 달라지고 있다고 판단할 수 있다. 미인은 또한 팔등신으로써 상체가 신장의 8분의 3.5, 하반신이 8분의 4.5로 일반 여성들에 비해 다리가 길다. 이것은 비트루비우스적 인체비례나 황금분할의 비례와 비교하면 즉, 상체 : 하체 = 0.437 : 563인데 큰 편차가 있다.

[표 1-1] 미스 코리아의 신체 구조

구분	키(cm)	몸무게(kg)	가슴(inch)	허리(inch)	엉덩이(inch)
70년대 미스코리아	166.4	51.40	35.14	23.05	35.70
80년대 미스코리아	168.3	49.96	34.90	23.50	35.17
90년대 미스코리아	172.9	50.04	34.15	23.94	35.20

이처럼 일반적으로 미인을 보는 시각은 시대적으로 달라지는데 일반적으로 얼굴의 가로 : 세로의 비는 한국 여자 평균과 전통적인 미인상은 1 : 1.3인데 이것은 하회 각시탈 1 : 1.30과 거의 일치하는 것이다. 그런데 현대 미인상의 그것은 1 : 1.50으로 얼굴형이 좁은 것으로 조사되었는데 이것은 비너스 등 그리스 조각상들과 유사한 것이다. 또, 눈은 평균치보다 6.1%나 큰 것으로 나타나는 등 얼굴 윤곽은 작아졌는데 그 안의 눈코입이 커져서 말기적 양식의 미술사적 특징과 통하고 있다고 보는 견해도 있다. 한 조사에 의하면 38세 이상은 전통적 미인상을, 젊은 층은 현대 미인상을 선호하는 것으로 나타났다.[29]

한편, 미스터 코리아의 심사는 균형과 조화미를 우선으로 하여 자연미(용모, 태도)와 균형있는 근육발달정도를 중요시 한다.

- **응용**

이상에서 설명한 황금비례나 인체의 비례, 팔등신의 비율 등을 나무에 적용하면, 수고(樹高)와 나뭇가지의 너비와 역지(力枝)의 지하고(枝下高) 등의 관계

29) 출처 불명의 인터넷 자료.

속에서 사람들이 좋아하는 수목의 외형, 즉 수형의 아름다움을 찾아낼 수 있을 것이다.

[그림 1-12] 역지의 위치 0.652
(천연기념물 물푸레나무-파주 적성면)

[그림 1-13] 역지의 위치 0.694
(천연기념물 제103호 정이품 소나무-속리산)

제3절 예술과 美

1. 예술의 뜻

한자로 예술(藝術)의 藝는 재주 예, 심을 예, 글 예, 법 예, 극진할 예 등으로 대체로 재주, 법, 글, 혹은 식재 등의 의미를 지니고 있다. 藝는 향초(香草) 운 '芸'과 심을 예 '埶'로 되어 있는데 향기나는 풀을 심는다는 뜻을 지니고 있다. 한편, 주나라 때에는 6藝가 있었는데 그것은 禮(禮儀), 樂(음악), 射(궁술), 御(말타기), 書, 數로써 인격도야를 위한 기본 교양 과목이었다. 예술의 術은 재주 술, 꾀 술, 방법 술, 업 술, 술법 술, 심술 부릴 술, 촌길 술(村中道路) 등의 의미를 가지고 있다. 따라서 술은 어떤 문제를 해결하는 방법이나 재주, 기술, 방도를 말한다. 이처럼 한자 뜻풀이에서 예술은 어느 일을 해결해내는 재주, 방법, 기술 등을 의미하고 있음을 알 수 있다. 이것은 더 나아가서 세상을 살아가는데 있어서 여러 가지 분야의 기술을 습득, 즉 완성된 인격으로 어려운 일들을 해결하는 능력을 말하는 것이기도 하다.

예술은 서양에서는 Art(영어), Kunst(독일어), ars(라틴어)로 쓰이고 있다. 이들은 거의 공통적으로 예술, 미술, 때로는 인쇄술(독일어), 행위의 결과로써 예술작품을 일컫는 한편, 다른 한편으로는 한자 '藝術'의 뜻풀이에서처럼 재능, 재간, 솜씨, 요령, 비결, 기법, 술책, 수완 등의 뜻을 포함하고 있다. 중세 때에는 문법, 수사, 논리, 대수, 기하, 음악, 천문 등 7개 분야를 7예술이라고 하였는데, 주나라의 6藝의 사례와 관련하여 같은 '예술'의 용어를 사용하였다는 점에서 흥미로운 일이다.

이러한 사실을 보면 서양이나 동양이나 예술은 처음부터 오늘날 말하는 예술의 의미는 아니었고 후에 '미적인 기술'로써의 예술로 자리잡은 것으로 보인다. 브리태니커 사전에는 예술을 다른 사람과 공유할 수 있는 審美的 대상, 심미적 환경, 심미적 경험을 창조하는 과정에서 기술과 상상력을 동원, 발휘하는 인간의 활동과 그 성과로 정의하고 있다.

2. 예술의 분류

전통적인 분류

예술을 전통적으로 분류하면 순수예술과 교양예술로 나누는데 각각에 해당하는 장르는 다음과 같다;

- 순수예술: 미술, 음악, 조각 등.
- 교양예술: 언어, 표현력, 추론 등의 표현기술과 관련되는 분야.

장르별 유형 분류

좀더 세분하여 장르별로 구분하면 다음과 같다;

- 문학: 시, 희곡, 소설 등
- 시각예술: 회화, 데생, 조각 등
- 그래픽아트: 회화, 데생, 디자인 등 평면적 표현 형태 등
- 장식미술: 에나멜 공예, 가구디자인, 모자이크 등
- 조형미술: 조각, 모델링 등
- 공연예술: 연극, 무용, 음악 등
- 음악: 작곡, 기악, 성악 등
- 건축: 실내장식 포함
- 조경, 조원, 원예: 예술의 장르로 포함시키려는 사례들이 발견된다.

3. 예술현상

예술현상이란 예술의 실행 과정면에서 볼 때 기본적으로 창작, 작품, 향수[30](享受)로 구분하여 이해하고 있다. 창작은 예술가에 의한 창작활동을 말하며 작품이란 창작활동의 소산이요 결과물이며 예술품이라고도 말한다. 그 아름다움을 맛보며 즐기는 행위가 향수로써 감상활동이다. 예술은 곧 이 세 가지 현상이 존재하여야 그 가치와 의미가 있게 된다.

---

30) 향수는 미적 향유라고 말할 수 있는데 이것은 예술과 자연대상, 내적 표상, 육체적 상태, 행위 등에 대한 미적 자각과 직접적으로 결합되는 일종의 쾌(즐거움)이다(원저 헹크만·로터 엮음, 김진수 옮김, 앞의 책. pp.120~121.)

4. 미와 예술의 관계

아름다움의 평가 대상을 대부분 혹은 어떤 이는 모두 예술품에 한정시키는 경우가 많다. 따라서 미와 예술은 뗄래야 뗄 수 없는 불가분의 관계를 맺고 있다. 예술의 목적관점에서 보면 예술이란 美를 창조하는 것이므로 상호연관성을 확인할 수 있고, 이것을 영역의 관점에서 보면 미(학)를 예술의 上位로 이해할 수 있는 것이다.

제4절 美學의 개념

1. 미학의 탄생과 성립

그리스 시대 3대 철학자 시절부터 이제까지 美는 초월적 가치로써 고찰되어 왔다. 당시에는 미학이라는 말을 쓰지는 않았지만 앞에서 소개한 것처럼 연구는 이뤄지고 있었다. 플라톤이 인간이 추구하는 가치로써 진선미를 제시한 것은 미에 대해서 그만큼 깊이 있게 성찰을 했다는 증거이다.

미학이라는 이름으로 오늘날과 같은 의미로 처음 사용한 사람은 독일 문학가 바움가르텐이다(Alexander Gottlieb Baumgarten). 그는 고차원적이고 형이상학적인 이성적 인식에 비해 한 단계 낮게 평가되던 感性的 認識에 의의를 부여하여 감성적 인식의 학문도 철학의 한 부문으로 다뤄져야 한다고 생각하였다. 그래서 그는 1750년, 지각을 뜻하는 그리스어 'aisthanesthai'로부터 추출한 용어로 이름을 지은 『Aesthetica』라는 책을 발간하고 이것을 感性學(感性美學)이란 의미로 사용하였다. 美란 곧 감성적 인식의 완전한 것이므로 감성적 인식의 학문은 美의 학문이라고 주장하게 된 것이다.[31] 이 단어는 오늘날 'Ästhetik(영어 Aesthetics)'으로 변하였는데 지금까지 여전히 미학에서 중요한 개념으로 자리잡았다.

---

31) 하지만, 헤겔 같은 이는 Ästhetik이 美學을 다루는 용어로써 적절치 못하다는 의견을 갖고 있었는데 그 이유는 Ästhetik이 감성을 다루는 학문이기 때문이다라고 말하고 있다(두행숙. 앞의 책).

미학에서 다루는 the aesthetic은 어원으로 보아 미적 대상에 대한 직접적 체험에서 성립되는 직감적 가치인 미적 가치를 말한다. 결국, 미학은 '미적인 것'(the aesthetic)을 연구하는 학문이며 동시에 '멋'에 관한 학문이며, 예술 전반을 다루는 학문으로 말할 수 있다.

2. 미학 연구의 문제영역

미학 연구에서 다루는 제분야를 미학의 문제영역으로 부르고 있는데 여기에는 아래와 같이 8가지 주요 영역이 있다.[32)]

- 미적 범주: 미학의 대상인 전체 '미적인 것'(the aesthetic)에 있어서 어떤 특성으로 구별되는 공통적인 것들에 대해서 연구하는 것을 말한다.[33)] 이에 대해서는 앞서 설명한 바와 같이 협의의 미와 광의의 미로 구분된 제 범주들, 예를 들면, 순정미, 우아미, 숭고미, 비장미, 골계미, 추를 포함하며, 그 외 여러 가지 한국적인 미의 범주도 해당한다.
- 미적 가치: 미적 범주에 등장하는 여러 가지 범주 유형들이 지닌 가치에 대해서 연구하는 문제영역이다. 주요한 가치로써 眞·善·美·聖 등을 들 수 있는데 이들이 각 범주에 해당하는 근거, 차지하는 위치와 가치간의 관계를 다루게 된다.
- 미적 대상: 미적 대상은 자연에 깃든 미적 대상과 예술이 지닌 미적 대상으로 구분하여 연구하는 과제이다. 이들에 대해서는 따로 제2장과 5장에서 구성 요소와 구조, 조직 등으로 다룬다. 자연의 미적 대상은 자연풍경 또는 경관, 예술적 미의 대상은 예술의 형식, 즉, 예술의 여러 장르를 일컫는다.
- 미적 체험: 미적 대상을 체험하는 것으로써 예술현상에 포함하고 있는 예술작품의 창작활동과 예술작품을 감상하는 일이 해당한다. 관찰자나 창작자들의 활동 특성을 연구한다.

---

32) 백기수, 『美學序說』. 서울대학교출판부. 1975. pp.53~58; 백기수, 『美學』. 서울대학교 출판부. 1981. pp.33~243.

33) 원저 헹크만·로터 엮음, 김진수 옮김, 앞의 책. pp.103~106.

- 예술 체계: 예술을 포함한 미학에서 다루는 여러 가지 장르들을 미적 체계, 예술 체계상에서 조직적 체계적 계통적 관계 속에서 연구하는 영역이다.
- 예술사: 미학에서 다루는 여러 가지 장르를 사적 고찰을 통해서 태동과 발전 과정, 예측 등에 관해서 논구하는 분야이다.
- 예술의 기능: 미적 예술적 현상들을 인간사회와 관련하여 사회체계 속에서 어떤 역할과 기능을 하는지에 대해서 다루는 분야이다.
- 예술비평: 미적 범주에서 일어나고 있는 제반 현상들을 기준과 원칙을 제시하면서 비판하고 발전적 방향을 제시하는 것을 말한다.

제 2 장 구조와 형식

제1절 美의 구조와 형식

1. 개요

제1장에서 美란 현대인이 공통으로 추구하는 '최고가치의 하나'로써 우선 보기에 좋고 5감에 즐거움과 감동을 주는 멋스러운 것이다라고 정의하였다. 이 정의에서 미는 형이상학적 가치로써 그 미적 대상을 감상함에 있어서 '5감의 만족'을 주고 감동을 주는 것이어야 한다.

여기서 5감의 만족이란 시각, 청각, 미각, 후각, 촉각을 만족시키는 것을 말한다. 그런데 5감각 중에서 가장 중요한 감각은 視覺이다. 미적 대상을 최초로 접하는 기관은 시각이기에 우선 '눈으로 보기에' 좋아야 한다. 또한 시각이 중요한 것은 한 연구에 의하면 환경을 지각하고 기억하는데 있어서 87%나 영향을 주는 등 다른 감각기관보다 월등한 기능을 발휘하기 때문이다.[34] 이처럼 미적 대상의 구조는 우선 그것을 관찰하는 주체의 감상 특성을 감안하여 분석하여야 한다. 이런 관점에서 미적 대상의 구조는 5감에 의한 감각적 측면과 정서적 또는 심리적 측면에서 파악되어야 한다.

본 장에서는 5감이 인지하는 미적 대상의 구성에 관련하는 구조적 인자(대별하여 형과 색)와 그 원리 및 요소에 대해서만 약술하고, 직접적으로 산림미의 구조와 관련된 것들, 예를 들면, 잎, 가지, 나무, 임상(林相) 등에 대해서는 제5장에서 다룬다.

2. 감각적 측면에서의 구조 요소

(1) 시각적 요소

1) 형(모양)

시각에 비춰지는 미적 대상은 '형태'(form)와 '색'(color)을 갖춘 모습으로 인지

---

34) Fish, Ivan L., 『The Visual Aspect and Resource Management』. 1972. 林文鎭, 『森林美學』.1991. p.87.에서 재인용.

된다. 그런데, 우선 여기서 확인하여 둘 것은 형태는 형(shape)과 구별된다는 점이다. 형은 눈에 의해 포착된 대상의 본질 중의 하나이며, 위치와 방향을 제외한 사물의 공간적 면모(面貌)를 가리킨다. 형체(mass)의 윤곽이며 3차원의 물체가 2차원의 면에 의해서 나타난 것이다.[35]

형태는 기본적으로 점, 선, 면을 갖추고 있으며, 量感(볼륨, volume)을 함께 지니고 있기도 하다. 이들을 차원으로 말하면 점은 무차원, 선은 1차원, 면은 2차원이고 양감은 3차원을 구성한다. 자연은 무한적으로 유한한 점, 선, 면, 양감의 집합체이며 이것이 인간의 눈에 비춰질 때 산악, 숲, 풍경 등의 이름으로 시각적 미의 대상으로 나타난다.

칸딘스키에 의하면, 예술 연구에 있어서 일반적으로 가장 기본적인 문제는 작품을 구성하고 있는 예술요소(Kunstelement), 즉, 구성물질(Baumaterial)을 알아보는 것이다. 구성물질 중 미적 대상이 이들 없이는 존재할 수 없는 요소를 기본요소(Grundelement)라고 하는데 점과 선이 그에 속한다.[36]

점(point)은 기하학에서 최고의 간결함을 말하지만 침묵 속에서 말을 하고 있는 기하학적 요소이자 미적 구성요소이다. 또한, 문장 중 말이 진행되고 있는 동안, 중단과 부재(不在)의 상징이며, 한 곳에서 다른 곳으로 잇는 교량의 역할을 수행한다. 그래서 점은 다양한 선이나 면이 '어떻게', '어느 곳에' 위치하느냐에 따라서 서로 상이한 변화를 줄 수 있다. 숲은 형태(때로는 면)이지만 그 속에 무궁무진한 점으로써의 나무들이 존재한다.

선(line)은 '점의 집합'이고 점이 모여서 '움직임'을 나타낸다. 선은 형태(직선, 곡선 등), 굵기, 연속성(한 쪽, 양 쪽) 등에 따라서 힘과 다양한 미적 언어(aesthetic language)를 나타낼 수 있다. 자연 속의 선은 오솔길, 도로, 해안선, 강, 시내, 능선, 수관선(樹冠線), 수목, 엽연(葉緣), 줄기, 가지와 분지(分枝), 전답선(田畓線) 등을 예로 들 수 있다. 선 위에, 혹은 선 가장자리에 점을 배치하는 수법에 따라서 각양각색의 심미적 체험을 얻을 수 있다.[37]

---

35) 원저 헹크만・로터 엮음. 『Lexikon der Ästhetik』. 김진수 옮김, 『미학사전』. 도서출판 예경. 1996. p.53.

36) 차봉희 역, 『점・선・면. 칸딘스키 예술론II』. 열화당. 1983. pp.11~16.

37) 미학에서 점과 선의 특성에 대한 더 자세한 내용은 윤평섭, 『환경미학』. 문운당. 1999. pp.51~74를 보라.

면(plane)은 점의 연속인 선이 폐쇄되어 만든 도형을 말한다. 이것은 미적 대상의 외곽 틀을 구성하며 안에 내용을 담을 수 있게 한다. 선을 어떻게 배치하느냐에 따라서 다양한 면을 만들어 낼 수 있다. 여기서 말하는 면은 2차원으로써의 면이며 기초평면이고, 또한 형(shape)이다.

[그림 2-1] 강줄기, 능선, 해안선은 경관 주요구성의 하나(호주 태즈메이니아 반도 해안선)

[그림 2-2] 형태(form)는 무수한 면들로 구성되어 있고 볼륨을 가지고 있다. (Crater Lake 국립공원/USA-Oregon)

볼륨(Volume)은 3차원이며 최소한 球形(혹은 반구형 등)이거나 4개의 평면으로 구성되어 있다. 자연 속에 등장하는 요소들은 기본적으로 볼륨을 가지고 있다. 독립수는 점으로도 인식할 수 있지만 볼륨을 가지고 있으며, 그 자체로도 무수히 많은 점(잎, 가지, 가시, 줄기, 꽃, 열매 등)의 집합체이고 동시에 볼륨의 집합체이다. 모든 생물은 볼륨을 가진 복잡한 구조체이다. 볼륨으로써 동물은 움직이고, 식물은 시간속에서 크기가 변하고 모양과 색이 변하는 특징을 가진다.

2) 색

색이란 광원으로부터 나오는 광선이 물체에 부딪혀 반사, 굴절, 투과, 흡수될 때 망막에 비춰 시신경을 자극함으로써 파악된다. 색의 본질은 빛(광선)이며 광선은 파장에 의해 구별되어 색계를 형성하고 있다. 생활 주변에는 750만 가지 이상의 색이 있지만 우리가 구별할 수 있는 것은 약 300가지 안팎이고 그 중에 일상생활에서는 50가지 정도 쓰고 있다.

이렇게 무수히 많은 색도 무채색과 유채색으로 구별한다. 무채색이란 색기(色氣)가 없는 것으로써 흰색, 회색, 검정색을 말하고, 유채색이란 무채색을 제외한 색이다.

색은 명암, 강약, 명칭을 가지고 다른 색들과 구별되는 성질과 특성을 가지고 있다. 이러한 성질과 특성은 色相(Hue-H), 明度(Value, Lightness-V), 彩度 혹은 飽和度(Chroma, Saturation-C) 등 '색의 3속성' 속에서 파악할 수 있다. 물체의 색은 시각적으로 전달되지만 인체 내부로 전달된 '색'을 단순히 인지하는데 그치지 않고 여러 가지 감정으로 반응을 나타내므로 심리적인 측면에서도 이해해야 한다. 따뜻하다, 무겁다, 가깝다 등 색이 주는 감정을 색의 감정효과라고 하는데, 온도감, 운동감, 중량감, 경연감, 주목성, 명시도, 판독성, 기억, 연상, 상징 등의 용어로 파악한다.

미라는 것은 인간 감정 내면에 감동을 일으키는 즐거움을 주는 것이다. 아름다운 색을 보면 즐겁고 경쾌하지만 그렇지 않은 것을 보면 심미적 의식을 잃고 만다. 여기서 어느 색을 아름다운 색으로 받아들이는 것은 색들이 잘 배색되어 융합함으로써 미적 효과를 나타내기 때문이다.

배색의 아름다움은 곧 색채 조화라는 말 속에서 이해할 수 있는데 색채조화와 관련되는 공통되는 원리는 다음과 같다;

- 질서의 원리(principle of order)
- 비모호성의 원리(principle of unambiguity)
- 동류의 원리(principle of familarity)
- 유사의 원리(principle of similarity)
- 대비의 원리(principle of contrast)

[그림 2-3] 연두색과 녹색의 같은 계열의 색으로 동류 관계
(식물을 이용한 캐나다 몬트리올 올림픽 기념 조형물)

이들 원리는 독립적으로 작용하여 미를 창출하는 것이 아니고 상호 연관을 맺으며, 그리고 색의 3속성이 함께 작용하며 그러한 과정 속에서 색의 조화가 들어난다. 이양하의 <신록예찬>에서 아름다움의 극치는 청신하고 발랄한 담록빛에 있었는데, 이것은 특히 초록색 계통에 가까운 색끼리의 배색인 '동류의 원리'에서 잘 조화되었기 때문이다.[38] 자연계, 특히 산림이 지닌 색의 조화는 계절별로 다르게 나타나지만, 다른 한편으로는, 봄의 분홍·노랑·하양 꽃색과 신록, 여름의 녹음, 가을의 단풍색, 겨울의 회색 계열 가지와 갈색 낙엽 등 統一性을 나타내는 특성을 가지고 있다.

---

38) 색채에 대한 좀더 깊은 지식에 대해서는 최영훈, 『색채학개론』. 미진사. 1985; 서주환·진승범, 『경관색채학』, 명보문화사, 1994을 참고하기 바람..

(2) 청각적 요소

청각신경에 전달되어 미적 감동을 주는 청각적 요소는 소리이다. 바람소리, 새 노랫소리, 물소리, 나무와 숲의 소리, 곤충의 저작소리, 고요함 등이다.

(3) 미각적 요소

미각 신경을 자극하여 심미적으로 감동을 주는 것으로써 먹고 마실 수 있는 요소를 말한다. 산림 속에 있는 각종 산채, 머루, 다래, 산딸기, 보리수열매 등 여러 가지 열매, 깊은 계곡의 맑고 시원한 물은 미감정(美感情)을 달래기에 충분하다.

(4) 후각적 요소

냄새는 말초신경을 자극하는 가장 강력한 요소 중의 하나로써 아름다움에 감동을 더할 수 있는 귀중한 요소로써 작용할 수 있다. 더덕을 비롯한 각종 약초들, 솔향기 등 침엽수 테르펜에 의한 방향(芳香), 산초나무, 찔레나무 등 각종 나무와 온갖 풀꽃향기, 기타 숲속의 독특한 향기는 미적 대상의 아름다움을 평가하는데 영향을 줄 수 있다.

(5) 촉각적 요소

피부에 와 닿는 감각은 냉온감(冷溫感), 질감(texture), 따가움 따위이다. 미적 대상을 보거나 만져 봄으로써 따뜻하거나 차가운 냉온감을 감지할 수 있고, 미적 구성요소를 만져봄으로써 거친지 부드러운지 느낌을 가질 수 있다. 차갑거나 거친 구성요소는 미적 평가에 부정적인 역할을 할 수 있고 따뜻하거나 부드럽고 매끄러운 촉감을 주는 요소는 긍정적으로 반응할 수 있다.

3. 정서적 측면에서의 구조 요소

앞서 설명한 요소들을 감각으로 받아들이게 되면 내면에서 감정의 반응이 일어나게 된다. 미적인 대상에 대해서 갖게 되는 감정을 美感이라고 할 것인데, 이것은

'아름다운 느낌'이다. 그러나, 5감에 의해 내부에서 얻어진 미적 감정은 다름아닌 미적 범주와 관련되는 감정일 것이다. 여섯 개 미적 범주 즉, 순정미, 우아미, 숭고미, 비장미, 골계미, 추 등에서 얻을 수 있는 감정은 다음과 같다;

- 순정미: 맑음, 깨끗함, 온전함, 순진함, 완벽함, 청결, 기쁨, 즐거움, 경쾌함
- 우아미: 부드러움, 고움, 운동성, 경쾌함
- 숭고미: 경외, 감탄, 위대함, 장엄함, 훌륭함
- 비장미: 비장함, 비통함, 슬픔, 침통
- 골계미: 웃음, 즐거움, 재미, 쾌활
- 추: 불쾌, 불협화음, 혼란, 혼동, 심리적 불안정, 더러움, 타락, 손상(훼손)

4. 형식적 원리

여기서 먼저, 앞서 정리한 미학의 연구과제의 하나로써 미적 대상을 자연적인 대상과 예술적인 대상으로 구분한다는 점을 상기하고자 한다. 자연적인 대상은 神이, 자연스스로, 그렇게 형성되고 전개되도록 만들었으니 자연의 원리 원칙 속에서 그를 파악해야 한다. 하지만, 예술적인 대상은 예술가 혹은 작가의 의도대로 만들(었)기 때문에 '인위적인' 기능과 형태가 존재한다. 기능과 형태를 가진 미적 대상은 일정한 여러 원리에 의해서 구현되고 있는데 이를 어떤 이는 형식원리 혹은 구성원리로 부르고 있다.[39] 아래에 예술적 대상을 구성함에 있어서 많이 적용하고 있는 원리들을 간단히 소개한다.[40]

- 변화(sequence)

시점이 어느 공간을 이동할 때, 움직이는 시점에 그 앞의 풍경이 차례로 펼쳐

---

39) 윤국병 외 7인, 『조원학』. 일조각. 1990. p.6; 성기택, 『조경미학』. 선진문화사. 1993. pp.28~34.

40) 더 자세한 지식에 대해서는 성기택, 앞의 책. pp.33~61; 윤국병 외 7인, 앞의 책. pp.6~16; 윤평섭, pp.47~246; Hubbard, Kimball. 『An Introduction to the Study of Landscape Design』. 이일구・오휘영 역, 『조경학 개론』. 문교부. 1974. pp.111~161; 이현택, 『조경미학』. 태림문화사. 1997. pp.129~170; 임승빈. 『경관분석론』. 서울대학교출판부. 1991. pp.53~63. 등을 참고하기 바란다.

지는 것을 말한다. 동선개발에 많이 적용하며, 연속경관, 공간적 연속성 등의 용어를 함께 쓴다.

• 반복(repetition)

가로수, 열주(列柱)처럼 주재료를 일정 간격으로 여러 번 되풀이하는 수법을 말한다. 서양에서 정원 계획을 할 때 많이 쓰이는 원리이다.

[그림 2-4] 건축물의 열주(列柱), 가로수는 대표적인 반복 원리

• 점진(gradation)

주재료와 부재료들의 관계가 점진적으로 증가하거나 감소해나가는 수법으로 구성되는 원리를 말한다. 형태나 색, 재료 등에 적용한다. 자연에서는 나무(식물)들의 잎과 열매의 색깔 변화가 대표적이다. 반복, 비례, 점진이 조화되면 혼연일체의 율동적 즐거움(rhythmical pleasure)을 연출한다.

• 대비(contrast)

재료 사이의 형태나 색의 상이함(차이점)으로 강한 대조를 나타낼 때 그 관계를 표현하는 말이다. 대비가 강하게 나타나면 강렬하여 강조의 효과가 있지만 강세가 너무 크면 부정적 효과를 얻을 수도 있다.

[그림 2-5] 하늘색-산봉우리의 하얀눈 초록빛 숲, 푸른 물, 연두색 풀밭의 색깔 대비가 아름답다(미국 워싱턴 주 Mt. Rainier 국립공원).

• 조화(harmony)

형태와 색채에 있어서 차이가 두드러지지 않으면서 상호간에 잘 어울리는 원리를 말한다.

[그림 2-6] 비슷한 수형을 가진 나무들이 구성하는 숲은 조화롭게 보인다.
(미국 캘리포니아 주의 Red Wood 국립공원)

• 균형(균제, balance)41)

축(axis) 또는 점을 중심으로 구성요소들이 배치되어 있을 때 모양은 다르나 양과 무게를 같게 구성하는 원리를 말한다.

• 대칭(symmetry)

축(axis) 또는 점을 중심으로 좌우 또는 주변의 구성요소를 동일하게 배치하는 원리를 말한다.

[그림 2-7] 정형식 정원들은 기하학적 대칭 요소가 많다. (Vaux-le-Vicomte) 보르비 꽁뜨는 르 노트르의 걸작으로 명확한 땅가름, 강한 축, 절대권위를 상징하는 스케일 등으로 특징짓는 17세기 프랑스식정원의 대표작. 기하학적 구성에서 강한 대칭적인 요소들을 찾을 수 있다. 파리 남동쪽 55km지점 퐁텐불뢰 숲에 있다.

---

41) 조요한, 『예술철학』. 예술문화. 2003. pp.87~92.
여기서 조요한은 미적 형식을 다양성의 통일과 균제(balance)로 구분하면서 균제의 형식에 좌우대칭, 대비, 비례가 있음을 밝혔다.

[그림 2-7-1] 좌우 대칭인 정원의 모습이 아름답다(빈 Schönbrunn 궁전).

• 비례(proportion, eurythmia)

상호 근접한 위치에서 구조된 요소 사이에는 모양과 색에 있어서 일정한 비례 관계에 놓여야 한다는 원리이다. 이러한 원칙에서 벗어난 미적 대상은 불쾌감을 일으키고 혼란스럽다. 황금비례(golden section)가 미의 구성원리에 있어서 가장 아름다운 비례의 하나이다.

• 방위(향, aspect)

미적 대상이 공간상에 위치한 방향을 말한다. 동양적 공간 구성에서 특히 주목하는 원리의 하나이다.

• 차경(借景)

외부공간(자연풍경)의 일부(요소)를 구성하고자 하는 공간, 또는 관찰자 위치의 내부로 끌어들여서(차용) 전체를 구성하는 일부가 되게 하는 원리이다. 차경에 이용되는 것들에는 산봉우리, 숲, 호수, 들판, 해안, 강, 하늘, 또는 인공건축물(탑, 교회, 사찰 등)이 있는데 이들을 현재의 위치와 구획(공간분할)하여 차경 효과를 나타낸다. 공간 분할에는 구획기법으로써 조망하는 눈높이에 알맞게 생울타리를 활용한다. 대청마루에 앉아 건너편 흰눈 덮인 산정을 바라볼 수 있도록, 뜰앞에 담장을 설치하여 그 앞의 불필요한 경치들은 가려서 산정경치가 뜰앞에 다가오도록 하여 내 집의 정원 같은 풍경이 되도록 하는 기법은 대표적인 차경의 한 예이다.

•축(axis)

공간을 통일하려고 대칭 등의 원리를 적용하기 위해 도입한다. 축은 직선, 곡선 모두 가능하며 축을 중심으로 통일 뿐만 아니라 질서가 생긴다. 평면기하학식 정원 양식에 많이 적용하여 왔다. 축과 관련하여 주축선, 부축선, 교차점, 평행선, 직교선, 사선 등이 파악되어야 한다.

[그림 2-8] 기념탑으로 향한 강렬한 직선이 축을 이루고 있다.
(천안 흑성산 독립기념관)

•區劃(割地, zoning)

미적 대상의 공간을 기능적 합목적적으로 분할하는 원리를 말한다. 개방, 폐쇄, 차경, 차폐 등의 목적과 기능이 주어진다. 할지, 땅가름이라고도 한다.

•눈가림(차폐, screening), 틀에 넣기, 격리

자연 속의 어느 특정한 미적 대상은 주변의 어울리지 않는 요소(배경)로 인하여 그 아름다움이 빛바래거나 훼손되는 경우가 있다. 이런 경우 주변의 불필요한

부분을 가려주는 원리를 말한다. 필요한 풍경만을 액자나 문(門)과 같은 틀안에 넣는다 하여 '틀에 넣기'(enframement)라고 한다.42) 또는, 신기함, 호기심을 일으키기 위해 주변의 시선을 차단하는 용도로 적용하기도 한다.

[그림 2-9] 기하학식 정원에 퍼져있는 방사선 축선 상에는 눈을 끌기에 안성마춤인 조형물들이 많다(비인 쉔브룬 궁전).

---

42) 林文鎭은 이것을 광경(框景)이라고 표현하였다(林文鎭, 『森林美學』. 淑馨出版社. 1991. p.46)

• 비스타(vista)

미적 대상의 조망을 원활하게 하기 위해 시선의 움직임을 집중할 수 있게 하는 원리이다. 통경선(通景線)이라고도 하는데 수목을 병렬 식재하여 시선을 유도하거나 작은 물길(canal), 축, 건축물, 문 등을 활용하기도 한다.

• 아이스톱(eye-stop)

비스타의 초점 대상이 시선이 집중되는 미적 대상으로써 조망되고 있을 때, 또는 관찰자의 시각적 이동을 바꾸고자 할 때에는 특별한 상징이나 눈요깃감이 필요하다. 이 때 시선을 끌어당겨 머물게 하는 것을 아이스톱이라고 한다. 랜드마크가 이와 같은 역할을 하기도 한다.

• 유사(similarity)

동질성, 공통성을 지닌 구성요소들을 배치하여 부드럽고 무리없는 미를 연출하는 원리이다. 대비와 반대되는 개념이다.

[그림 2-10] 자연지형의 흐름을 살린 경작지 개발. 전체 경관 속에서 비슷한 모습의 경작지들이 '유사'하게 배치되어 있다(네팔의 경작지 풍경).

• 단순(simplicity)

통일시키는 원리이다. 넓은 잔디밭, 광장, 빈공간, 일제림, 모래밭, 독립수 배치 등 단순하게 처리함으로써 감정을 조용하게 모아주는 역할을 할 수 있다.

• 방사(radiation)

한 점, 또는 교차점(결절점)에서 방위를 달리하여 방사상으로 동일한 거리로 펼쳐진 선을 배치하는 원리를 말한다. 遠心과 求心으로 구분하여 파악한다. 자연 속에서는 산봉우리를 중심으로 능선이 산아래로 펼쳐진 것을 방사의 원리 속에서 파악할 수 있다. 정형식 정원에서 원로(園路)들이 軸線으로써 결절점(교차점)에서 만나고 흩어지는 것도 그러한 예이다.

• 운율(律動, rhythm)

미적 대상 안에 구조된 점, 선, 면, 입체(볼륨, volume), 색깔들이 조화롭고 질서있게 반복을 이루는 원리를 말한다. 계절의 통시적 변화, 나뭇잎이 떨어지는 모양, 물결이 퍼져가는 모양, 사막의 사구가 지닌 톱선 등이 있다. 운율은 원래 음악에서 쓰이는 용어로써 서로 상이한 강약을 가진 음들이 시간적인 장단의 변화 속에서 연속적으로 하나의 흐름을 형성하는 것을 말한다. 이와 같은 '율동적 움직임' 속에서 공간을 대상으로 풍경을 연출하여 조망할 수 있게 배치하는 원리이다. 언덕 위에 시각적 초점 풍경을 만들어 놓고 이에 다가가기 위해서 산기슭으로부터 서서히 올라갈 때 연출되는 주변 풍경의 흐름이 하나의 예가 될 것이다.

이상에서 미적 대상을 구성하는 여러 가지 원리들에 대해서 살펴보았다. 이들 원리들에 의해 구성된 미적 대상은 主調(principal tone)가 있어서 전체 속에서 통합적으로 조화되어야 하는데, 이러한 작용 또는 과정을 統調(unitation)라고 한다. 통조를 쉽게 하는 수단으로써 경관에 있어서, 세부(detail)에 걸쳐 특정한 공통인자를 사용하는데 이것을 모티프(motif)라고 한다. 모티프가 구체적인 일정한 형태의 단위로 반복해서 나타날 때 이것을 양식(pattern)이라고 한다. 이러한 과정 속에서 하나의 전체(a whole)를 통합하여 통일을 이뤄서 미적 대상은 질서있고 조화롭게 보이고 미적 가치를 지니게 된다.[43]

---

43) 풍경연출, 조경, 조원(造園)의 분야에서 이러한 것을 '움직이는(변화하는) 가운데 통일'

5. 산수화의 구조

앞의 내용들은 거의 대부분 서양미술에 나타난 원리들이다. 동양화, 특히 산수화에 있어서 미의 구성은 좀 다른 각도에서 이해된다.

미적 대상 중 예술적 대상에서 서양회화의 경우 그림을 공간적으로 구성하는 방법으로 삼각형구조, 수평구도, 대각선 구도, 원형구도와 같은 구도법과 원근법 등이 중요하게 다뤄진다. 이런 방법들이 쓰인 구도된 화면 속에 요소들을 배치한다.

이처럼 서양화는 재구성함으로 '조형(造形)'이라는 용어를 사용한다. 하지만 동양 산수화에서는 형태성 자체가 조형으로써의 형태성이 아니라 '景'과 '境'으로써 형태성을 띠고 있기 때문에 조형과는 다른 개념인 '조경(造景, 造境)'이라는 말을 사용한다.[44] 조경은 내용적으로는 입의(立意), 입격(立格), 취신(取神)에 따라 표현 방법인 운필(運筆)에 의해 경(境,景)을 구성한다. 경은 형식으로 서양화의 구도법과는 달리 동양철학적인 것으로써 위는 天(하늘), 아래는 地(땅), 그 사이에 만물이 존재한다는 기본개념을 지니고 있다.

또한, 석도(石濤)에 의하면 造境은 장법(章法)에 의해 화면을 구성하는 것인데 여기에는 분강(分彊), 삼첩(三疊), 양단법(兩段法)이 있다. 분강이란 지면과 산의 경계, 산과 하늘의 경계를 분명하게 구분하는 것이고, 삼첩은 1층은 땅, 2층은 나무, 3층은 산으로 화면을 구성하는 것이다. 양단법은 경치를 이루고 있는 배, 집, 사람, 나무, 동물, 기타 소재 등을 화면의 하단에 배치하고, 산을 상단에 배치하며, 중간에 물, 구름, 안개 등을 배치하는 장법이다. 이렇게 구도된 그림을 전체적으로 하나의 기가 관통하도록 하며 자연처럼 조화되어야 한다.[45] 즉, 다양성의 통일을 말한다.

이라든가 '다양성 속의 통일'이라는 표현을 쓴다. 조요한은 이를 미의 모범 형식으로 가장 널리 알려진 형식원리로써, 부분적 요소가 명확히 독립되면서도 전체 속에서 통일되어야 한다는 원리라고 말한다. 또한, 전체가 통일을 잃었거나 각 부분의 독립이 애매할 때, 그 예술 표현은 본래의 가치를 갖지 못한다(조요한, 앞의 책. pp.87~88).

44) 박선규, 『서양화의 조경이론』. 도서출판 신원. 1999. pp.9~10, 122~131.

45) 같은 책. pp.129~130.

[그림 2-11] 산수화의 구도의 하나인 삼첩(三疊)은 1층은 땅, 2층은 나무(숲), 3층은 산으로 구성되는 것이다.

제2절 미적 대상으로서 경관

1. 景觀의 의미

(1) 어원

궁극적으로 이 책에서 다루려는 미적 대상은 일부 예술적 대상이 포함되어 있기는 하지만 대부분 자연적 대상이다. 이 때 자연적 대상을 경관 또는 풍경이라는 말로 대신할 수 있다.

경관은 영어로 Landscape라고 한다. 이것은 중세 시대에 쓰이던 landscipe라는 古語에서 출발하여 발전해 온 것이다. 이 말은 "일정한 지주 혹은 특정집단에 의해 소유된 구역"(district)을 의미한다.46) 그러다가 landscape가 등장한 것은 16C말~17C초기부터이다. 특히 덴마크 풍경화가들은 이를 scenery(風景), 혹은 rural scenery(田園風景)의 의미로 사용하였다. 이후 landscape는 점차 일반적인 풍경을 의미하는 현대적 개념의 "경관"으로 변모하여 왔다.

[그림 2-12] 경관(호주 Blue Mt. 국립공원)

독일어로는 Landschaft(란트사프트)라고 한다. 영어에서도 Landscape = land + scape로 구성되어 있는데, 독일어도 마찬가지로 Landschaft = Land + schaft의 합자이다. 이것은 토지의 군집(집단), 토지체계, 지방행정 구역 등으로 해석하고 있다.

(2) 사전적 의미

영어사전에서 검색되는 landscape의 의미는 대체로 다음과 같다;

① 지질학적 작용에 의해 형성된 일정 지역의 지형(landform)
→ 자연지형경관, 윤곽, skyline, 경계가 있음으로 객관적이다.

46) Encyclopedia of the social sciences. 1974.

② 한 번의 조망으로 보여지는 토지 또는 영역의 일정부분과 해당 부분에 위치한 모든 사물(objectives)

③ 한 지점으로부터 볼 수 있는 광활한 전원풍경의 한 부분이나 넓은 장소(a section or expanse of rural scenery, that can be seen from a single point)
→ 풍경의 내용도 포함하고 있는 의미이다 → '보여지는' 모습을 말한다.

④ 자연적인 육지 경치나 해안 풍경을 그린 그림
→ 풍경화를 말하는 것으로써 미술의 회화 분야에 속한다.

⑤ 어떤 지방에 공통되는 특색을 가진 풍물이나 그러한 지역
→ 인문사회, 문화적 특성을 포함하는 것이다.

⑥ 특별한 활동(행위)이 일어나고 있는 곳의 개괄적인 상황. 이런 경우 서양에서는 landscape를 쓰고 있는데 우리말로 '경관'이라는 말 그대로 쓰면 우스꽝스러워서 '풍경'이라는 말로 대신 써본다.

예) 정치풍경, (환경이 아닌)학교풍경(교육풍경), 결혼풍경 등 인문, 사회적 환경을 표현하는 것인데, 자연에 적용되었던 의미를 인문 사회적 상황에 적용한 것이다.

①의 의미는 자연지형, 윤곽, 객관적 '존재형태'를 말하는 것이며, ②, ③의 의미는 모든 것을 포함(자연, 인공)하고, '보여지는' 영역(지역, 토지)을 일컬어 知覺的 측면을 말하고 있다.

한편, 미국 산림청은 경관을 그 지역 전체에 걸쳐 지질, 지형, 토양, 기후, 생물상, 그리고 인간의 영향 때문에 반복되는, 서로 영향을 주고받는 생태계로 구성된 지역으로 정의하고 있다. 경관은 일반적으로 상호작용하는 생태계들에 의해 결정되는 크기, 형, 그리고 양식(패턴)으로 되어 있다.[47]

(3) 동양의 景觀

景觀이라는 한자 풀이를 보면, 景(빛경, 볕경, 클경, 밝을경, 우러러볼경, 경치경, 남풍경 등)과 觀(볼관, 점칠관, 나타낼관, 보일관, 모양관, 망루관, 황새관 등)으로

47) USDA FS, 『Landscape Aesthetics』-a handbook of landscape management. Agriculture Handbook No.701. 1995. Glossary.

되어 있다. 대체로 景은 해, 햇빛, 밝다, 환히 비추다의 뜻을 가지고 있고, 觀은 보다, 보이다, 나타내보이다, 드러내보이다, 명시하다의 의미를 지닌다. 중국에서는 景觀이라는 말을 쓰기 전에 景을 먼저 쓰기 시작하였다. 그런데 별 '景' 字의 속을 뜯어보면, 景 = 日 + 京(小=丘 + 누각/집)로 되어 이것은 곧, 구릉지(언덕, 높은 곳)의 궁궐에 해가 비치게 되어 보이게 되는 광경을 표현하는 것이다.48)

그렇다면 이것은 자연경관보다는 인공경관에서부터 출발한 것이 아닌가하는 추측을 가능하게 한다. 어쨌든 이것은 햇빛이 있으면 무엇이든지 비춰져서 '볼 수 있게 된다'를 의미하는 것으로 풀이할 수 있겠다. 따라서 景은 그 속에 觀을 포함하고 있는 것이므로 곧, 景 = 景觀이라는 등식이 성립할 수도 있는 것이다. 사실 빛이 없으면 제아무리 아름다운 풍경이라 할지라도 아무에게도 보여지지 않으므로 아무런 의미가 없다. 즉, 빛이 없으면 景이 아닌 것이다.

한편, 다른 각도에서 단어의 의미를 음미해 보면, 밝은 태양 아래 밝게 올려다 또는 내려다보이는 궁궐의 모습, 볼만하지 않은가? 그래서 충분히 완상(玩賞)하고 즐길만하다. 그래서 '아름답다', '보기좋다'라는 의미를 포함하고 있기도 하다.

그런데 한자 문화권에서 Landschaft(Landscape)를 景觀으로 번역하여 쓰게 된 것은 일본인 식물학자 三好學에 의해서라고 한다.49)

(4) 종합

이상에서 살펴보았듯이 경관의 의미를 한 마디로 정리하는 것은 쉽지 않다. 그러나 일반적으로 경관이란, 전원풍경, 자연풍경, 내륙풍경, 지형, 토지, 풍경화 등으로 설명되며, 오늘날 사전적 의미보다 좀더 포괄적 의미로 '보여지는' 자연계뿐만 아니라 그 지역 안에 담겨있는 문화적, 사회적 내용도 포함된 것으로 이해되고 있다. 이때 '보여지는'이라는 표현은 단지 視覺만 의미하는 것이 아니라 5감에 의한 모든 지각을 포함하고 있다고 보아야 한다.

---

48) 황기원, 「景과 관련된 述語의 개념에 관한 考察」, 『한국 조경학회지』. 1994. Vol. 22(4). pp.23~36.

49) 김호준・박봉우・임주훈・하연, 『경관수목학』. 개정판. 두솔출판. 1997. pp.3~11.
※필자주: 三好學(1861-1939) 박사는 독일 라이프찌히 대학에서 식물생리학을 공부하고 동경대학 이학부 식물학교실 교수로 활동한 식물학자였다.

이처럼 경관이 '보여지는', 혹은 관찰자가 '보는' 것과 관련되어 있기 때문에 우리의 시야와 해석, 그리고 마음에 의해 한정되는 것이기도 하다.

2. 景觀의 유관 개념

여기서는 경관과 유사한 개념들을 살펴봄으로써 유사 개념들과 경관이 지닌 뜻의 뉘앙스를 구별해 보고자 한다.[50)]

• 경관과 자연(nature)
자연으로부터 경관을 분리하여 볼 수 없다. 경관이 자연경관과 인공경관을 포함하고 있다면 자연은 경관의 일부분이라고 할 수 있다.
그러나 자연과 경관은 의미에 있어서 차이가 있다.

• 경관과 환경(environment)
환경은 우리를 둘러싼 유형 무형의 모든 요소들이 서로 유기적으로 결합되어 있는 시스템이다. 이러한 의미에서 경관이란 환경이 우리 시각으로 지각되는 시각적으로 제한적인 외부 형태를 말한다. 즉, 환경의 視覺效果를 말한다.

• 경관과 풍경(scenery)
풍경이란 말은 古來로부터 경관을 자연적 요소에 국한하여, 혹은 극히 일부분의 인공적인 요소를 포함하여 말할 때 일컫는 용어로 볼 수 있겠다. 또한, 한 장소의 전체적인 외관, 경관의 전체적인 외관, 또는 경관의 생김새 등 3가지 표현으로 정의하기도 한다.[51)]

• 경관과 장소(place)
장소는 개인적으로 이미 경험되고 체험된 공간의 의미가 강하다. 따라서 공간 내부의 인지도 높은 성격을 가지고 있다. 그래서 보다 외부적이고 객관적이며 넓은 스케일을 갖고 있는 경관과 구별된다.

---

50) 같은 책. pp.3~5.
51) USDA FS, 앞의 책. Glossary.

[그림 2-13] 경관과 풍경 (독일 Bayern 주 전원지대)

• 경관과 지리(geography)

지리분야에서 경관이 지리와 관련되어 말할 때 경관은 주로 사람의 삶과 결부되어 있는 문화가 중심이 되어 있다. 그래서 자연경관과는 어느 정도 차별화되어 있다고 본다.

3. 경관의 구조와 구성 요소

• 기본요소와 인자(Fundamental elements and factors)

캐나다 브리티시 컬럼비아 주는 경관에 내재하는 고유한 기본인자로써 경관 캐릭터, 다채로움, 변화 등 3가지를 제시하고 있다.[52]

- 경관 캐릭터(Landscape Character): 토지, 식생, 물, 구조, 경관 스케일이 영향을 준다.
- 다채로움(Variety): 산, 해안, 들판(평야), 호수 등에 의해 경관이 다채롭게 된다.
- 변화(Change): 대개는 인간이 변화를 준다(각종 개발행위).

• 주요요소

경관의 구조를 구성하는 요소에 대해서는 미국 산림청 공무원이었던 리턴

---

52) Province of British Columbia(Ministry of Forests), 『Forest Landscape Handbook』. 1981. pp.10～13.

(Litton, R. Burton)이 제안한 내용이 긴요하게 다뤄진다. 그는 경관을 구성하고 있는 주요요소(dominant elements)로써 형태(form), 선(line), 색(color), 질감(texture) 등 4가지와 경관 구성의 6개 우세요소(emphasized elements)로써 대비, 연속, 축, 수렴, 대등, 틀에 넣기를 제시하였다. 또한 경관의 변이요소(variable factor)로써 움직임, 광선, 대기조건, 계절성, 거리, 관찰위치, 규모, 시간 등 8개 항목을 제시하였다.[53]

- 형태(form): 3차원적 개념(산, 언덕, 지형, 능선 등). 2차원적 개념은 shape(배경, 절취면 등)
- 선(line)
- 색깔(color)
- 질감(texture)

•우세요소

- 대비(Contrast)
- 연속(Sequence)
- 축(Axis)
- 수렴/집중(Convergence)
- 대등(Codominance)
- 광경(框景/틀에 넣기, Enframement)

•변이요소(영향 요소)

- 운동(motion): 움직임
- 거리(observer distance): 관찰자의 거리
- 관찰점(observer positions): 관찰자의 위치
- 빛(light conditions): 광선(명도, 광도)
- 대기조건(atmospheric conditions): 날씨
- 계절성(seasons)
- 규모(scale)
- 시간(time): 시선의 지속시간.

---

53) Litton, R. Burton Jr., 『Forest Landscape Description and Inventories』. USDA Forest Service. 1968. Province of British Columbia(Ministry of Forests), 앞의 책 pp.14~20.에서 재인용.

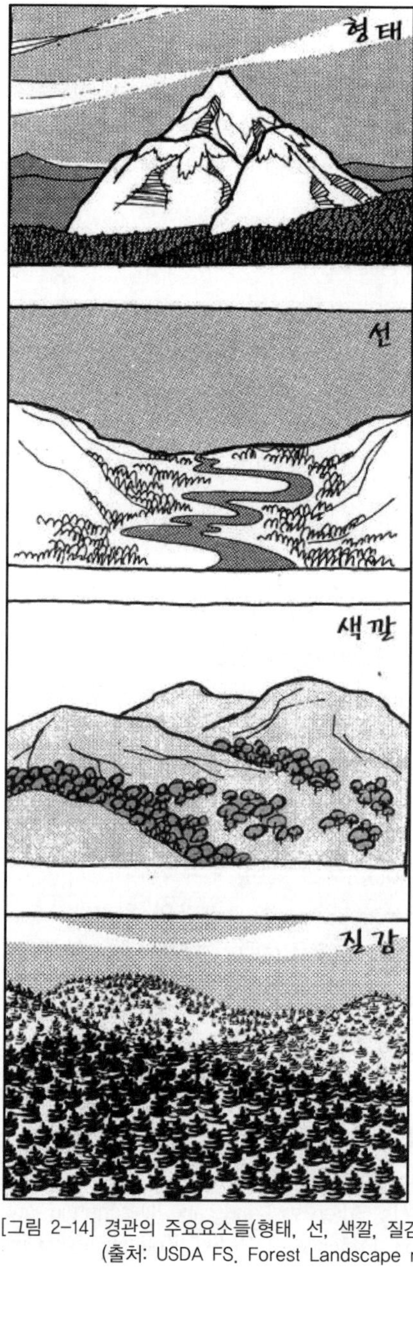

[그림 2-14] 경관의 주요요소들(형태, 선, 색깔, 질감)
(출처: USDA FS. Forest Landscape management)

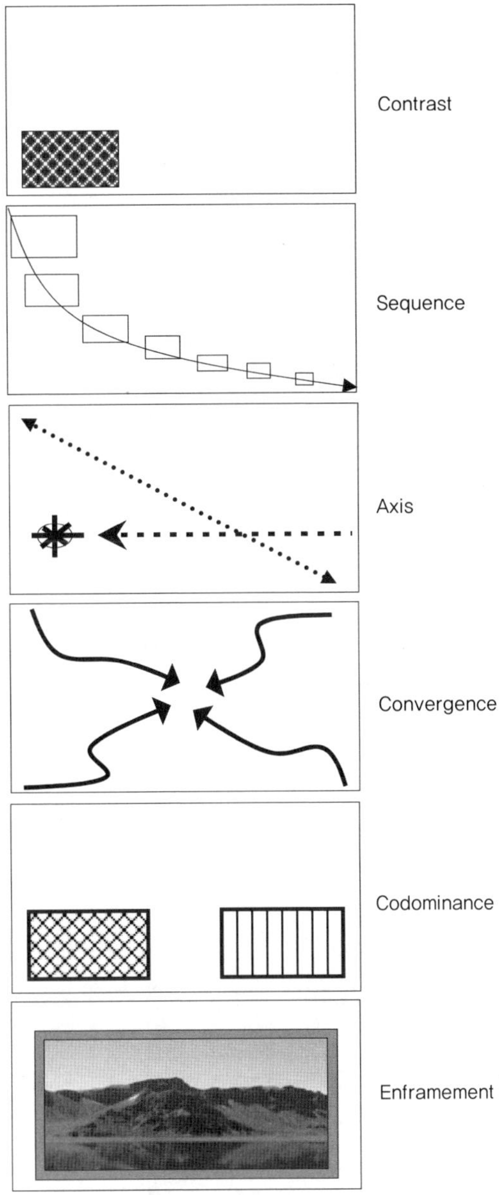

[그림 2-15] 경관의 우세요소들

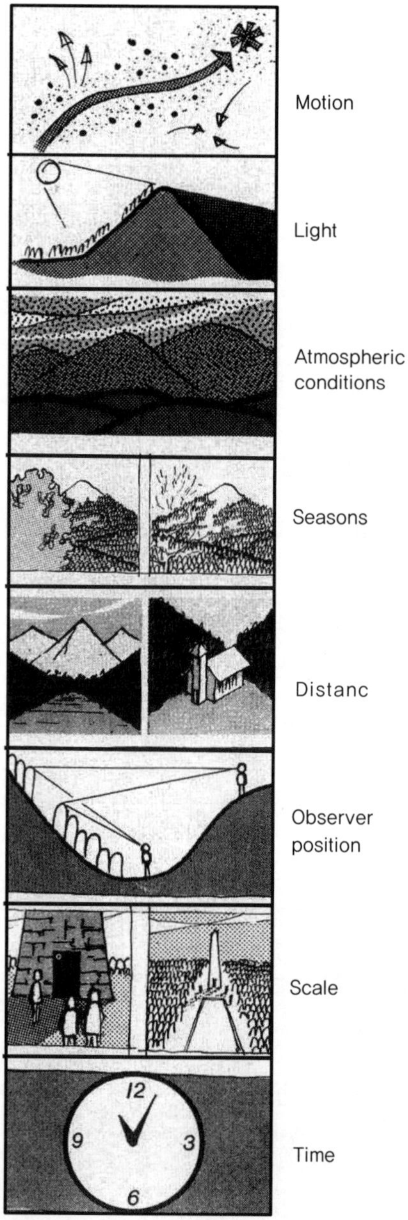

[그림 2-16] 경관의 변이요소들
(출처: USDA FS. Forest Landscape Management)

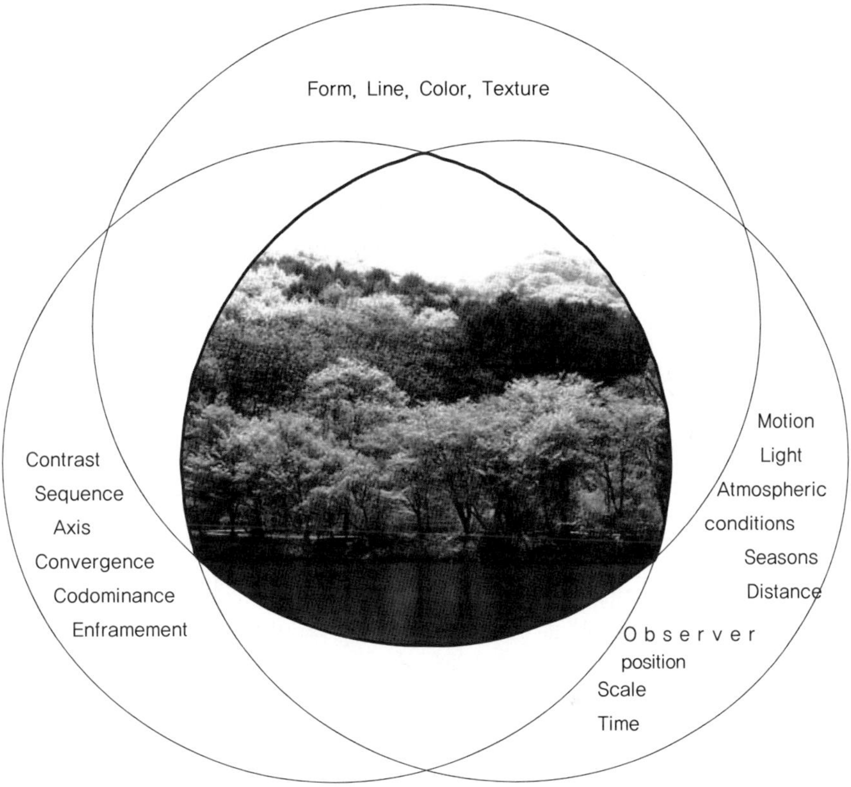

[그림 2-17] 경관의 구성
사진: 광릉 육림호 주변의 봄 풍경

4. 경관의 종류와 구분

경관은 크게 인공적인 요소가 가미되어 있는가 없는가에 따라서 자연경관과 인공경관으로 구분하고, 형태와 특징에 따라서 세분한다.

(1) 인공의 첨가여부

•자연경관

엄밀한 의미에서 인공이 전혀 가미되지 않은 경관이기 때문에 원시 자연에 해당한다. 지형경관, 자연현상경관, 지피경관, 생물경관 등이 있고, 산림을 예로 든다면 천연림(처녀림)이 해당한다.

- 인공경관

인위적인 힘으로 만들어진 경관이다. 빌딩, 도로, 교량, 조각, 사찰, 교회, 학교 등 무수히 많으며, 이들이 자연 속에서 어울려 만들어진 경관도 인공경관이다. 이러한 경관을 문화경관으로 부르는 경우도 있다. 산림의 경우 인공조림하여 경영하는 곳도 인공경관에 해당한다.

(2) 경관의 형태적 분류

Litton은 앞서 제시한 경관 구성에 관여하는 요소에 따라서 아래와 같이 7개의 경관 형태를 제시하였다.

- 파노라믹 경관/全景觀(panoramic landscape)

파노라마처럼 펼쳐진 경관으로써 전경관이라고도 한다. 벌판의 경관, 산 위에서 아래를 내려다 볼 때 이러한 경관을 볼 수 있다.

[그림 2-18] 파노라마 경관, 또는 전경관
겨울철 발왕산 정상에서 남동쪽으로 바라본 경관

- 形狀/地形 경관(feature landscape/Natural landscape)

지형선이 만들어 내는 경관이다.

[그림 2-19] 형상경관 또는 지형경관
캐나다 록키 산맥의 능선들이 자아내는 지형경관의 장엄한 모습

•圍繞경관(enclosed landscape)

경관이 지형이나 다른 경관 구성인자에 의해 둘러싸여 있을 때 이러한 경관을 창출한다. 숲속의 옹달샘은 위요경관의 한 예이다. 숲속 나지나 계곡에 수목이 벽처럼 서 있는 곳도 위요 경관을 창출한다.

[그림 2-20] 위요경관
미국 캘리포니아 주 킹스캐년 국립공원에 있는 초승달 초원(cresent meadow). 수십미터의 높이를 자랑하는 나무들로 둘러싸인 곳으로써 John Muir가 자주 찾던 곳의 하나이다.

• 焦點경관(focal landscape)

시선의 집중을 일으키는 경관이다. 군계일학(群鷄一鶴)과 같은 벌판의 독립수, 침엽수림 중의 황금소나무, 광장의 랜드마크 등은 초점 경관의 좋은 사례이다.

[그림 2-21] 초점경관
엉겅퀴 꽃에 앉은 도시처녀나비

• 天蓋경관(canopied/tunnel landscape)

산 속의 오솔길은 대개 나무로 인하여 하늘이 덮여있는데 이러한 경관을 말한다.

[그림 2-22] 천개경관.
일본 아카자와(赤澤) 자연 휴양림의 편백나무 숲길

•細部경관(detailed landscape)

꽃이나 잎의 얼개, 지층 구조 등이 경관으로 인식될 때 이들은 세부구조를 보여준다.

[그림 2-23] 세부경관-민들레 씨

•一時경관(ephemeral landscape)

기상인자나 경관구성요소들의 작용으로 일시적으로 경관을 연출하였다가 사라지는 경관을 말한다. 무지개 핀 들판, 안개와 연무가 호수면에 연출하는 경우, 구름, 아침/저녁노을 등은 일시경관이다.

[그림 2-24] 일시경관
캐나다 로키산맥의 호수에 투영된 지형

- 遮蔽경관(screen landscape)

차폐경관은 Litton이 제시한 것은 아니다. 차폐 경관이란 영화관이나 연극장에서 스크린(무대)에서만 상이 나타나는 것처럼 주변이 다른 구조물로 차폐되고 오로지 열린 공간으로만 경관이 펼쳐진 모습을 말한다. 터널 반대편에 나타나는 경관은 대표적인 차폐경관의 한 예이다.

[그림 2-25] 차폐경관.
핀란드 호수와 숲이 어우러진 경관. 호수 전경(前景)이 좌우에 돌출된 숲으로 차폐되어 스크린에 비춰진 이미지처럼 보인다.

제3장 認知와 감상

제1절 인지과정

앞 장에서는 미의 개념에 대해서 정리하는 한편, 미적 대상의 구조와 형식원리, 그리고 미적 대상으로써 경관에 대해서 소개하였다. 이것으로써 미약하나마 미와 미적 대상에 대해서 일반적으로 이야기할 수 있는 지식을 확보한 것이며 미학의 지식에 대해서 기본적 토대를 마련한 셈이다. 본 장에서는 앞서 설명한 미적 대상을 인체 내부에서 어떻게 인식하는지 그 과정과 방법에 대해서 설명하고자 한다.

인간이 외부환경으로부터 자극을 지각하고 반응하기까지의 일련의 과정은 자극→지각→통각→인지→반응의 순서로 일어나고 있다. 이것들에 대해서 구체적으로 설명하면 다음과 같다.[54]

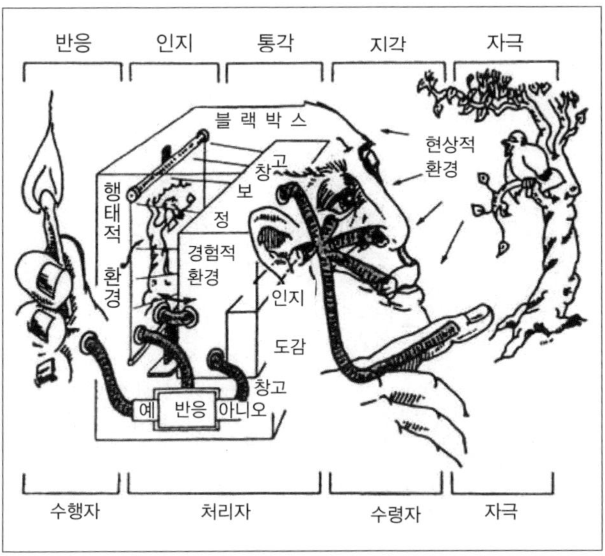

출처; Porteus, 『Environment and Behavior』(1977). p.141.

[그림 3-1] 형태↔환경의 접촉영역 인지를 위한 틀

54) Porteous, J. D., 『Environment & Behavior』. Addison-Wesley Publishing Company. 1977. pp.138~145.

자극 Stimulus	외부환경에서 '현상적인 환경'으로써 刺戟의 존재가 주어짐.
지각 Perception	현상적 환경 자극에 대해서 그의 존재를 5감각기관을 통해서 확인함 → 知覺
통각 Apperception	지각된 대상이 두뇌 속에 있는 방대한 認知圖鑑에서 이전 경험으로 얻은 이미지를 배합하여 비교 분석 → 統覺
인지 Cognition	배합되고 비교 분석되어 이해 → 지각대상을 認知
반응 Motor Response	인지된 것에 대해서 스스로 판단하여 최초의 자극에 대해 反應함.

[그림 3-2] 현상환경의 자극에서부터 반응에 이르기까지의 과정

이 과정에서 마지막 단계인 반응은 미적 대상의 가치에 대해 평가하는 것을 말한다.

[그림 3-3] 수수꽃다리의 꽃과 향기
-봄의 향기를 대변한다.

제2절 감각기관과 경관체계

1. 6感과 그 작용

본 절에서는 미적 대상을 감각으로 관찰하고 수용하는 인간의 5감각 기관의 작용과 기능 등에 대하여 살펴보기로 한다. 이어서, 수용된 생리적 감정이 제6감각이라고 할 수 있는 정서적으로 또는 심리적으로는 어떻게 반응되는지 알아본다.

인류는 자연을 심미대상으로 하여 감상하고 그것을 칭송하며 찬미하였다. 인간은 개개인의 문화 배경과 교육수준이 어떻든 간에 미감에 대한 경험은 모두 감동적인 기억으로 남는다. 피부에 와 닿는 햇빛의 따스함과 손에 느껴지는 깨끗한 샘물의 시원하고 투명한 감촉을 좋아하며, 산천의 붉은 단풍에 감탄한다. 우리는 아름다운 풍경을 보고 찬미하고 좋아하게 되는데 이것은 여러 감각 기관이 있음으로 해서 만족을 느끼기 때문이다. 이처럼 우리는 시각, 청각, 후각, 미각, 촉각과 의식 감각 등의 여러 감각 기관을 거쳐서 美感을 얻는다. 먼저 인간이 지닌 다섯 가지 감각기관에 대한 기본 지식을 알아보도록 한다.[55)]

(1) 視覺

미적 대상은 대체적으로 모두 형태가 있는 시각 경관을 가리키며, 또한 눈을 통하여 볼 수 있는 세계, 즉 시지각의 세계를 말하기도 한다. 인간의 망막은 발광체나 혹은 반사광의 광파를 시신경을 통해서 대뇌에 전달하여 광감각을 불러 일으킨다. 광선은 빛의 파장, 진폭(輻度), 순도의 세 가지 변화로 인한 것이며 인간에게 시각상의 색상, 명암, 포화도(채도)를 느끼게 한다.

시각은 인류의 진화사에서 가장 늦게 발전했으나 오히려 가장 전문적이며 가장 복잡한 감각 기관으로 발달했다. 그 이유는 첫째, 시각은 청각보다 정보를 빨리 얻는데 즉, 빛은 매초에 약 300,000km를 갈 수 있으나 음파는 초속 340m에 지나지 않는다. 둘째, 촉각거리는 1m 이내이고 시각적으로 분명한 거리는 비록 1.2m~2.4m이지

---

55) 林文鎭, 『森林美學』. 淑馨出版社. 1991. pp.66~68; Rudolf Arnheim, 『Visual Perception』. 김춘일 옮김, 『美術과 視知覺』. 미진사. 2006.

만 시각은 100m이내의 먼거리 정보를 얻을 수 있다. 시와 그림, 조각, 건축, 춤 등의 여러 가지 예술은 시각적인 것을 고도로 이용한 것이기 때문에 전문적으로 발전을 거듭하여 왔다.

시각은 단순히 현상의 자극을 보는 것 그 이상의 본질을 파악하고 지각적 개념을 파악하는 역할을 한다.56)

(2) 聽覺

동물의 발성기와 물체 자신은 진동 혹은 서로 부딪혀서 공기 분자가 파동 음파를 형성함으로써 中耳로 진입하여 고막을 거쳐 內耳에 이르러 신경을 자극하여 대뇌에서 청각을 느끼게 된다.

자연계에는 바람이 나무를 스쳐가는 소리, 가을바람, 봄비, 물방울, 계곡의 물소리, 파도소리, 새의 지저귐, 매미의 울음소리, 곤충의 저작소리 등과 같은 수많은 소리가 있다. 이것은 인간의 영혼 깊은 곳에 오랜 세월 동안의 경험으로 축적되어 온 본원적이고 익숙한 것이며 마음을 편안하게 해 주는 것이다. 이런 것들은 사계절의 변화를 암시해주고 이러한 과정에서 심신에 생기와 활력을 불어 넣을 수 있다. 音感은 또한 거리를 인지할 수 있는 감각기관으로 거리나 높낮이, 소리의 출처를 추측할 수 있게 한다. 그래서 시각적으로 가려진 곳에서 방향과 거리를 느껴서 공간의 크고 작음을 분별할 수 있게 되는 것이다.

(3) 嗅覺

공기 중에 흩어져 있는 화학 분자는 코의 점막상의 모상 돌기를 자극하고 다시 대뇌에 전달하여 후각을 일깨운다. 산림경관을 바라볼 때 눈으로는 시각적인 향수를 만족시키고, 귀로는 맑고 고운 새의 지저귐을 듣고 난 후, 후각으로 감지되는 방향(芳香) 또한 지나칠 수 없는 것이다. 자연계의 향기에는, 가령 동식물의 각양각색의 숨결, 꽃향기, 테르펜의 냄새, 흙 내음, 이끼의 향, 잘 익은 과일의 향기 등과 같이 매우 많다. 향기는 바람을 따라 전해지는데 사람들은 이러한 냄새를 깊이 들이 마시고 찾게끔 하여 자연과 의사소통을 하게 되며 그것이 훗날의 기억으로 남게 된다.

---

56) Rudolf Arnheim, 『Visual Perception』. 김춘일 옮김, 앞의 책. pp.48~53.

후각은 시각과 청각보다도 더욱 깊은 기억을 일으킬 수 있다. 그러나 불쾌한 냄새는 오히려 인간에게 강렬한 불안한 정서를 느끼게 하기 때문에 이런 냄새는 될 수 있으면 피하려고 한다.

(4) 味覺

미각은 화학 분자가 타액에 녹아서 생기는 것으로 혀의 미뢰(味蕾)가 그 맛을 대뇌에 전달하여 느끼는 감각이다. 숲 속에서는 깊은 골짜기의 맑은 샘물, 야생의 열매, 산채와 같은 임산물과 과수원의 과일들처럼 인간에게 미각 향수를 가져다 줄 수 있는 것들이 많다. 웰빙 삶과 함께 대중들이 먹는 것으로써 미각을 느끼는 이러한 체험은 인간이 좋아하는 것이며 또한 인간에게 깊은 인상을 주게 된다. 이러한 것들은 미각적인 만족을 제공할 뿐만 아니라 때로는 촉각, 시각, 미각의 완성된 享受의 경험을 제공해 주기도 한다.

[그림 3-4] 오디. 미각을 자극하는 대표적인 나무 열매의 하나.

(5) 觸覺

촉각은 외부 온도의 차이와 마찰적인 기계적 자극을 피부로 받아들여 감각 신경을 통하여 대뇌에 전달된다. 인류의 진화의 역사 중에서는 촉각 계통이 가장 먼저 발달하였다고 한다. 숲 속의 계곡에 흐르는 맑은 물에 손발을 담글 때 느끼는 시원함, 땀 흘린 이마에 스치는 바람에 느끼는 쇄락함, 갈증 끝에 한 모금의 약숫물에서 얻는 시원함 등은 촉감의 예이다. 부드러운 꽃, 아기자기한 나뭇잎, 고운 물결로 된 나무줄기를 만질 때 느끼는 질감 또한 빼놓을 수 없다. 이런 것들은 모두 현장에서 직접 피부의 접촉으로 얻는 체험으로써 영상 매체나 그림 따위에서 얻을 수 있는 느낌과는 다른 것이다.

이상의 각 감각기관은 비록 따로따로 나누어서 서술했지만 그것들은 서로 독립될 수 없고 서로 상호작용 속에서 영향을 주고받는다. 숲 속의 아름다운 풍경은 인간에게 한 종류 혹은 연이은 감각 기관으로부터 얻는 쾌적함과 향수와 만족을 줄 수 있다.

(6) 第6感

앞에서 서술한 내용은 인간의 외부 세계를 감각적으로 수용하는 5가지 감각기관에 대한 것이다. 그러나 인간의 감각 기관이라는 것은 그 범위 또한 광대하여 다섯 가지 지각 이외에도 여러 감각이 있을 수 있다. 그 중에서도 5감 작용의 결과로 나타난다고 볼 수 있는 인간의 내부의식에서 발흥(勃興)하는 정서의식을 중요시 하여야 한다. 즉, 오감으로 미적 대상 경관을 감상한 다음에는 무엇인가 마음 속에 정서적으로 와 닿는 의식이 있게 마련이다. 그것은 즐거움과 감동을 주는 것이며 '멋'으로 인지할지도 모른다.

결론적으로, 각 종류의 미는 모두가 인간의 감각기관을 통해서 감상되어지며 그렇기 때문에 사용하는 감각기관에 의거하여 시각미, 청각미, 후각미, 촉각미, 미각미와 의식미 등으로 美를 감각의 여러 종류로 나눌 수도 있겠다.

2. 감각영역의 분류

인간은 감각과 지각을 활용하여 미적 대상의 아름다움을 받아들인다. 인간과 경관의 상호작용을 토대로 거리, 감각 기관, 자극, 심리, 경관 공간 인자 등과 관련하여 미적 공간체계는 [표 3-1]과 같이 분류된다.

[표 3-1] 경관공간체계와 인간의 심미 영역의 관계(산림의 경우)

경관공간	공간거리(반경)	감 각	자 극	산림공간 경관의 주요 인자
觸空間	0~2m	피부감각 후각 미각 운동감각 평형감각 유기감각 청각 시각	압력, 습기, 차가움, 통증 공기 中의 화학물질 구강내의 화학물질 신체 각 부위의 운동 위치의 변화 신체의 내부 소리 빛	무생물체, 생물체와의 접촉(암석, 토양, 비, 안개, 눈, 얼음, 물, 공기, 地衣, 식생, 수목의 뿌리, 수피, 줄기, 가지, 잎, 야생동물, 곤충, 어류 등) 인간의 눈의 조정 작용은 10cm~6.5m 사이의 시점에 집중 되어 작용. 입체 효과. 안구를 움직여서 펼쳐지는 시야 범위내. 미기후의 영향. 눈보라 칠 때의 視界 범위.
特近空間	2~10m	후각 청각 시각	공기 중의 화학물질 소리 빛	안구를 움직여서 펼쳐지는 시야 범위. 수목 높이(樹高) 입체 공간 내. 입체효과. 미기후의 영향. 수관, 지하고, 소밀도, 수목의 배치 등, 미경관 시업의 효과. 비와 짙은 안개가 끼었을 때의 시계의 범위.
近空間 I	10~30m	후각 청각 시각	공기 중의 화학물질 소리 빛	안구를 움직여서 펼쳐지는 시야 범위. 수목 높이(樹高) 입체 공간 내. 나뭇잎, 꽃, 과실 등의 명시 영역. 微景觀施業의 효과. 비와 짙은 안개가 끼었을 때의 시계의 범위.
近空間 II	30~60m	청각	소리	안구를 움직여서 펼쳐지는 시야 범위. 수목 높이(樹高) 입체 공간의 밖. 산림내 수간이 분명히 보이는 영역. 미경관 시업의 효과.
		시각	빛	산림생태의 공간. 면적의 너비가 약 1ha 정도. 미경관시업의 효과.

경관공간		공간거리 (반경)	감 각	자 극	산림공간 경관의 주요 인자
中空間	I	60~500m	청각 시각	소리 빛	안구를 움직여서 펼쳐지는 시야범위 밖. 수종, 수형, 수간의 명시 영역. 풍경 회화 공간. 미경관과 대경관 시업의 효과.
	II	0.5~1km	청각 시각	소리 빛	풍경 회화 공간. 산림 설계 효과. 벌채면적의 모습과 크기 배치. 수종 군락/ 구역의 변화로운 조합. 대경관시업의 효과.
遠空間	I	1~5km	시각	빛	수관의 명시와 판별 영역. 수종 군락/ 구역의 분명하게 보이는 영역. 산림 설계 효과. 산림 지표 양식이 분명하게 보이는 영역. 완전벌채림(皆伐)시업의 양식이 분명하게 보이는 영역.
	Ⅱ	5~10km	시각	빛	산림 양식(pattern)의 판별 영역. 산림 설계 효과의 한계선. 산림 경관시업의 한계.
超遠空間		10km이상	시각	빛	천연지형, 산의 생김새 등. 기상 시계가 좋을 때에는 가시 영역이 70km정도에 이른다. 10~20km : 남색을 띤 회색으로 보인다. 20~50km : 회색이 섞여 있는 옅은 남색과 풍부한 환상적인 원경이 나타난다. 50km 이상: 전면성을 지닌 짙은 회색으로 결국에는 공중에서 소실된다.

출처: 林文鎭. 앞의 책. pp.69~70.林文鎭. 앞의 책. pp.69~70.

제3절 시각구조와 영역

1. 시각구조

아름다운 자연 경관은 인간으로 하여금 많은 감각 기관상의 쾌적함과 즐거움을 얻을 수 있게 한다. 인간이 지닌 다섯 가지 감각 중 미적 대상을 지각하는데 있어서 가장 영향력 있는 것은 시각이다. 즉, 외부 환경을 지각하고 기억하는 과정에서 시각이 87%의 영향을 주는데 반하여, 청각 7%, 후각 3.5%, 촉각 1.5%, 미각은 불과 1%에 지나지 않는다고 한다.[57] 따라서 시각 구조를 이해하는 것은 대단히 긴요한 것이다.[58]

(1) 시각 구조의 기본지식

1. 인간이 서있는 자세에서의 수직 방향인 자연적 시선의 중심 방향은 -10°이다.
2. 보기(display) 수월한 영역은 0 ~ -30°이다.
3. 수직방향 시야의 상한선은 46°이며 하한선은 -67°이고 안구가 상하로 최대한 움직이는 범위는 위로 25°에서 아래로 -35°이다. 색깔 판별의 한계는 30° ~ -60°이다. 만일 광원이 뒤쪽 30° ~ -40°범위 내에 있으면 눈에 반사될 수 있다 [그림 3-6]

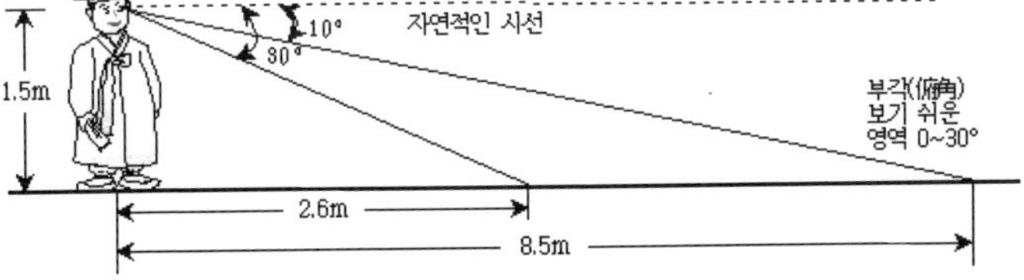

[그림 3-5] 인간의 시각 영역

57) Fish, Ivan L.,『The Visual Aspect and Resource Management』. 1972. 林文鎭,『森林美學』.1991. p.87.에서 재인용.
58) 이현택,『조경미학』. 서울. 태림문화사. 1981. pp.204~216 ~; 林文鎭, 앞의 책. pp.68~78

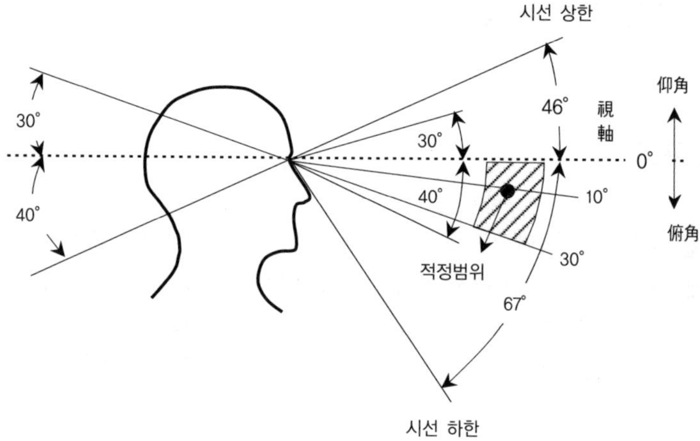

[그림 3-6] 수직방향의 시야의 한계

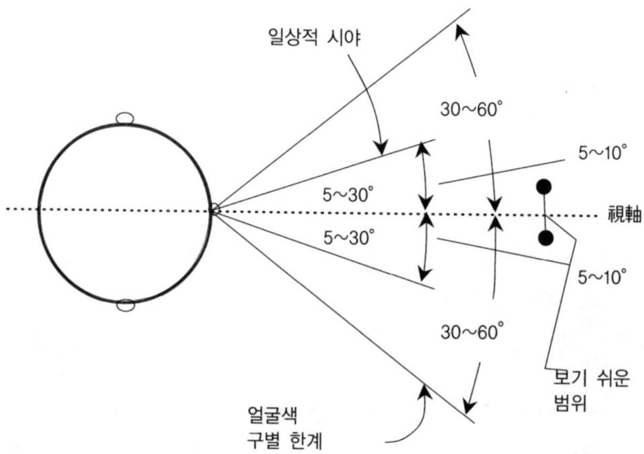

[그림 3-7] 수평방향의 시야 한계

(2) 부각(俯角)의 경관 인식

내려다 보는 시각(視角)을 부각이라고 한다.

인간의 자연 시선의 중심은 -10°이기 때문에 부각 -10°, 폭 8.5m 부근은 보기 수월한 초점이다. 부각 -30° 이상(2.6m 이하)은 보기에 수월한 영역의 하한선을 초과하여 이곳(here)과 저곳(there)에 대한 인식을 가능하게 한다[그림 3-8].

[그림 3-8] 보기 쉬운 영역과 여기, 저기의 구분

(3) 앙각(仰角)의 경관 인식

올려보는 시각(視角)을 앙각이라고 한다.

보통 앙각이 5°이하일 때 인간은 정상적인 관찰위치에 있게 되며 머리를 움직이지 않아도 먼 곳의 산허리, 도로 등의 경관을 볼 수 있다; 전원지대에서 앙각 10°일 때에는 주의력이 모두 산허리와 하단에 집중된다. 앙각이 27° 이상일 때에는 수풀 하단에 감각이 있을 수 있다; 숲가장자리인 임연(林緣)에서는 반드시 30° 이상의 앙각인데, 즉 사람이 낮은 곳에서 관찰하는 위치이며 주의력이 모두 원경의 세부적인 것에 집중될 수 있다[그림 3-9].

1: 정상적인 관찰위치(앙각5° 이하). 2: 낮은 관찰위치(앙각30° 이상)
앙각이 5°이하의 범위에서는 보기에 수월하고, 앙각30° 이상에서는 조망점에 시각적 장애물이 있으면 산의 정상이나 원경이 가려진다.
예시된 그림은 정선의 『용공동구』(33.2 × 25.4cm).
· 반전 사진 출처: 林文鎭, 「森林美學」. 1991.

[그림 3-9] 앙각(仰角)의 경관 공간

(4) 각기 다른 시각이 인간에게 주는 심경 의식

시각은 거리를 인식할 수 있게 하는 감각 기관으로 음영, 전후, 상하, 대소, 중첩에서 입체와 심도를 느낄 수 있다. 사람들은 심리적으로 각도에 따라서 서로 다른 주관적인 감각을 가지게 된다. 예컨대 수직 90°의 벼랑에 서 있는 사람은 시각적으로 정보를 입수한 후에 그의 위치를 알게 되는 것 이외에도 즉시 심리적으로 공포를 느끼고 안전감이 사라지며 감히 그 근처에 더 다가가려고 하지 않게 된다. 그러나 끝없이 펼쳐진 수평적인 시야에서는 마음이 즉시 쾌적해지고 앞이 평탄하고 무한해지는 강렬한 감정을 갖게 될 뿐만 아니라 마음이 고무되는 작용까지 하게 된다. 시야가 방해받을 때에는 시선을 뻗쳐나가게 할 수 없을 뿐 아니라 인간의 심리 또한 불쾌하게 되고 폐쇄감을 느끼게 된다. 수직으로 깎인 절벽을 머리를 들어 올려다 보았을 때 절벽의 높이와 곧은 것만 알게되는 것이 아니라 그것을 우러러보는 일종의 장엄함과 너무 높아서 감히 오르지 못하는 심경을 갖게 한다. 시점에서 피사체가 이루는 시각과 인간이 주관적으로 얻을 수 있는 심리 상황을 [그림 3-10]과 같이 표시하였다.

[그림 3-10] 각종 시각(視角)이 인간에게 주는 감정

2. 觀景 深度(景深)

공간 속의 경관을 시각적으로 인식하는데 있어서 관찰거리, 즉 근경, 중경, 원경의 심도가 가장 강한 영향인자의 하나이다. 동일한 관찰대상이 다른 관찰거리에 있을 때에는 관찰자가 서로 다른 감정을 느끼게 된다. 즉 거리가 멀어지면 물체의 분량이 변할 뿐아니라 관찰자가 느끼는 질감에 대한 감각도 영향을 받는다. 거리의 구분은 여러 학자와 전문가들이 많은 견해를 밝혔는데 네덜란드의 Van der Han이 건의한 시야 구역은 0.5km이내는 근경구가 되고 0.5~1.2km는 중경구, 대략 1.2km 정도는 원경지구로써 [그림 3-11]에 제시한 바와 같다.

[그림 3-11] 근경–중경–원경의 모습.
근경에 보이는 나무들이 뚜렷이 보인다. 중경의 범위에 있는 능선은 윤곽이 명확하나 원경에 있는 능선들은 희미하게 보인다. 발왕산 지역에서 바라본 주변 풍경.

이 밖에도 일본의 樋口忠彦은 360~500m 범위내의 경치를 근경과 중경, 6~9km는 중경과 원경의 구분선으로 하였다. 또한, 全國林業改良普及協會는 경관 거리의 구분선을 [그림 3-12]와 같이 표시했는데 이러한 것은 觀景거리, 즉 관찰거리를 응용하는데 있어서 좋은 표현법이라고 말할 수 있다. 가령, 12m 이내에서는 어떤 사람의 얼굴 표정을 알아 볼 수 있고, 24m 이내에서는 얼굴을 보고 그 사람이 누구인지 판별할 수 있다. 135m 이내에서는 그 사람이 무엇을 하고 있는지 식별할 수 있으며, 1,200m의 먼 곳에서는 단지 사람이 있다는 것만을 알아 볼 수 있다. 더 먼 곳에서는 사람의 그림자조차도 알아 볼 수 없다[그림 3-12].

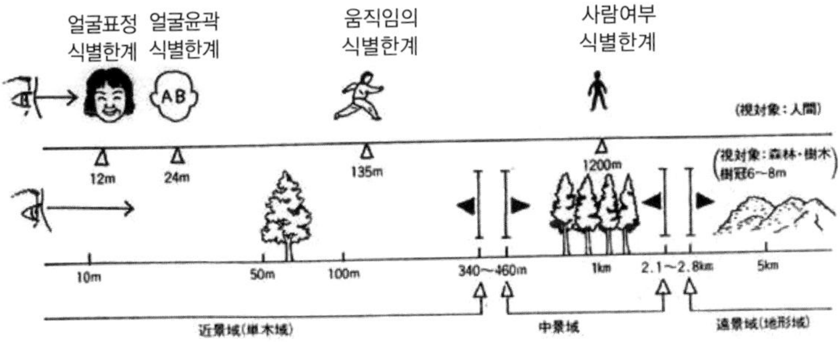

[그림 3-12] 경관거리의 경계선
(출처: 全國林業改良普及協會)

한편, 미국 산림청이 구분한 거리별 경관 구분은 다음과 같이 4 영역으로 되어 있다.

- 접촉 전경/특근경(immediate foreground): 0~90m

  개별 잎, 꽃, 가지, 수피의 질감, 잎과 가지의 패턴, 얼룩다람쥐와 명금(鳴禽, 노래하는 새) 등 작은 동물을 구별할 수 있고 약한 바람에 흔들리는 잎과 풀의 움직임을 알아차릴 수 있는 거리이다. 또한 감각적인 인지가 가능한 거리로써 작은 동물의 소리, 새의 지저귐, 잎과 가지를 지나는 바람의 윙윙 소리, 방향(芳香) 등을 감지한다.

- 전경(foreground): 90~800m(1/2마일)

  잎 뭉치를 달고 있는 작은 가지, 나무 줄기와 큰 가지, 개별 관목, 야생화 덤불, 중간 크기의 야생동물(다람쥐, 토끼), 그리고 중간 내지 큰 새들(독수리, 거위, 오리 등)을 구별할 수 있는 거리이다. 이 거리에서 사람들은 중간

정도의 바람에 흔들리는 나뭇가지와 나무 꼭대기(treetops)의 움직임을 알아차릴 수 있다. 전경 거리에서는 사람들은 위에 예로 든 중간 크기의 동물, 명금, 가지를 지나가는 중간정도 강도의 바람들의 윙윙거리는 소리, 그리고 숲의 냄새를 감지할 수 있다. 질감은 주로 큰 가지, 곁가지, 줄기의 보이는 부분 등으로 구성된다. 개별적인 형태들이 우세한 구역이다.

• 중경(middleground): 800~6,400m(1/2~4마일)

평지나 키 크고 밀생한 식생으로 구성된 지역을 제외하고, 중경은 보이는 경관에 탁월한 거리 구역이다. 이 정도의 거리에서는, 개별적인 나무의 형태, 큰 가지, 꽃이 핀 들판, 숲속의 자그마한 개활지, 그리고 작은 암석이 노출된 노두(露頭)를 구별할 수 있다. 나무형태는 전형적으로 실루엣 상태로 생생하게 보여진다. 형태, 질감, 그리고 색깔은 우세하게 남아있고, 패턴은 중요하다. 질감은 종종 반복되는 수형으로 조직되어 있다.

가파른 경사지형이 있는 중경은 종종 풍경 관리를 위한 전체 거리 구역 중에서 가장 중요하다.

• 원경/배경(background): 6,400m~(4마일에서 수평선까지)

덤불이나 임분, 숲속의 큰 개활지, 그리고 커다란 암석 노두를 구별할 수 있다. 질감은 사라지고 색깔은 단조롭게 된다, 하지만, 커다란 식생 패턴이나 암석은 여전히 식별할 수 있는 거리이다. 그리고, 능선과 수평선 라인은 우세한 시각 특징이다. 결과적으로, 경관은 단순해 진다. 풍경의 질을 제공하는데 있어서 원경의 역할은 대비적으로 부드러워진 배경막, 쾌활한 먼거리 비스타, 또는 현저하게 아름다운 초점의 입장에 있다.

4. 폐쇄형 경관의 수량화 분석(구분)

제2장에서 소개한 경관의 종류 중에서 위요 경관(enclosed landscape)은 산림 중에서 잘 나타나는 것으로 산림 대경관(macro landscape)에 매우 큰 영향을 준다. 위요 경관에 있어서 중요하게 다뤄야 하는 것은 관찰자의 위치와 조망 대상인 경관 또는 수목까지의 거리와, 경관의 높이, 또는 수고의 높이와의 비례 관계이다. 앙각에 대한 것으로써, 조망점으로부터 조망대상까지 거리가 너무 길면 개방감을, 너무 가까우면 폐쇄감을 느끼게 될 것이다. 이들과의 관계를 잘 정리한 사람은 일본인

高木勝久인데 그가 밝힌 연구결과는 [그림 3-13]에 나타나 있다.

관찰자와 樹高가 이루는 각도가 14°(1:4)가 되면 폐쇄감을 느끼기가 어렵고, 18°(1:3)의 범위에서는 서서히 폐쇄감이 느껴지며, 27°(1:2)가 되면 보통의 폐쇄감을 갖게 되며, 그리고 45°(1:1)이상의 상태에서는 완전한 폐쇄감을 느끼게 된다. 이러한 원리를 알고 있으면, 특히 경관의 질이 요구되는 자연 휴양림 지역의 숲 가꾸기에 이러한 원리를 잘 응용하여 멋진 산림 경관이 펼쳐지게 해야 한다.59)

45° (1:1): 완전 폐쇄감 27° (1:2): 보통의 폐쇄감
18° (1:3): 폐쇄감 시작 14° (1:4): 폐쇄감 사라짐

[그림 3-13] 앙각 변화에 따라서 느끼는 폐쇄감

59) 高木勝久, 1988.『森林風致論講義ノト』. 千葉大學園藝學部. 1988. p.208. 林文鎭, 앞의 책 p.78에서 재인용.

제4절 심미의식 과정

1. 4대 심미 활동

심미경험을 구성하는 중요한 요소는 知覺(perception), 情感(feeling), 想像(image), 理解(understanding) 등의 활동인데 이들을 심미경험에 있어서 4대 심미활동이라고 한다. 林文鎭은 이들의 상호작용에 대하여 다음과 같이 말한다.[60]

- 만일 感知/지각 중에 이해가 없다면 그것은 가장 흔한 것이지만 일종의 동물적인 신호반응이다.
- 만일 想像 중에 情感의 참여가 없다면 상상은 動力을 잃는다.
- 만일 정감 중에 이해가 없다면 정감은 방향과 규범을 잃게 되며 단지 일종의 우연적인 자연 정감의 발산이 된다.
- 만일 이해 중에 정감 요소가 없다면 생각은 단지 밖에 있는 형식에서 이탈하여 추상적 개념안에 떠돌게 된다.

이러한 것들로 인하여 경관을 감상하는 독특한 체험을 얻을 수 있으나 실제적인 심미활동 중에서는 이 네 가지 요소가 복잡한 상호작용으로 이루어지며 최종적으로는 가슴에 야릇한 심미적 향수를 갖게 된다.

2. 산림경관의 심미적 가치

산림 경관 속에는 훌륭한 심미가치(aesthetic values)를 지닌 요소들이 숨어있다. 오백나한과 같은 기암절벽, 높은 산봉우리, 풍수의 여러 형국과 같은 자연경관으로부터 오감으로 수용된 심미적인 지각과 상상 속에서 수많은 자극을 받을 수 있다. 또한 자연 속에는 문화예술 활동을 발흥시키며, 심미 창조적인 상상을 하는데 있어서 촉매제로써의 역할을 하는 풍부한 자연요소가 숨겨져 있다. 거기에는 시인에게, 음악가에게, 소설가에게, 화가에게 상상의 나래를 펼칠 수 있는 엄청난 비

---

60) 林文鎭, 앞의책. p.79.

밀의 세계가 꿈틀대고 있는 것이다. 그래서 통독 이전에 서독의 초대 대통령이었던 테오도르 호이스는 숲은 한 음절어이지만 동화와 경이의 세계가 숨어있다고 한 것이 아닐까 생각된다.[61] 결국, 우리가 일상에서 무심코 지나쳐 왔던 자연을 구성하는 산천초목이 휴양생활의 질을 고양시키고 미적 체험을 만족시키는 관건이 되는 것이다.

위에서 서술한 창조적인 상상은 느낌과 관찰, 경험과 여러 선천적인 기질이 기초가 되겠지만 중요한 에너지는 사람마다 가지고 있는 가슴에 품고 있는 미감이다. 이것은 곧 미적인 것을 추구하는 감정으로 심미적 욕구의 표본이다. 산림의 심미적 가치는 바로 인간들이 각자 독특하게 지닌 이러한 정감(혹은 정서적 감정)에 따라서 받아들여지게 된다. 따라서 산림미학의 과제는 숲이 지닌 아름다움을 최고도로 유지하여 인간의 심연 바닥에 잠자고 있는 미감을 불러일으키고, 심미적 욕구를 충족시킬 수 있는 방법을 찾고 그것을 실행하는 것이다.

3. 山林이 주는 심리적 가치

산림이라는 대자연은 사람의 심리를 잡아당기는 특수한 감염력과 그것에 몰입하게 하는 작용이 있으며, 일정하게 잠재된 미적 기질을 지닌 가치가 있다. 이것을 우리는 흔히 숲이 지닌 심리적 가치라고 이해하고 있다. 중국에는 '산과 강과 大地는 오직 마음만으로 만들어진다'라는 말이 있는데, 자연을 어떻게 받아들이느냐 하는 것은 각자의 마음 먹기에 달려있다라는 뜻이다.

숲탐방과 숲해설 등 산림 속에서의 활동이 정신적 긴장(스트레스)을 이완시킨다는 말을 중요하게 받아들여야 한다. 미적 체험의 질을 증가시키기 위해서는 자연속에 잠재되어 있는 각자의 감수성과 그것으로 인한 심성의 계발작용(啓發作用)을 최대한 활용해야 한다. 이러한 의미에서 산림경관에 관한 심미교육은 오늘날 발생

61) Theodor Heuss. 서독의 초대 대통령.
"Holz ist ein einsilbiges Wort, aber dahinter verbirgt sich eine Welt der Märchen und Wunder." Holz라는 단어는 보통 목재, 재목의 뜻으로 쓰이지만 산림, 숲이라는 뜻을 함께 가지고 있다.
Delphin Verlag, 『Der Wald』. 1984. p.232.

하는 여러 가지 환경문제를 제어하고 더욱 효과있는 해결책을 찾아내는데 첩경이 되기도 한다. 이 분야를 더욱 발전시키기 위해서는 자연과학과 인문과학이 합쳐진 학제간 연구가 이뤄져야 한다.

제5절 미의 감상법

1. 예술적 대상의 일반적인 감상법

예술적 대상에서 미를 감상하는 방법과 자연적 대상으로써의 산림미를 감상하는 것은 차이가 있다. 예술미에 있어서는 우선 작품의 진위여부를 확인하는 것도 중요하다. 그리고 무엇보다도 작가가 이 작품 속에 담고자 한 것이 무엇인가를 파악하는 것도 가장 중요한 감상 내용의 하나이다. 즉, 작가가 무엇을 표현하고자 했나는 작가의 정신세계 내지는 창작의도를 말하는 것으로 작가개인의 성향, 역사적 조류, 시대상황 등에 따라서 다를 수 있다. 다음으로 관찰자 자신의 주관으로 나름대로 감상내용을 자기 것으로 해석하는 것이 필요하다.

2. 山林美의 감상법

(1) 산림경관의 다양한 특성 파악

순수 임업적 측면에서 본 산림환경의 구조는 임지와 임목 두 요소로 구성되어 있다. 주거환경 개발의 측면에서는 산림환경을 우선, 물리적 요소와 감각적 요소로 구분하여 파악할 수 있다. 물리적 요소란 자연환경 인자들로써 지형, 물, 생태계 구성요소(동식물), 대기환경 등이고, 감각적 요소는 각종 산림환경 인자 혹은 총체적 산림환경이 인간의 오감(五感)에 접촉되므로써 인간으로 하여금 정신적 느낌과 정서적 표현을 발현시키게 하는 산림환경 요소이다.

• 지형(landform)

지형은 산악경관을 구성하는 기본적인 3차원적 외장(外裝)이며, 산림환경의 외형적 윤곽(輪廓)을 대변하는 요소이다. 이처럼 지형은 3차원적 외장과 윤곽으로 다양한 경관을 연출할 수 있는 큰 매력을 갖게 된다.[62] 이와같은 지형의 매력있고 다양한 경관 연출성은 그 위에 덮여지는 산림과 조화되어 나타나는 산림미의 아름다움에 직접적으로 관련된다. 단조로운 지형의 산림미는 변화와 다양성이 부족할 것이고, 기복이 많고 변화있는 지형은 산림과 어우러져 다양한 경관 캐릭터를 자아낸다.

• 물(water)

물은 항상 움직이긴 하지만 물은 그러한 모션(motion) 이상의 강력한 매력을 지니고 있다. 산림내에서 물의 모션은 지형의 변화와 연결되어 있어서 지형과 시각적으로 경쟁할 수 있는 산악경관의 여러 요소들 중에서 물은 아주 유일한 요소인 것이다. 단폭(段瀑)과 폭포(瀑布)를 가진 깊은 웅덩이, 다양한 지형을 따라 흐르는 급류의 물줄기, 연못 및 호수 등은 산림환경이 인간에게 줄 수 있는 또 다른 진상품이다.

산림의 수리수문환경이 갖고 있는 주요 잠재요소로는, 지형형상에 따른 다양하고 넓은 유역, 맑은 물의 공급능력, 다양한 수원지(계곡, 폭포, 호수, 저수지 등)와 매력있는 수변공간의 제공, 급류로 인한 위험성과 접근의 매력을 함께 지닌 계류의 상존, 양호한 자연배수체계의 형성, 산림식생으로 인한 높은 수원함양능력 보유, 높은 지하수위로 인한 배수양호성, 접근의 위험성과 시각적 매력, 그리고 바이오톱(Biotop)의 기능을 함께 지닌 습지와 늪지의 존재 등이 있다. 또한, 산림내에는 이러한 많은 수원들이 산재하여 있기 때문에 일반적으로 습도가 높은 특성이 있다.

---

62) Dorward, Sherry, 『Design for Mountain Communities』. Van Nostrand Reinhold. 1990. p.41.식물 사회학적으로 볼 때 지형의 변화무쌍한 외관은 산림미의 다양성을 제공하기도 하였지만, 그러한 배경을 토대로 발달하는 주거단지의 형성에 뿐만아니라 주거의 형태에도 많은 영향을 주어 왔다. 특히, 起伏이 있는 산악지형을 적절히 이용만 한다면, 인간활동공간에 많은 미적인 변화를 주어 자연과 인간환경의 센스티브한 조화를 이룰 수 있게 하는 무한한 잠재력을 발휘할 수 있게 한다. 이것은 곧 생활환경의 쾌적성(amenity)과 자연성(nature appreciation)에 연관되는 중요한 요소이다.

[그림 3-14] 물과 산림경관.
물은 숲에서 나오고 숲은 물을 저장하고 흘려보낸다. 흐르는 물은 청각을 자극하고 역동성으로 생기있게 하며, 고여있는 물은 주변의 풍경을 담는 거울 역할을 한다.

• 생태환경(ecosystem)

지형이나 물보다 식생은 좀더 평온하고 시각적으로 섬세한 면이 있다. 식생은 색깔과 질감의 모자이크로, 에지(edge)로, 계절적 변화로, 생활형태와 에코시스템과 함께 조합되어 있는 감각적인 질로, 그리고 산악경관들의 서로 다른 단편 요소들을 코오디네이팅(coordinating)하는 역할로 풍부한 의미를 지니고 있다.[63]

식생은 변화의 시각적 영향을 부드럽게 처리해 주는데 있어서 중요한 변수가 될 수 있다. 그러나, 개발에서 최초로 나타나는 행위인 식생의 제거는 이러한 여러 효과를 상쇄해 주고 만다.

산림이 제공하고 있는 주요 식생환경으로는 지피식생, 다양한 종류의 산림(침활단순림, 침활혼효림, 이령림, 동령림), 입목지, 무립목지, 매력있는 식생군락, 야생조수류의 서식지 등을 열거할 수 있다. 이들 식생환경이 지형조건과 어우러져 연출하고 있는 식생경관은 계절적인 변화와 視角에 따라서 다양성과 변화와 자연미를 함께 표현하여 준다.

---

63) 같은 책. p.42.

• 기후(mountain climate)와 대기환경(atmospherics)

산림지역은 평지와 달리 특별한 기후현상을 나타낸다.

뚜렷한 계절의 변화, 여러가지 지형 및 산림의 특성으로 인한 빈번한 기상변화, 지형의 기복성으로 인한 불균일한 일조조건, 국지적인 미기후의 출현 등은 대표적인 산지기후의 특성이라 할 수 있다. 산에서는 또한, 낮에 계곡쪽에서 산정상쪽으로 부는 곡풍(谷風: valley wind), 밤에는 산에서 계곡으로 부는 산풍(山風: mountain wind) 현상이 나타나며, 평지에 비해 바람이 잦고 강하게 부는 경향이 있다. 또한, 특히 여름철에 강우량이 많고 지형성 강우가 자주 나타나며, 겨울철의 강설도 빈번하다. 표고에 따른 기온의 변화는 산지기후의 주요 특성 중의 하나이다.

산지기후인자들은 지형, 물, 식생 등 산림의 물리적 구성요소들과 잘 어울리기만 하면 매력적이고, 산악지에서만 볼 수 있는 아주 독특한 경관을 연출하기도 한다. 이러한 산악경관은 대기환경(atmospherics)이라고 부를 수 있는 일시적 현상 요소(ephemeral element)와 밀접한 관련을 맺고 있다. 일시적 현상 요소란 예를 들면, 계절적인 변화, 날씨, 하루 중의 변화, 구름, 바람에 의한 구름의 변형, 빛(해와 달과 음영)과 그로 인해 투영된 이미지들의 질을 말한다. 이들이 만들어낸 경관을 일시경관이라고 한다. 이러한 대기환경의 변화는 산악환경전체의 구조와 분위기를 변경시켜 인간의 정서와 때로는 생활에까지 깊은 영향을 주게 된다.

• 감각적 정서적 요소(emotional element)

산림은 인간의 심리와 정서를 자극하여 인간으로 하여금 그에 대하여 친근감과 친화력을 갖게 해줄 수 있지만, 때로는 그의 장엄한 스케일에 압도되어 위압감을 느끼게 할 수도 있다. 또한 역사적으로 보면 산악, 특히 높은 산봉우리는 예수승천의 심볼, 신의 거소 등으로 숭앙 내지 경외의 대상이 되어 온 바, 인간의 신앙생활과도 깊게 결부되어 있음을 알 수 있다. 산봉우리 뿐만 아니라 마을 주변의 독립수 혹은 숲도 그와 같은 역할을 담당하여 주민의 정신적 지주가 되기도 하였다.

산과 산림과 숲은 인간의 출현과 더불어 갖가지 신화와 동화와 전설을 간직한 채 인간과 동거동락하였고, 그리고 그들의 변화무쌍한 풍경으로 여전히 우리 주변에 살아 숨쉬며, 우리의 정서생활에 깊이 간여하고 있다. 대문호와 예술적 거장들은 자연과 산림에 대하여 갖가지 수단과 방법으로 서술하여 찬미하고, 기보(記譜)하여 노래하고 연주하며, 스케치하여 그려내곤 하였다. 대문호나 예술적 거장이 아니라도 우리는 산림에 대하여 많은 '느낌'을 가지게 된다. 이런 것들이 미적 체험이며 심미적 욕구를 충족시키는 인자들로 작용한다.

[그림 3-15] 높은 산봉우리는 신과 자연에 대한 경외감을 일으킨다.
민족의 영산(靈山) 백두산 천지. 가운데 봉우리가 최고봉인 장군봉(2774m)

(2) 감상법

산림미를 감상하는 데에는 크게 4가지 측면에서 구분할 수 있는데, 순수한 생태적 감상법, 미학적 감상법, 감각적 감상법, 매직아이식 감상법 등이 그것이다.

- 생태적/구조적 감상법

  산림을 순수한 생태학적 관점에서 분석적으로 감상하는 방법을 말하며 생태학적 지식을 요구한다. 임상의 종류, 천이상태, 숲의 구조 등을 파악하고 기후, 지리적 조건과도 연계하여 파악하여야 한다.

- 미학적 감상법

  미적 범주에 해당하는 것들과 연계하여 감상한다. 산림이 보여주는 순정미, 우아미, 숭고미, 비장미, 골계미, 추 등을 발견하도록 한다. 각 임상, 수종, 식물의 외관을 분석적으로 파악하여 이들 미적 범주와의 관련성을 구명한다.

• 감각적 정서적 방법

5감과 제6감으로 감상하는 것을 말한다. 이들에 대해서는 앞서 소개한 바 있다.

• 매직 아이식(magic eye) 감상법

매직 아이로 그림을 보는 경험을 한 적이 있을 것이다. 이 방법으로 그림을 보는 방법을 터득하지 못한 사람은 매직 아이로 보기 위해 만든 그림은 모두 평면형태로 밖에 볼 수 없고, 3차원으로 보이는 입체 그림 속에 펼쳐진 아름다운 풍경을 보는 감동을 경험할 수 없다.

숲의 어느 한 점(예: 나무)에 시선을 고정시킨 채 걸어가면, 고정된 시점과 관찰자의 눈 사이에 있는 구성요소들이 움직이는 듯이 보인다.

[그림 3-16] 매직아이식으로 산림경관 감상하기

평소 숲을 걸어갈 때에는 앞만 쳐다보고 가고, 시점이 계속 움직이기 때문에 비록 숲이 3차원의 공간일지라도 평면상으로 인식된다. 그러나, 시선을 숲 한 가운데의 어느 한 나무에 고정을 시킨 채 움직여보라. 시선이 고정된 나무와 관찰자의 사이 공간에 놓여있는 물체들은 입체적으로 지각될 뿐만 아니라, 나무와 풀들이 고정되어 있는 데도 그들이 움직이는 것처럼 보이기까지 한다. 이것은 영상을 촬영할 때 배우의 동작에 카메라를 고정시킨 채 촬영 카메라를 움직이는 카메라 워크와 비슷한 수법이다.

제4장 산림미학

제1절 山林과 美學

1. 美의 탄생은 자연

老子(BC 604-531)는 人法地, 地法天, 天法道라 하여 하늘은 森羅萬象의 생성생육과 운행질서의 원리인 道를 따르고, 道法自然이라 하여 그러한 도는 자연의 법칙을 따른다고 하였다. 또한, 플라톤은 예술은 자연을 모방하며 안호상은 문화는 자연으로부터 온다고 주장하였다.

自然美에서 藝術과 美의 근원을 찾은 셸링이나 칸트와는 달리 헤겔은, 미에 있어서 精神的인 면을 강조하여 창조자의 창작 의도나 창작 정신(Geist)이 들어있는 예술작품이 갖는 藝術美가 진정한 미이며, 自然美를 능가한다고 주장하고 있다.[64] 그런데도 불구하고 헤겔은 자연이 갖고 있는 生命力(생동성) 때문에 자연은 아름다움(自然美)을 지니고 있음을 부인하지 않았다.

예술과 미학의 형성에서 자연은 절대적이다. 자연을 신의 현상 자체로 보는 철학자 셸링[65]에게 있어서 美는 自然과 동일시되며 본질적으로 自然美를 의미하는데 예술과 美의 토대는 바로 자연의 生動性 속에 들어 있다고 본다.[66]

2. 山林과 美(學)와 藝術의 관계

인간에게 있어서 山林이란 무엇인가. 인간이 지구상에 태어났을 때 그 앞에 전개된 것은 공포와 경외의 대상으로써 大自然(=山林)이 있었다. 그 당시의 인류에겐 두려움의 대상이었던 산림으로부터 어떤 아름다운 감정이나 美的 享受라는 것

---

64) Hegel, G.W.F., 『Vorlesungen über die Ästhetik』. 두행숙 옮김, 『헤겔미학I』. 나남출판사. 1996. p.27.

65) Friedrich Wilhelm Joseph von Schelling(1775-1854). 독일의 대표적 철학자이자 교육자로써 칸트 이후 독일 철학에서 발달한 관념론의 대표자였다.

66) 권정임, 「셸링철학에 있어서 자연과 예술」, 『미술예술학 연구』. 한국 미학예술학회. 1996. 제5집. pp.79~108.

이 있을 수 없었을 것이다. 그러나 통시적으로 역사가 전개되고 자연에 대해서 의식하게 된 고대국가 이후부터는 그리스 철학자들로부터 서서히 개개분야의 학문적인 기초들이 세워지기 시작하면서 자연과 산림의 아름다움(美)에 대해서도 눈을 뜨게 되었다.[67] 울창하고 아름다운 산림은 철학가들의 사색의 장소로 안성마춤이었고 대문호와 작곡가, 예술가들의 창작을 위한 구상의 장소로, 종교와 민족 신앙의 태동지로써 역할을 해왔다.[68]

환경오염으로 얼룩진 이 시대에 예술가이든 예술 애호가인든 자연(산림)을 주제로 한 '美'에 많은 관심을 보이는 것은 부인할 수 없다. 특히 예술인이 아닌 일반인들이 산림에 대해 보이는 審美的 欲求(aesthetic needs)는 숲탐방, 자연 휴양림 방문, 생태체험 등의 활동을 통해 뚜렷하게 나타나고 있다. 또한, 작가나 화가 그룹에서도 나무나 숲 등 산림을 주제로 창작활동을 하는 예가 많이 나타나고 있다.[69]

예술은 무엇인가. 예술은 가치면에서 볼 때, 미적 가치를 포함하는 것이며, 활동면에서 보면 일종의 기술 활동으로서 정리된다. 이것은 다시 말하면, 예술은 미적 가치, 혹은 미를 창조하는 기술을 말한다. 美學은 美에 관한 것, 美的인 것을 연구하는 학이다.

아름다움에 관한 학문이 미학이고 아름다움을 창조하는 것이 예술이고 보면, 미적인 대상이 풍부한 환경에서는 미학과 예술이 더욱 진작될 것이다. 곧, 아름다운 산림의 美는 철학자의 思索과 哲理硏究를 위해, 그리고 문학적 구상뿐만 아니라 미학과 예술의 형성과 불가분의 관계가 있다. 이런 의미에서 플라톤의 '예술은 자연을 制作的으로 모방하는 기술이다'라는 말이 실감난다. 이 말은 즉 자연, 곧 산림을 떠난 미의 창조행위

67) 즉, 바움가르텐에 의한 미학(Aesthetik)이라는 용어는 제1장에서 밝힌 바와 같이 18세기 중엽(1750년)에 공표되었지만 美에 대한 연구는 플라톤 시대에도 진행되었다. 이에 대한 내용은 백기수, 『美學序說』(1975)을 참조할 것.

68) 산림이 역사적으로 인류문화에 끼친 영향에 대한 자세한 내용은 전영우의 『산림문화론』(1996, 국민대학교 출판부), 『숲과 문화』(2005, 북스힐), 김기원의 『숲이 들려준 이야기』(2004, 효형 출판사)을 참조할 것.

69) 대표적인 작가로써 중견 시인 박희진은 소나무 시인이라고 불릴 정도로 소나무를 비롯한 나무, 숲과 관련한 창작을 많이 하고 있다. 이 밖에 윤수영 역 『중국문학과 자연미학』(1992)과 이정탁 『한국산림문학연구』(1984)도 소개한다. 화가 이호신은 동양화에 나타난 나무를 분석하기도 하고 나무와 숲을 전문으로 그리고 있으며, 서양화가 김경인 화백은 특히 소나무에 관한 그림을 전문으로 그린다.

로써 예술은 존재할 수 없다는 의미이며, 산림이 있기에 예술가의 미적 활동으로써의 예술 행위가 가능하다고 보는 것이다.

한편, 山林이 미학과 예술의 형성과 불가분의 관계가 있다라는 내용을 반영이라도 하듯이 산림학에 관련된 용어들은 어원상으로부터 아주 자연스럽게 미학이라든가 예술 혹은 문화라는 말과 연결되어 있음을 발견한다. 즉, 숲에서 인간의 활동을 뜻하는 용어를 쓸 때에 그 용어들은 곧잘 숲(Silva)과 문화(Culture)라는 단어로 결합되어 있으며, 이와 관련된 몇몇 용어들은 독일의 산림학자 Schmidt-Vogt에 의해 확인되고 있다. 예를 든다면 造林學(山林造成學)을 뜻하는 라틴어는 Silvicultura, 영어는 Silviculture, 프랑스어는 Sylviculture, 이태리어는 Selvicoltura로 되어 있다. 예술적 냄새가 더욱 물씬 풍기는 용어는 山林學이라는 단어로써 라틴어에서는 역시 ars Silvatica, 즉 산림예술(Waldkunst)로써 표현되고 있다.70) 이러한 사실을 두고 볼 때, 산림을 아름답게 가꾸는 일은 단순한 임업적 차원의 일이 아니었으며 미적인 것이라든가, 예술 등 뚜렷한 목적 지향적이었을 것으로 판단할 수 있을 것이다.

제2절 정의

美에 대한 연구는 철학이나 예술 분야에서만 진행된 것은 아니었다. 바움가르텐의 『Aesthetica』가 공표된 지 135년이 지난 1885년에 독일의 산림학자 살리쉬(Heinrich von Salisch)에 의해 산림학에 있어서 최초로 미학적인 개념을 도입하여 기술한 『Forstästhetik(山林美學)71)』이 출간되었다. 이것을 계기로 산림미학에 대한 관심이 19세기 말엽에 고조되고 20세기 초에 일본으로 전해진다.

山林美學은 山林과 美學이라는 용어가 합쳐진 복합어로써 그 의미를 일반적으로 정리한다면 산림을 미학적으로 연구하는 학문이라고 말할 수 있다. 명확한 의미

---

70) Schmidt-Vogt, 「Wald und Kultur」, 김기원 편저, 『숲과 음악』. 1997. pp.47-56.
71) 『Forstästhetik』의 우리말은 '산림미학'으로 표기하며, 일본과 대만에서 출간된 『森林美學』은 원서명 그대로 '삼림미학'으로 번역하기로 한다.

를 정립하기 위하여 지금까지 나온 산림미학에 대한 세 명의 대표적 학자들의 정의를 검토해봄이 바람직할 것이다.

이 분야의 최초의 선각자인 살리쉬는 그의 저서 『Forstästhetik(山林美學)』 서론에서 산림미학을 '施業林(經濟林)의 美(아름다움)에 관한 이론'(Lehre von der Schönheit des Wirtschaftswaldes)으로 정의하면서, '산림미학은 그 아름다움이 어디에 있으며 그것이 어떻게 관리될 수 있을 것인지에 대해 확실히 보여줘야 한다'고 밝히고 있다.[72] 한편, 일본에서는 독일보다 약 33년 정도 뒤늦은 1918년에 新島善直・村山釀造에 의해 『森林美學』이 출간되었는데, 여기서 산림미학은 '삼림에 관한 일체의 미적 활동을 연구하는 학문'으로 정의되어 있다.[73] 대만에서는 1991년에 비로소 林文鎭 박사에 의해 『森林美學』이 발간되었는데, 이것은 독일보다는 106년, 일본보다는 73년 뒤진 것이다. 그는 산림 미학에 대하여 '美的 價値와 美的 施業에 관해 연구하는 학문의 한 분야이다'라고 정의하였다.[74]

이상의 정의를 분석해보면, 정의된 내용에는 산림미학의 연구 내용과 연구대상을 포함하고 있다고 보여진다. 즉, 연구내용으로써는 美(Schönheit, Beauty, 아름다움)나 美的인 것을 말하고 있고, 연구대상에 있어서는 대체로 施業林(經濟林)에 한정하고 있는 것으로 판단된다. 그러나, '삼림에 관한 일체의 미적 활동' 이라고 한 新島善直・村山釀造의 정의는 좀더 포괄적이며 미학연구의 일반적인 입장을 취하고 있는 듯하다. 따라서, 이상의 정의들은 산림미학이 '美的인 것'에 대한 연구라는 점에 있어서는 대체로 공통점을 가지고 있고, 연구대상에 있어서는 施業林에 한정하거나, 좀더 넓은 범위를 다루는 등 약간 다른 입장을 보이고 있는 것으로 보여진다.

역사적으로 관찰하여 볼 때 인류 문화사는 산림과의 간단없는 투쟁의 역사였으며, 그 과정을 통해서 철학, 문학, 미술, 음악 예술, 건축 등 인류의 모든 정신적 물질적 문화가 이룩된 것이었다. 이러한 점을 감안한다면 산림미학의 정의는 위에서 제시한 기존의 정의보다는 좀더 철학적이고 예술적이며 사회적 측면이 강조된 포괄적인 표현이 되어야 한다고 생각한다. 그런 의미에서 정의하면, 산림미학은 산림

---

72) Salisch, Heinrich von. 『Forstästhetik』. Verlag von Julius Spring. 1885. p.281.
73) 新島善直・村山釀造, 『森林美學』. 成美堂出版. 1918. (復刻板, 1990). p.7
74) 林文鎭, 『森林美學』. 淑馨出版社. 1991. p.14.

의 자연적 예술적 美와 문화예술적 가치표현 및 그의 임업적 응용에 관해 연구하는 學이다. 이 정의에서 사용하는 용어로써 산림은 연구의 수단이며 재료로써 미적 대상이며 그것이 의미하는 바는 법적 측면의 모든 산림을 말한다.[75] 자연적 예술적 미란 山林의 自然美와 산림을 재료로 가공한 소산물, 예를 든다면 각종 공예품 및 건축 구조물, 나무와 숲을 소재로 한 庭園·造園·기타 조경 시설로써의 藝術美를 포함한다. 문화 예술적 가치표현이란 산림을 소재로 한 문화 예술의 장르에 표현된 각종 有無形의 藝術的 表現을 말한다. 林業的 應用이란 산림미학적 연구결과를 임업의 현장에 응용하는 것을 의미하는 것으로써 가령 시민이 선호하는 山林美를 山林施業에 적용한다든지, 도로의 선형구조를 미적으로 처리하는 것들을 예로 들 수 있다. 연구영역에 대한 내용은 다음 절에 제시되어있다.

산림미학의 연구가 지향하는 목적(Goals)은 인간이 산림에 대해서 갖고 있는 형이상학적 형이하학적 아름다움의 가치가 무엇인가를 규명하여 심미적 욕구를 충족시키는 데에 있으며, 이를 위한 목표(Objectives)는 규명된 산림의 아름다운 가치를 보존하고 그를 위한 방법과 수단을 강구하며 실제에 적용하는 방법을 찾는 것이다.

제3절 역사와 형성과정

1. 獨逸, 日本, 臺灣

(1) 獨逸

여기에서 소개되는 산림미학 연구의 발전 과정에 대한 내용은 新島善直·村山釀造의 『森林美學』, 林文鎮의 『森林美學』, 김태진(1995), 筒井迪夫(1991)[76]의 글

75) 산림자원의 조성 및 관리에 관한 법률 제2조(정의)에 규정한 山林, 그 외 林産物 및 山岳, 原野를 포함하며, 개개의 독립적으로 서식하고 있는 모든 식물(초본 및 목본)이 해당된다.

76) 김태진, 「산림의 레크레이션 및 경관미 평가에 관한 연구」. 1995; 筒井迪夫, 「わが國における森林美學硏究の系譜と技術適應の條件」. 『多摩美術大學 硏究紀要』. 1991.6. pp.65-73.

을 참고하여 정리한 것임을 밝힌다.

山林 美學의 연구는 역시 유럽에서부터 시작 되었다. 일찌기 18세기 서구 각국은 山林美에 관한 연구를 진행하기 시작했다. 1713년과 1788년사이에 Carlowitz, Suckow, Trunk 등이 施業林의 아름다움에 관해 토론하고 서술하였는데, 이것이 산림미를 논하는 것의 시초가 되었다. 이어 영국의 Gilpin이 1791년 Hamphire에서 실지 관찰한 보고서내에 山林 風景美의 문제를 논의 했는데, 이는 이런 종류 저작의 효시가 된다. 대략 같은 시기에 독일의 여러 임학자 Vierenklee, Stahl, Bechstein (산림 학교 창설자)등이 일찌기 산림미의 문제를 토론하고 설명하였다. 그 뒤 얼마 후인 1824년에 Borch가 또 “Die Aesthetik im Wald(숲 속의 미학)”를 발표하여 산림 미학의 기초가 세워지는 것을 기대했으나 안타깝게도 완성하지 못했다. 그러나 그는 그해에 시업림의 아름다움은 마땅히 경제성과 조화가 이루어져야 한다고 강조했는데 이것은 특별한 성과를 얻었다.

그 뒤를 이어 König(1776-1849)가 등장하였는데 그는 풍경식 조원가인 Petzold와 Goethe 등과 친교하였던 산림공무원이자 산림학자였다. 1849년에 쓴『山林 撫育』이라는 책에서 ‘임업상 제일 완벽한 아름다움을 갖춘 산림은 역시 가장 수려한 조건을 구비한 것과 같다’라는 관념을 끄집어 냈다. 그 같은 쾨니히의 생각은 산림무육은 임목의 성장과 함께 산림미의 보호와 육성도 의미하며 시업림에 있어서 공공의 이익의 목적과 상충됨이 없이 산림미를 보전하는 가능성을 피력한 것이었다.

이어서 나타난 19세기 독일의 저명한 조림학자 Buckhardt(1811-1879)는『파종과 식수』라는 책에서「산림의 인류 보양에 대한 효용」에 관해 언급했는데 다 같이 주목 할 만하다. 김태진은 그가 말하는 山林美化의 대상이 되는 산림이란 경제적으로 이용되는 시업림(경제림)이며 시업림의 본질을 유지하면서 시업림을 미적으로 처리하려는 산림미화의 근본이념을 표명하고 있다고 말하고 있다. 이것은 또한 산림미화는 합리적, 경제적 산림에 미를 종합시키는 것을 목적으로 한 것이었다.

독일에 있어서 Borch, König, Buckhardt로 이어지는 산림미에 대한 연구는 산림미학의 형성에 대단히 중요한 역할을 하게 된다. 그들은 이어서 등장하는 Salisch에게 산림미학을 실질적으로 정립시키는 데에 직접적인 큰 영향을 주었다.

19세기에 있어서 Heinrich von Salisch(1846-1920)의 등장은 산림미학 분야의 발전에 절정기를 이루게 하며 산림학 체계 속에서 학문으로써의 한 부분을 확립하게 한다. 살리쉬는 북독일의 귀족 가문 출신으로 산림학교에서 교육받고 임무관으로 근무하였다. 자기 소유의 산림을 대상으로 독자적인 間伐法을 실시하면서 산림에 대한 연구를 계속하여 1885년에 이르러 『Forstästhetik(山林美學)』을 출판하는데 이것이 山林美學의 효시가 되고 있다. 이 책은 산림 미학의 체계를 산림학의 범주내에서 확립했으므로 후세에 깊은 영향을 남겼을 뿐 아니라 심층있는 의견을 많이 제시하였다. 살리쉬는 서론에서 산림미학을 '施業林의 美에 관한 이론'(Lehre von der Schönheit des Wirtschaftswaldes)으로 정의하고 임학의 한 부분으로써 인식하기를 요구하였다. 또한 그는 산림미학은 아름다움의 특색이 시업림에 있고 그것이 어떻게 무육되어야 하는 지를 보여줘야 한다고 주장하였다. 시업림이란 사람의 손을 가하여 관리하는 산림을 의미하며 그 전형이 인공림이다. 살리쉬는 시업림에 있어서 경제적인 이익을 추구하는 일과 아름다운 산림을 만드는 일은 기본적으로 조화를 이뤄야 한다고 주장하였다.

살리쉬 주장에 대해 당시 독일내 임학의 대가들이 찬반논쟁을 벌였는데 1905년 제6회 독일산림대회는 山林美 育成의 문제를 대학과정에서 취급하는 것은 타당하다고 결의하고 살리쉬의 주장에 인식을 같이 하였다. Salisch는 그 자신의 산림을 직접 운영하였기 때문에 그의 논점은 예리한 관찰 근거를 지녔을 뿐 아니라 이론과 실천이 상반되지 않는 사실적 검증을 토대로 하고 있다. 그러므로 Salisch는 산림 미학계의 거장으로 칭송된다. 살리쉬는 『Forstästhetik』를 1885년에 초판한 이래 그 후 연구를 계속하여 1902년에 개정 2판, 1911년 결정판인 개정 3판을 출간하게 되었다.

살리쉬의 산림미학은 미학상의 근본문제를 포함하고 있지만, 동시에 산림학의 입장에서 보면, 시업림에 국한한 것이 큰 문제점으로 지적된다. 살리쉬는 인공림 육성을 첫째 예술로 보았던 것은 아닌가라고 생각된다. 산림예술(Forstkunst)이라는 말도 사용하고 있고, 단순히 자연미가 아니라 예술미를 인공미에 추구하고자 하는 의도가 있었던 것은 아닌가 생각된다. 또한, 당시 북독일에서는 인위적이고 획일적인 임업이 全盛에 있었는데 이러한 영향을 받았다는 점도 지적하고자 한다.

이외에 당시 독일의 여러 조림 학자와 임정 학자들은 모두 각자의 입장론과 산림미 육성의 의견과 이념을 펼쳐 나갔다. 그 당시에는 이미 『산림미의 경영론』과 『산림 미술』, 『산림 예술론』, 『산림의 자연과 예술』등의 논저가 발표되었다.

(2) 日本

일본에서도 산림미학에 대한 연구는 비교적 일찍 나타나고 있는 것으로 조사되었다. 북해도 대학의 명예교수인 小關隆祺가 新島善直・村山醸造의 『森林美學』 解題에서 밝힌 바로는 本多靜六는 노르웨이 스테치셀의 『森林美의 育成』 소편을 번역하여 <森林美學>이라는 제목으로 1910년에 <大日本 森林會報>에 게재한 일이 있었다고 한다. 기타 기존의 잡지 등에 庭園學 혹은 山林美 觀察의 측면을 논하는 사람들도 있었다. 일본에서는 일찍부터 독일 임학의 영향을 받아 산림미학의 연구와 제창이 중시되었다. 또한, 19세기 후반이래 山林美의 觀照라는 말에 대한 비상한 친근성을 갖게 되었으며 天然林 保存, 國設公園, 天然公園의 設定, 風致林, 寺刹林의 조성, 綠陰樹 育成 등의 일이 나타나게 되었다.

이러한 정황을 감안하여 당시 이 분야를 연구하던 사람들은 실제적이고 응용할 수 있는 서적에 대한 필요성을 느껴왔는데 1918년에 新島善直과 村山醸造에 의해서 『森林美學』의 출간을 본 것이다. 그러나 산림미학이란 용어는 당시 일본에서도 극히 근대적인 것에 속했다. 『森林美學』의 출현은 살리쉬의 『Forstästhetik』 제3판(1911)이 출판된 지 7년 후의 일이다. 살리쉬의 영향을 강하게 받았다라는 사실은 목차구성 등으로부터 예상할 수 있으나, 반드시 직역하지는 않았고 모방한 것이라고도 할 수 없다. 이 책은 무려 680쪽에 달하는 대작이며, 또한 최초로 세간에 알려진 체계화된 교과서로 북해도 대학이 이미 90여년전부터 山林美學에 관한 연구를 시작했다는 뜻이 된다.

저자 新島善直(1871-1943)은 北海道 大學 농학부 전신인 札幌 農學校의 최초의 임학 교수로써 1899년에 부임하였다. 그는 1905년에 독일에 유학하게 되었는데 그 당시 독일 산림대회를 전후한 살리쉬의 주장들을 인식하게 되었다. 귀국 후에는 札幌 農學校가 승격된 동북 제국 대학 농과대학 임학과에서 강의하는 가운데 산림미학이라는 과목을 개설하여 살리쉬의 『Forstästhetik』을 소개한 것으로 생각된다. 村山醸造(1889-1976)는 新島善直의 제자로써 1916년 동북제국대 임학과를 졸업하였는데 그의 졸업 논문은 森林美學을 다룬 것이었으며 『森林美學』은 村山醸造의 졸업논문을 토대로 쓴 것이다.

그후 新島善直은 북해도대학 임학과 최초의 교수로써 35년 동안 봉직하였고 22년간을 북해도 임업시험장장을 겸임한 일본 임학계의 중진이었으며 삼림보호학 등 다수의 저서와 논문을 남겼다. 村山釀造는 졸업 후에 우리나라, 대만, 만주에서 근무한 바 있으며 산림미학 연구를 계속하는 한편 일시에 모교의 대학원에 입학하여 곤충학의 대가로 큰 성공을 이뤘다. 2차대전 후 야마구치 大(山口大學)의 교수와 학장을 역임하였다.

新島善直과 村山釀造 이후의 산림미학에 대한 연구는 新島善直의 山林美學 후계자 今田敬一(1896-1981)에게 인계되었다. 그는 1934년 「山林美學の基本問題の歷史と批判」을 발표하였는데, 이것은 독일 산림미학의 발전의 경과를 상세하고 극명하게 추적하여 연구 집대성한 것으로 風景論에로의 展開가 특징이다. 이 밖에도 『森林美學』 이후의 산림미학과 관련된 전문서적과 논문으로써 田村剛의 『森林風景設計』(1929), 上原敬二의 『日本風景美論』(1943), 上原敬二의 『日本森林の性格と資源』(1944) 등이 있었다. 북해도 대학의 산림미학 강의는 明治末 新島善直이래 끊이지 않고 계속되고 있고, 「森林美學 및 風景計劃」은 이 분야의 대표적이 과목이다.

일본에 있어서 산림 미학에 관한 연구는 제2차 세계대전 기간과 전쟁이 종결된 후, 그리고 고도경제성장이 왕성한 시기에 이르는 기간동안에는 일시 중단 되었다. 그러나 산림 효용에 관한 관심의 변화에 따라 최근에는 매우 많은 연구성과와 전문서적이 발표된 것을 볼 수 있다. 주요 저자와 저서로는 『山林風景と慰樂』(岡崎文彬), 『風致工』(鹽田敏志),『森林の景觀 施業』(片岡秀夫), 『森林 風致論 講義』(高木勝久), 『森林 風致計劃學』(伊藤精晤), 『プォリトスケ-プ』(日本林業改良普及協會)등이 있는데, 이러한 저서들은 산림 미학·산림 풍치 혹은 산림 경관의 이론과 자원 경영 및 기술에 관한 전문 서적들이다. 최근까지 일본의 여러 저명한 국립대학의 임학관련 학과에서 개설한 강좌들로써는 동경 대학 임학과의 「森林 風致計劃學」, 京都 大學 임학과의 「造園學」(造園學·造園 計劃·森林 風致論등의 과정을 강의함), 九州 大學 임학과 조림학 강좌의 「環境 造林學」과 「造園學 第一」과정 (후자의 새로운 방향은 경관 생태학임), 千葉 大學 園藝學部의 「森林 風致論」 등이 있다.

이처럼 근래 일본에서의 산림미학 분야에 대한 연구는 風致林 硏究[77]에 집중적

77) 이 분야의 연구 동향에 대하여 일목요연하게 정리한 논문으로써 內村雅一・杉村 乾・野田 嚴・天野正博.(1991)의 「風致林に關する硏究」(森林科學. 1: 40-49)를 참조하기 바

으로 일어나고 있으나 森林美學이라는 용어를 사용하면서 연구하는 사람은 쯔쯔이 미치오(筒井迪夫)[78] 이외에는 흔하지 않다. 筒井迪夫는 특히 일본내 산림문화 연구의 선각자이기도 한데, 산림미학에 관한 연구 결과를 미학 전문 학술지에 발표하여 자연미로써의 산림미 연구와 순수미학과의 접목을 시도하였다. 1991년에 발표한 논문은 그간 일본에서 진행된 山林美學의 硏究 系譜를 정리한 것이었고 1992, 1993년에 발표한 내용은 산림미를 중시한 육림기술과 산림정책에 있어서 산림미학의 의의에 관한 것이었다.

(3) 臺灣

대만에 있어서 산림미학에 관한 연구는 계속 자연 산림미의 감상과 묘사에 대한 문학과 예술방면에 치중하였다. 그런 중에서도 山林美學 분야의 연구를 체계적으로 완성시킨 학자는 중흥대학의 林文鎭 교수이다. 그는 1991년에 『森林美學』을 저술하였다. 이 책은 총 281쪽 12장으로 구성되어 있다. 그 외에도 정밀한 조사가 이뤄지지 못하였으나 산림미학 분야에 연구를 집중하고 있는 사람으로써는 楊秋霖, 羅紹麟, 王長平, 戚永年 등을 예로 들 수 있다.

근래에 이르러 野外 餘暇 産業의 발달에 따라 산림휴양(위락)에 관한 일반적인 간단 명료한 저작 외에도 비교적 심층있는 연구 보고와 논술이 끊임없이 발표되었다. 산림 휴양(위락)과 관련한 연구로써 瑜薇의 「삼림 경치 편애의 조사와 분석」, 徐寶琛의 「인간의 자연 경관에 대한 정취 관계론과 삼림 위락의 규칙」, 林晏州의 「여가 계획안에서의 경관 자원의 평가」, 陳昭明의 「대만의 삼림 위락이 자원 경영을 필요로 하는 데에 대한 조사와 분석」 등이 있다. 경관 분석이나 경관 미학의 휴양에의 응용, 산림 휴양 행위에 관해서는 戚永年의 「삼림경관 평가 계통의 분석」, 楊秋霖의 「삼림위락상의 경관 미학의 응용」, 陳美吟의 「위락체험의 연구」 등을 예로 들 수 있다. 산림미학에 밀착되어 연구한 것으로써는 羅紹麟의 「삼림 경관 미

란다(이 논문에 대한 조언은 국립산림과학원 박찬우 박사로부터 받았다.)

78) 筒井迪夫, 앞의 책.
쯔쯔이 미치오는 일본에 있어서 현대 산림미학을 발전시킨 사람으로써 숲과 문화 연구회 초청으로 1996년 서울을 방문하여 국립산림과학원에서 산림문화와 관련한 강연을 한 바 있다.

학의 연구」, 羅紹麟 · 王長平의 「삼림 미학의 연구와 검토」, 王長平의 「삼림 미학 연구-이론과 응용의 연구와 검토」, 羅紹麟 · 蕭文英 · 邱立文 · 王長平의 「森林景觀 美學의 硏究」등의 연구들이 있다.[79]

(4) 3國 山林美學 硏究의 特性과 硏究 系譜

이상 산림미학의 연구 동향을 독일, 일본, 대만을 중심으로 살펴보았다. 독일은 山林美學 발생의 본산이며 학문적으로 완성된 곳이다. 독일에서 산림미학이 120년 전 이상의 역사 속에서 태동하고 꽃을 피울 수 있게 된 것은 무엇보다도 학문 발달의 환경이 잘 조성되어 있었다는 점일 것이다. 즉, 1750년에 바움가르텐으로부터 확립된 美學이라든가, 또한 울창한 산림으로 일찍부터 발달한 임업과 산림학이 큰 밑거름이 된 것이었다. 일본의 경우, 일찍부터 선진 임업국 독일의 영향을 받았는데 산림미학의 전개와 관련해서는 결정적으로는 1905년에 이뤄진 新島善直의 독일 유학이 큰 역할을 한 것으로 평가해야 한다. 현재는 풍치림에 대한 연구가 집중적으로 일어나고 있다. 대만의 경우는 문학과 예술방면 그리고 위락에 산림미에 대한 관심이 집중되어 있었다. 그런 중에서도 임문진 박사의 출현은 산림미의 관심을 문예에서 산림학적 접근으로 유도하는 데에 큰 공헌을 한 것으로 평가해야 한다.

79) 林文鎭, 앞의 책. p.20.

[표 4-1]『山林美學』3대 저서의 내용(목차) 소개와 비교

區分	Salisch(獨逸)			新島善直·村山釀造(日本)		林文鎭(臺灣)	
書名	Forstästhetik			森林美學		森林美學	
初版	1885			1918		1991	
총면	248			680(覆刻版)		281	
章區分 및 內容	緖論: 山林美學의 定義			1장	總說	1장	緖論
	1편 美學基礎	1장	美學의 槪要	2장	日本의 森林美	2장	森林美의 解析
		2장	景觀의 色彩論	3장	森林의 變遷과 日本의 森林	3장	森林生態와 景觀保育
		3장	樹種	4장	森林의 종류에 대한 一瞥	4장	人間의 感官과 審美主義
		4장	숲의 香氣와 소리	5장	森林의 間接利益	5장	景觀施業의 理念
	2편	1장	최적 토지이용 양식 결정	6장	美學의 槪說	6장	景觀調査와 計劃
		2장	임도망과 경제양상	7장	天然美와 風景	7장	大景觀施業
	A	3장	경영양식	8장	樹木의 美的 價値	8장	微景觀施業(1)-遊樂的 森林美
	부	4장	수종선택	9장	森林의 美的 取扱法	9장	微景觀施業(2)-美的 林間步道
	山林調節	5장	윤벌기	10장	森林美 增成의 手段	10장	森林美學의 應用
		6장	更新	11장	公園과 庭園	11장	綠化의 美學
		7장	林分保育	12장	林內 並木과 裝飾樹	12장	森林景觀施業 要覽
		8장	再利用	13장	結論		
		9장	山林評價				
		1장	야외시설				
	B	2장	草地, 河川, 林內 耕作地				
	부	3장	임도확충, 교차로, 표지판				
	숲의 관리	4장	林道邊·境界線의 植樹				
		5장	老齡木 保育을 통한 林分美化				
		6장	叢林·地被保育을 통한 林分美化				
		7장	鄕土·外來種을 활용한 林分美化				
		8장	遠景				
	結論						

[표 4-1]은 독일, 일본, 대만의 산림미학 서적의 내용(목차)을 비교한 것이다. 살리쉬의 산림미학은 정의에서도 밝힌 바와 같이 주로 施業林의 美的 管理에 중점이 되어 있다. 이 같은 특성은 독일 임업에 있어서 산림관리에 대한 實用的이며 經濟性을 반영하는 것이 아닌가 생각한다.

여기서 한 가지 밝힐 것은 독일 『Forstästhetik』의 경우 1911년에 간행된 『Forstästhetik』(개정3판)을 참조했어야 하는데 입수하지 못해 1885년판[80]의 목차를 중심으로 한 점이다. 내용상 차이가 있을 것으로 생각한다. 일본의 산림미학은 물론 독일 영향을 받기는 하였지만 당시 일본에서 관심을 많이 가지고 있던 庭園과 公園에까지 산림미학의 범위를 확대한 것을 알 수 있다. 이것은 일본에서 일찍부터 발달한 독특한 造園術에 대한 관심의 반영이다. 대만의 경우 시업에 대한 내용이 눈에 두드러지게 나타나고 있고 내용상 위락구의 미적 처리가 산림미학 연구의 큰 관심거리로 등장하는 것이 특징이라고 할 수 있다. 따라서 산림미학 연구는 독일은 주로 대규모의 산림시업(경제림), 일본은 산림과 풍경림(공원, 정원), 그리고 대만의 경우는 위락구(휴양림)에 집중되고 있다고 말할 수 있다. [그림 4-3]은 이상에서 살펴본 산림미학 연구의 역사적 발전과 국가별 전개 과정을 나타낸 것이다.

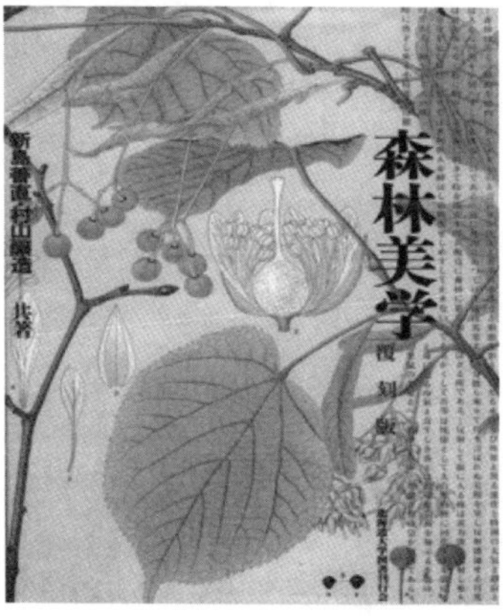

[그림 4-1] 新島善直 · 村山釀造의 『森林美學』(복각판) 표지

[그림 4-2] 林文鎭의 『森林美學』 표지

80) 국립산림과학원의 배상원 박사로부터 자료 도움을 받았다.

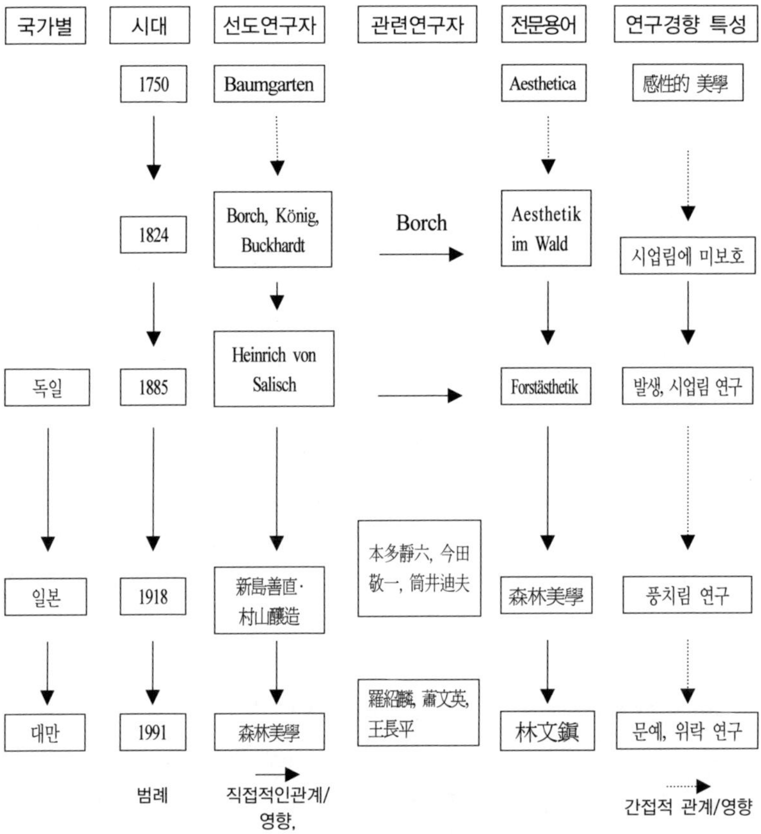

[그림 4-3] 3국 山林美學 연구의 系譜

2. 우리 나라의 研究動向

우리 나라에 있어서 山林美學에 대한 연구는 아직은 미약한 단계이며 산림미학이라는 제명의 저서도 출판되지 않고 있다. 다만 몇 개 대학에서 산림미학 강좌는 진행되고 있으며 산림 미학과 인접한 연구 분야에 있어서는 景觀, 休養林 研究 등과 관련하여 활발하게 일어나고 있다. 여기서는 대학에서의 동향, 그리고 관련된 연구 내용들을 소개하고자 한다.

필자가 1990년대 중반에 전국의 山林資源學科 教科課程을 조사한 결과 충남

대학교, 중부대학교, 국민대학교 등 3개 대학에서 산림미학 강좌가 개설되어 있었거나 강의가 진행 중이었다. 충남대 산림자원학과에서는 <森林美學 및 實習>이 4학년 과정에 3학점 이론 2시간 실습 2시간으로 개설되어 있으며 강의는 산림휴양 전공 교수가 담당하였다. 개설 시기는 80년대 중반경인데 실제로 강의를 시작한 것은 1993년부터라고 전해진다. 중부대 산림자원학과는 역시 4학년 과정에 <森林美學>으로 3학점 이론3시간으로 개설되어 있었는데 학제 개편으로 학과가 없어지는 바람에 현재는 강의가 이뤄지지 않는다.

국민대 산림자원학과에서는 1996년 교과과정 개편으로 <山林景觀 및 美學>으로 2학년 1학기에 새로이 개설되었으며 강의는 1998년 1학기부터 진행되고 있다.

造景學科에서는 造景美學이 거의 전 대학에 개설되어 있다. 산림미를 내용으로 담고 있는 景觀과 관련한 과목으로써는 경관론 및 경관미학, 경관론, 경관분석론, 경관평가, 경관 구성론, 경관 생태론, 경관영향평가 등이 있다.

山林美學과 관련한 연구는 산림미학이라는 용어를 論題에 직접 쓰고 있지는 않지만 개별 연구과제 안에 포함하여 수행하는 경우는 발견된다. 또 한편으로는 외국의 서적을 소개하여 산림미학 연구를 진작시키고자 하는 움직임도 발견된다. 한편 이광원은 1980년 중후반 이후 임업 경제 및 정책적 관점에서 산림 휴양계획에 관한 연구를 진행하였는데, 개별 보고서에 휴양림의 관리는 산림의 미적 관리, 즉 산림 미학적 관리에 기초하여 수행되어야 한다는 점을 밝히고 있다. 또한 山林 類型別 사진을 제시하여 選好하는 山林美를 조사하여 직접 응용을 시도하기도 하였다.[81] 산림미학에 관한 학술적인 연구는 김태진에게서 찾아야 할 것 같다. 그는 박사학위를 위한 「山林의 레크레이션 및 景觀美 評價에 관한 연구」(1995)을 진행하면서, 독일에서의 산림미학의 전개과정을 소개하고 휴양림 관리와 관련하여 山林美에 관한 조사를 수행하였다. 산림미와 관련한 유형별 조사는 박찬우 등(1997)에 의해 진행되고 있다. 박찬우는 일본에서 공부하면서 박사학위 논문으로 산림미학과 관련된 杉나무의 林內風景에 대한 연구를 수행하였고 귀국후에도 풍치림, 휴양림 등에 관해서 연구를 계속하고 있다. 산림개발분야에서 산림미학과 근접하게 연구를 시도한 사례가 있는데, 차두송 등은 林道路線의 景觀을 評價함에 있어서 계량 심

81) 이광원 · 이덕순 · 장우환, 「산촌 휴양지 개발 방향과 휴양체계」. 한국농촌경제연구원. 1991. p.358.

리학적 수법을 사용한 바 있다.[82)]

한편, 조경학과 관련된 분야에서 최근에 발견되는 저서나 연구 중에는 環境美學(Environmental Aesthetics)이 있다. 전체 환경을 대상으로 미학적 이론들을 정립하며 이를 도시계획이나 환경계획, 조경계획과 설계에 응용하고자 하는 분야이다. 이들은 自然美를 대상으로 하는 같은 응용미학의 한 분야이기는 하지만 주제에서 벗어남으로 논외로 하고 차후에 다루기로 한다.[83)]

이상과 같이 비록 山林美學에 관한 전문 서적은 출간되고 있지 않지만 산림미학의 범위에서 진행되고 있는 연구는 여러 분야에서 수행되고 있음을 확인할 수 있다. 특히 休養林이나 都市林, 環境林 등의 관리에 있어서 산림 미학적 측면을 도입하고자 하는 시도들이 많이 나타나고 있다. 이처럼 산림미학 자체보다는 오히려 관련된 응용 분야에 대한 연구가 활발하게 진행되고 있는 이유는 1980년 중반 이후 산림휴양에 대한 관심이 고조되어 이 흐름에 따라 휴양 분야에 대한 연구가 편중되어 진행되고 있기 때문이 아닌가 생각한다.

제4절 연구영역

일반미학이나 예술에서 다루는 미학연구의 연구영역은 8가지 분야로 나누고 있는데 그것들은 미적 범주, 미적가치, 미적대상, 미적체험, 예술체계, 예술사, 예술의 기능, 예술비평 등 8가지이다. 이들에 대해서는 이미 제1장에서 설명하였다.

---

82) 차두송 · 김소연 · 지병윤 · 이해주, 「계량심리학적 수법에 의한 임도노선의 경관평가에 관한 연구」, 『강원대학교 연습림보고서』. 1996. Vol.16. pp.132-143.

83) 이와 관련한 연구들로써 다음 문헌들을 보라;
김문환, 「환경미학의 이론적 과제-자연미를 중심으로」, 『철학과 현실』. 1994. Vol.22. pp.266-277.
민주식, 「도시환경의 미학」, 『미학』. 1993. 18. pp.45-71.
배정한, 「조경이론으로써의 환경미학」, 『한국조경학회지』. 1998. 25(4). pp.89-106
이수진 역, Arnold Berleant저. 「미학과 환경」, 『미학』. 1995. Vol.20. pp.415-435.
이창환, 「근대미학의 발생론적 근거에 관한 고찰」, 『미학』. 1995. Vol.20. pp.262-309.
조정송, 「환경설계와 미학」, 『터전』. Vol.3: 44-47.

앞 절에서 산림미학을 산림의 자연적 예술적 美와 문화예술적 가치표현 및 그의 임업적 응용에 관해 연구하는 학문으로 정의하였다. 이 정의에는 사실상 영역이 내재되어 있는데 산림미학에 대한 영역 구분은 미학적 연구영역과 연구결과의 응용적 연구영역 등 두 가지로 나눌 수 있다. 전자는 일반미학에 있어서의 문제영역을 말하며, 후자는 산림미학이 임업적 응용방법을 목표로 한다는 점을 감안할 때 이를 고려한 구분이다.

응용미학의 하나로써 산림미학의 연구영역도 일반미학의 범위를 크게 벗어나지 않는다고 본다. 따라서 이를 이용한 산림미학의 연구영역의 내용을 아래와 같이 제시하여 본다. 8가지의 연구영역의 구분은 '미적 대상, 미적 가치' 등 원래 '산림'이라는 단어가 들어가 있지 않으나 개념을 구분하기 위하여 '산림' 자를 덧붙였다.

[표 4-2] 山林美學의 연구영역과 사례

問題領域의 區分	山林 美學的 연구영역	
	구체적 내용	사 례
山林美的 範疇	연구수단이며 재료로써의 산림과, 그를 소재로 한 소산물의 일상적인 미(the beautiful)와 미학적 미(the aesthetic)를 다룸(순정미, 우아미, 숭고미, 비장미, 골계미, 추, 낭만적, 고전적, 서정적, 음악적, 시적...)	침엽수림의 장엄미, 소나무의 낭만성, '포플러는 시인',...
山林美的 價値	미적 범주에 속하는 것들의 미적 가치를 타분야의 가치들 가운데 차지하는 위치 및 특성 등을 연구	숲께 드리는 숲의 철학
山林美的 對象	식물(군락), 산림지형의 자연미, 산림을 가공한 소산물들에 대한 예술미(목공예품, 건축물, 정원양식, 산림문예작품,......) 등에 대하여 존재방식, 구성요소와 구조 규명	산림생태계의 구조, 전나무의 수관분석, 분재, 목조가옥의 양식 등
山林美的 體驗	미의 대상에 대하여 판단(감정), 직관(정감), 향수(관조), 상상(창작)하는 것.	숲탐방, 생태체험, 숲 속의 음악회,...
山林 藝術體系	제반 산림미적 활동(체험 및 창작)에 대하여 장르별로 구분하고 체계화	
山林 藝術史	산림연구를 미적/미학적 범주에서 다룬 내용들을 역사적으로 변화과정을 정리하고 발전과정을 분석	한국산림문학에 관한 연구, 산림문화사
山林 藝術의 機能	산림을 대상으로 미적으로 다룬 활동을 교육, 종교, 도덕, 윤리 등 사회 제반 분야와의 관련성을 연구하여 정리함.	산림문화론
山林 藝術批評	이상의 내용을 분석하고 비판할 수 있는 규준과 원칙을 정립	산림문화계 활동

제5장 山林美

제1절 구조

1. 나무와 숲의 구조

세상에서 가장 몸집이 큰 것은? 세상에서 가장 오래 사는 생물은?

이 질문에 대한 답을 모르더라도 그 대상만으로도 그것은 이미 지구상에 존재하는 생명체 중의 생명체이다. 그것은 나무이다. 나무는 단일 생명체로써는 세상에서 가장 몸집이 크고, 키가 크며, 가장 오래 사는 생명체이다. 최대의 몸집을 가진 나무는 미국의 캘리포니아 주 세쿼이아 국립공원에 있는 자이언트 세쿼이아(giant sequoia), 일명 제너럴 셔먼이라는 별명을 가진 세쿼이아 나무이다. 키가 84m나 되고 지름은 11m, 둘레는 31m나 되며 나이가 약 3,000살에 달하는 이 나무는 껍질 두께만도 61cm나 된다. 뿌리를 포함한 무게는 무려 약 2,000톤이며, 50억개의 성냥개비를 만들 수 있는 부피를 가지고 있다고 한다.

역사적으로 알려진 키가 가장 컸던 나무는 1885년 호주의 바우바우산에 있던 유칼리나무로써 143m였다고 한다. 현재 살아있는 나무로써는 캘리포니아 레드우드 국립공원의 세쿼이아로써 약 115m 정도이다. 활엽수로써 가장 키가 큰 나무는 호주의 태즈마니아 리이드산(Mt. Read)에 있는 유칼리나무로써 추측하고 있는데 키가 약 95m에 달한다.

제일 오래 산 것은 무엇일까? 캘리포니아에 있는 붉은 해안나무라 불리우는 에온나무는 1977년에 죽은 것으로 알려지는데 약 6,200년을 살았으며 당시의 키는 76m 정도였다고 한다. 현재 살아있는 나무로는 미국 화이트산(Mt. White)에 있는 브리슬 콘 소나무(Bristle cone pine)로써 나이는 약 5000살 정도로 추측한다.

평면적이 가장 넓은 나무는 인도의 캘커타 식물관에 있는 반얀나무이다. 이 나무의 나이는 약 210년인데 12,000㎡의 땅을 덮고 있다. 그 밖에, 둘레가 가장 긴 나무는 약 58m의 길이를 가지고 있는 유럽밤나무로써 이탈리아 에트나산에 있다. 가장 빨리 자라는 나무는 열대우림에 있는 나무로써 13개월동안 약 10.7m(한 달에 약 82cm)가 자랐는데 말레이지아에 있는 팔커타라는 나무이다. 가장 더디게 자라는 나무는 어느 정도일까? 멕시코의 디운 에듈이라는 나무는 연평균 0.76mm를 자라는데 이 정도의 속도라면 10cm를 자라려면 130년 이상을 기다려야 한다.

[그림 5-1] 지구상에서 제일 키 큰 생명체의 하나인 세쿼이야(coastal red wood)
(오른 쪽에서 두 번째 나무- 약 112m).
이 나무는 2003년까지 살아있는 나무 중 지구상에서 제일 키 큰 나무였지만 이듬해부터 공원 안의 다른 나무에 1위 자리를 넘겨주었다.
(미국 캘리포니아 주 Red Wood 국립공원 안의 Tall Tree Grove)

[그림 5-2] 지구상에서 제일 몸집이 큰 생명체 -Red wood. 체중 약 2000톤, 몸길이 약 84m, 나이 약 3000살인데 셔먼 장군(General Sherman)이라는 별명이 붙어있다.(미국 캘리포니아주 sequoia 국립공원)

이러한 나무는 신성하다.[84] 몸집만으로도 장엄하며, 키만으로도 위대하며, 5000년을 살아가는 장수하는 존재로써 신령하다. 숲은 이처럼 세상에서 最大, 最高, 最古의 생명체이자, 장엄하고 위대하며, 신령한 존재인 나무의 무리로 이뤄진 생명의 공간이다.

84) Insel Verlag,『Bäume』. Insel Verlag. 1984. pp.9~13.

[그림 5-3] 지구상에서 최고로 장수하는 생명체-Bristle cone pine(강모 구과 소나무). 셀 수 있는 나이테 4,500~4,600개, 셀 수 없는 나이테가 수백개에 달하는 소나무로써 잎이 5개 달려있고 솔방울의 비늘(인편)에 달린 털이 억세어서 브리슬 콘 파인이라는 이름이 붙어 있다(미국 캘리포니아주 Mt. White 3000m 이상의 고지에 살고 있다).

[그림 5-4] 지구상에서 키가 크고 몸집이 큰 활엽수-Eucalyptus(유칼리나무). 이 나무들은 호주 태즈메이니아 섬에 있는 유칼리나무로써 왼 쪽 나무는 두 번째로 키 큰 나무(91m)이고, 오른 쪽 나무는 몸집이 제일 큰 나무이다. 재적(材積) 약 368m^3

나무는 모여서 숲을 만들고 숲은 모여서 산림을 만든다. 산림은 모여서 산을 장식하고 산은 모여서 자연을 만든다. 숲은 그러나 나무들로 구성된 유기적인 공간일 뿐만 아니라, 신령한 생명체들이 살아가는 신성한 공간이기도 하다. 따라서 나무나 숲의 구조를 단순히 물질로써, 유기적 존재로써만 파악해서는 안될 것이다. 아래의 여백에 있는 나무와 숲을 뜻하는 글자를 보면서 그들이 주는 심상을 상상하여 보라.

人

木

林

森

𣛧

𣡕

2. 구성인자

(1) 무생물적 인자

숲은 생물과 무생물로 이뤄져 있기 때문에 나무와 숲을 구성하는 인자들은 무생물적 인자, 생물적 인자로 구분하여 파악해야 한다.

무생물적 인자에는 지형, 물, 기상인자 등이 있다. 산악경관(산림경관)에 있어서 숲(나무)이 옷이라면 지형은 옷을 거는 옷걸이 역할을 한다. 옷걸이가 훌륭하면 어느 옷을 입어도 멋진 자태를 연출할 수 있다. 지형의 형세는 지질사와 관계된다. 造山의 역사가 오래 된 곳은 지세가 안정상태에 있기 때문에 능선이 완만하고 부드러운 형태를 나타낸다. 절벽과 암반으로 된 곳은 나름대로 자연성을 보여주기 때문에 독특한 자연미를 지니게 된다. 숲은 이러한 지형에 피복되어(cover) 계절적으로, 기후현상으로 변화하는 가운데 지형과 어우러진 아름다움을 연출한다. 산, 평야, 언덕, 능선, 수계, 스카이라인(sky line) 등은 무생물적 인자들과 함께 이해해야 할 요소들이다.

(2) 생물적 인자

생물로써 식물의 조직과 기관, 수형, 숲의 모양과 종류, 동물적 요소 등에 관계하는 인자이다.

1) 식물의 조직과 기관

나무(식물)들이 자라는 과정에서 그들의 조직과 기관인 눈, 잎, 꽃, 가지, 줄기, 열매, 가시들은 그들이 지닌 미세한 조직으로 나름대로 멋진 모습을 연출한다. 이들은 대개 나무가 지닌 세부경관(detail landscape)의 요소로써 변화무쌍한 점, 선, 면, 형, 색으로 미적 표현의 역할을 다 한다.

2) 나무와 숲(산림)의 외관(樹冠과 林冠/tree crown and forest canopy)

나무와 숲의 전체 외관을 나타내는 용어들로써 명칭, 규격, 수관, 수형, 수형급, 임관 등이 있으며 주요한 용어들에 대해서 그림과 설명으로 소개한다. 수형급(tree class)을 나타내는 용어로써 우세목, 준우세목, 피압목, 폭목 등이 있다.

[그림 5-5] 여러 가지 잎의 모양

[표 5-1] 나무의 구분(Curtis system)

크기번호	구분	높이(m)	인간척도
1	덩굴식물		발목높이
2	지피식물	0.5	무릎높이
3	왜소관목	0.5~1	허리높이
4	소관목	1~2	머리위
5	중관목	2~4	머리위
6	대관목	4~8	머리위
7	중교목	8~16	머리위
8	대교목	16 <	머리위

출처: 한국조경학회. 「조경수목학」. 문운당. 1989.

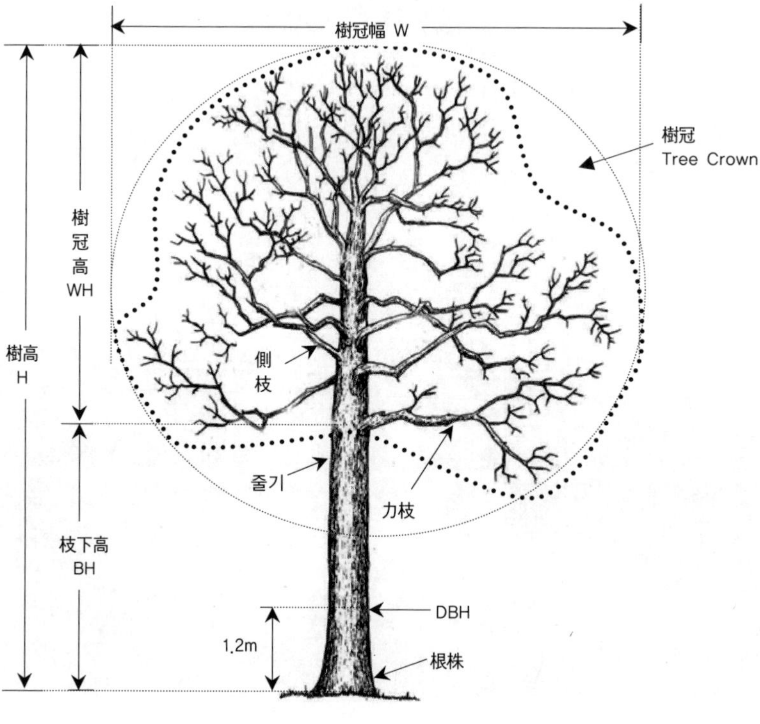

[그림 5-6] 나무 각 부분의 명칭

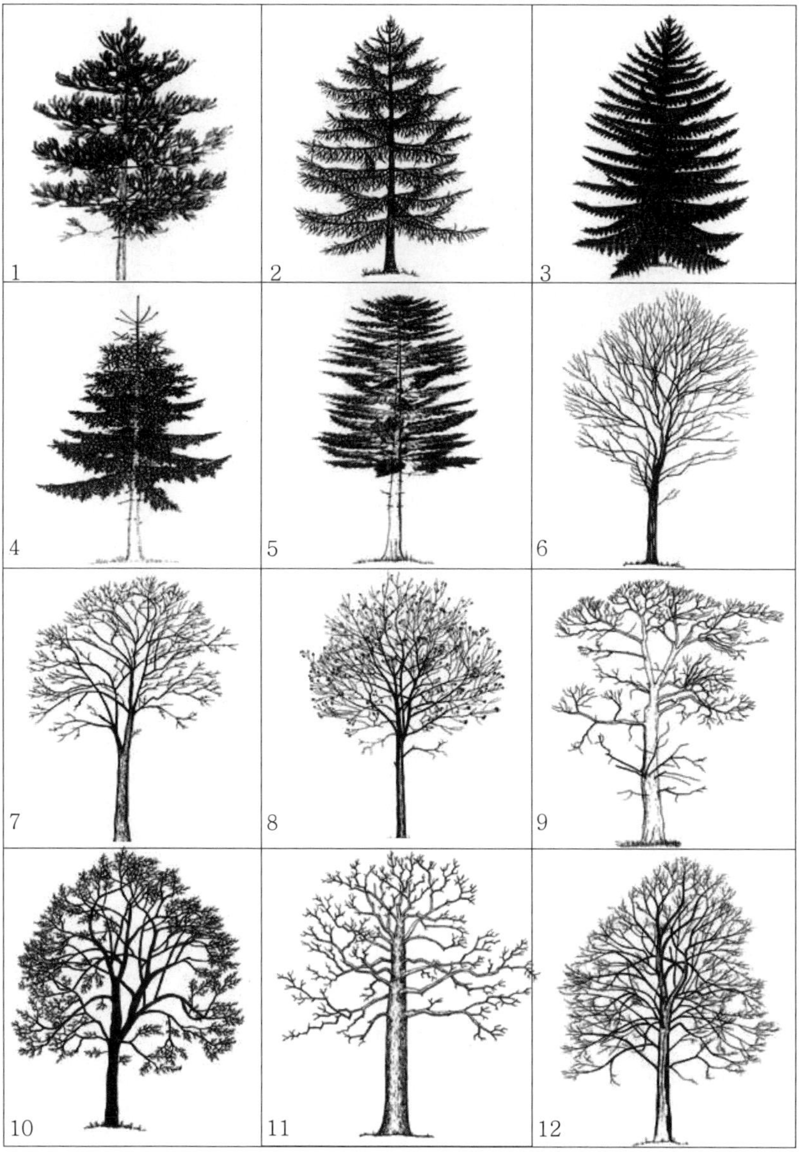

1.구주소나무 2.낙엽송 3.독일가문비 4.침엽수수형1 5.침엽수수형2 6.너도밤나무 7.단풍나무 8.물푸레나무9.밤나무 10.보리수나무 11.참나무 12.피나무
출처: Braun, 『Bau und Leben der Bäume』(1992)

[그림 5-7] 여러 가지 나무의 수형

[그림 5-8] 여러 가지 나무의 수형 대만 장개석 박물관 앞 정원.

다음의 나무의 외형을 나타내는 인자들과 그들이 기상인자(햇빛, 비, 안개, 눈)와 어우러졌을 때 나타내는 정경을 상상하여 심상 이미지를 찾아보자.

눈
잎
꽃
열매
단풍
가지
줄기

3) 생태적 구조

숲의 수직적 구조는 교목이 이루는 상층, 아교목이 이루는 중층, 관목이 자라는 하층, 초본류 등이 자라는 지피층으로 구분한다. 숲의 모습은 林相, 천이상태 등으로 설명할 수 있다. 임상은 크게 침엽수림, 활엽수림, 침활혼효림, 단순림, 일제림, 영급에 따라서 동령림, 이령림 등으로 구분할 수 있다. 이들 임상은 또한 군락, 군집 등 여러 가지 생태단위 속에서 설명할 수도 있다.

- 동령림과 이령림
- 단순림, 일제림, 혼효림
- 침엽수림, 침활혼효림, 활엽수림

- 천연림과 인공림
- 개체별: 소나무숲, 주목숲, 전나무숲, 단풍나무숲, 자작나무숲 등

[그림 5-9] 침엽수림의 모습.
독일 흑림지대.

[그림 5-10] 활엽수림의 모습.
광릉 계수나무숲(배상원 박사 제공).

[그림 5-11] 침 · 활 혼효림의 모습. 설악산 국립공원 수렴동 대피소 주변.

[그림 5-12] 독립수 미류나무의 당당한 자태.
올림픽공원-몽촌토성.

4) 감각적 요소

시각, 후각, 미각, 청각, 촉각 등 5가지 감각의 관점에서 식물들이 지닌 특징을 잘 파악하고 있으면 산림경관 계획에 큰 도움을 얻을 수 있다.[85]

(가) 시각 자극 수종

시각을 자극하는 요소는 주로 색과 형태이다. 수목의 색채 변화는 수종에 따라, 계절에 따라 이뤄진다. 꽃, 잎, 줄기, 열매의 색깔, 잎의 모양, 수형에 따라서 구분하여 소개한다.

가) 꽃 색깔별 분류

① 흰색 계열

각시말발도리, 개쉬땅나무, 개회나무, 겹조팝나무, 고광나무, 고추나무, 국수나무, 긴잎조팝나무, 꼭지윤노리나무, 나도국수나무, 낙상홍, 단풍철쭉, 댕강나무, 덜꿩나무, 돈나무, 돌가시나무, 동청목, 둥근잎말발도리, 둥근잎조팝나무, 때죽나무, 떡잎조팝나무, 말발도리, 무궁화, 물참대나무, 미선나무, 배롱나무, 백당나무, 백매화, 백목련, 병아리꽃나무, 불두화, 산딸나무, 산목련, 산사나무, 서울귀룽나무, 설악조팝나무, 섬개야광나무, 섬국수나무, 섬벚나무, 섬쥐똥나무, 수국백당, 아그배나무, 아카시아, 야광나무, 왕쥐똥나무, 용가시나무, 윤노리나무, 이팝나무, 인가목, 일본말발도리, 일본목련, 위령선, 자두나무, 장미, 조팝나무, 좀덜꿩나무, 좁은잎 댕강나무, 쥐똥나무, 참조팝나무, 층층나무, 치자나무, 털백당나무, 팥배나무, 함박꽃나무, 회화나무, 흰조팝나무, 흰명자꽃나무, 흰풀싸리

② 노란색 계열

개나리, 골담초, 괴불나무, 까마귀밥여름나무, 노란 해당화, 노랑댕강나무, 달피나무, 만리화, 망종화, 매자나무, 모감주나무, 버들회나무, 산괴불나무, 산수유, 생강나무, 섬괴불나무, 섬피나무, 장미, 염주나무, 장수만리화, 죽도화, 찰피나무, 튜울립나무, 화살나무, 황매화 등

③ 붉은색 계열

자귀나무, 겹벚나무, 겹해당화, 댕강나무, 꼬리조팝나무, 꽃사과나무, 꽃아까시나

85) 한국종합조경공사,『조경용소재도감』. 명보문화사. 1977. pp.330~332; 윤국병외 7인,『造園學』. pp.206~215을 근간으로 정리한 것임.

무, 돌배나무, 땅비싸리, 매화나무, 명자꽃, 모과나무, 모란, 무궁화, 민둥인가목, 박태기나무, 배롱나무, 벚나무, 병꽃나무, 복사나무, 분꽃나무, 붉은병꽃나무, 산앵두나무, 살구나무, 생열귀나무, 서향, 수양벚나무, 싸리, 아그배나무, 애기씨꽃, 얼룩병꽃나무, 옥매, 올괴불나무, 유엽도, 위성류, 일본조팝나무, 앵도나무, 옥매, 장미, 좀풀싸리, 좁은잎 단풍나무, 진달래, 참싸리, 철쭉, 털댕강나무, 털싸리, 풀명자, 해당화, 해안싸리, 홍매

④ 보라색 계열

개오동나무, 등나무, 둥근정향나무, 땅비싸리, 멀구슬나무, 무궁화, 미국댕강나무, 산수국, 산철쭉, 섬개회나무, 수수꽃다리, 오동나무, 일본댕강나무, 자목련, 작살나무, 정향나무, 좀목형, 좀작살나무

나) 잎 색깔별 분류

① 신록이 아름다운 것

- 초록색: 낙엽송, 독일가문비, 측백나무, 사철나무, 팔손이나무, 버드나무, 피나무, 튤립나무, 단풍나무, 식나무
- 붉은색: 참죽(중)나무, 야촌단풍나무, 산벚나무

② 단풍이 아름다운 것

- 붉은색: (홍)단풍나무류, 감나무, 산딸나무, 붉나무, 검양옻나무, 옻나무, 담쟁이덩굴, 마가목, 화살나무, 단풍철쭉, 매자나무, 매발톱나무 등
- 노란색: 은행나무, 튤립나무, 고로쇠나무, 무환자나무, 칠엽수, 계수나무, 갈참나무, 고로쇠나무, 낙우송, 느티나무, 메타세쿼이아, 낙엽송, 졸참나무, 참느릅나무 등

다) 잎의 형태가 아름다운 것

일본목련, 식나무, 얼룩식나무, 얼룩사철나무, 칠엽수, 팔손이, 단풍나무류, 굴거리나무, 이팝나무, 은행나무, 은백양나무, 대왕송, 낙엽송, 비파나무, 대나무류, 튤립나무, 계수나무, 잣나무, 소나무, 느티나무, 느릅나무 등

라) 줄기 색깔별 분류

- 흰색: 자작나무, 백송, 은백양나무, 황철나무
- 붉은색: 주목, 소나무, 배롱나무, 주목, 흰말채나무
- 검은색: 팽나무, 참느릅나무
- 초록색: 벽오동, 식나무, 황매화, 대나무
- 얼룩색: 모과나무, 플라타너스, 튤립나무, 거제수나무

마) 열매 색깔별 분류

① 노란색 계열

풀명자나무, 은행나무, 개암나무, 상수리나무, 겨우사리, 풀명자, 명자꽃, 비파나무, 아그배나무, 살구나무, 서양자두, 개살구나무, 매실나무, 열녀수, 문배나무, 회화나무, 유자나무, 귤나무, 금감, 탱자나무, 멀구슬나무, 장구밥나무, 치자나무

② 검정색 계열

푸조나무, 산팽나무, 검팽나무, 무화과나무, 뽕나무, 산뽕나무, 흑오미자, 생달나무, 백동백, 생강나무, 가마귀쪽나무, 센달나무, 후박나무, 흰새덕이, 참식나무, 콩배나무, 벚나무, 왕벚나무, 황벽나무, 산초나무, 좀굴거리나무, 굴거리나무, 시로미, 꽝꽝나무, 가마귀베게, 갈매나무, 왕머루, 머루, 새머루, 늦싸리, 개오갈피나무, 서울오갈피나무, 오갈피나무, 두릅나무, 팔손이, 음나무, 섬쥐똥나무, 왕쥐똥나무, 댕댕이나무, 아왜나무

③ 붉은색 계열

산호수, 황백량금, 구기자, 딱총나무, 마가목, 매자나무, 노박덩굴, 개비자나무, 주목, 죽절초, 닥나무, 구지뽕나무, 매발톱나무, 왕매발톱나무, 목련, 함박꽃나무, 오미자, 남오미자, 보얀목, 육박나무, 가마귀밥여름나무, 돈나무, 이노리나무, 아광나무, 산사나무, 가새잎 산사나무, 능금나무, 야광나무, 팥배나무, 당마가목, 인가목, 용가시나무, 찔레꽃, 해당화, 산딸기, 멍석딸기, 양벚나무, 이스라지, 서울귀룽나무, 복사나무, 앵도나무, 호랑가시나무, 감탕나무, 대팻집나무, 동청, 먼나무, 낙상홍, 노박덩굴, 해변노박덩굴, 화살나무, 회잎나무, 줄사철나무, 사철나무, 나래회나무, 회나무, 참빗살나무, 말오줌때, 나도밤나무, 갯대추, 대추나무, 보리장나무, 보리밥나무, 뜰보리수, 보리수나무, 석류나무, 식나무, 산딸나무, 산수유, 산매자나무, 백량금, 자금우,

감나무, 배풍등, 호자나무, 각시괴불나무, 괴불나무, 올괴불나무, 홍괴불나무, 청괴불나무, 덧나무, 넓은잎딱총나무, 덜꿩나무, 분단나무, 배암나무, 백당나무, 청미래덩굴

④ 보라색, 파란색

작살나무류, 가막살나무, 으름덩굴, 포도

바) 꽃과 열매가 아름다운 수종

소귀나무, 으름덩굴, 멀꿀, 매발톱나무, 왕매발톱나무, 매자나무, 목련, 함박꽃나무, 붓순나무, 생강나무, 풀명자, 명자꽃, 이노리나무, 야광나무, 산사나무, 가새잎산사나무, 능금나무, 아그배나무, 콩배나무, 문배나무, 팥배나무, 당마가목, 차빛당마가목, 마가목, 인가목, 생열귀나무, 용가시나무, 찔레꽃나무, 살구나무, 양벚나무, 이스라지, 개살구나무, 매실나무, 서울귀룽나무, 복사나무, 자두나무, 앵도나무, 만년콩, 유자나무, 귤나무, 칠엽수, 석류, 산딸나무, 산수유, 올괴불나무, 백당나무, 치자나무, 호자나무

사) 열매가 아름다운 수종

가마귀베개, 가마귀밤여름나무, 가막살나무, 각시괴불나무, 갈내마누, 감나무, 개비자나무, 개오갈피나무, 갯대추나무, 고욤나무, 괴불나무, 구지뽕나무, 금감, 나도밤나무, 낙상홍, 넓은잎땅총나무, 노박덩굴, 늦싸리, 대추나무, 덜꿩나무, 대팻집나무, 덧나무, 돈나무, 동청목, 뜰보리수, 딱총나무, 머루, 먼나무, 멍석딸기, 모과나무, 모람, 모새나무, 무화과나무, 밤나무, 배암나무, 배풍등, 백량금, 벽오동, 보리밥나무, 보리수나무, 보리장나무, 비파나무, 보얀목, 분단나무, 비자나무, 뽕나무, 사철나무, 산딸기, 산매자나무, 산뽕나무, 산앵두나무, 산팽나무, 새머루, 서양자두, 수정목, 시로미, 식나무, 아왜나무, 약밤나무, 오미자, 흑오미자, 남오미자, 열녀수, 왕느릅나무, 왕머루, 은행나무, 자금우, 잣나무, 정금나무, 좀작살나무, 주목, 죽절초, 줄사철, 참빗살나무, 천선과나무, 청가마귀머루, 청괴불나무, 청미래덩굴, 탱자나무, 푸조나무, 홍괴불나무

(나) 후각 자극 수종

• 꽃향기가 나는 수종

생강나무, 섬벚나무, 팥배나무, 산초나무, 초피나무, 섬개회나무, 털댕강나무, 용가시나무, 해당화, 돌가시나무, 개회나무, (섬)쥐똥나무, 섬피나무, 꼭지고광

나무, 분꽃나무, 수수꽃다리, 아그배나무, 댕강나무, 정향나무, 서향, 등나무, 아카시아, 일본목련, 민둥인가목, 생열귀나무, 찰피나무, 때죽나무, 이팝나무 등

- 열매의 향기가 좋은 수종
  보리장나무, 모과나무, 비파나무, 소귀나무, 개비자나무, 가문비나무, 젓나무, 구상나무, 녹나무, 참식나무, 유자나무, 탱자나무, 생강나무, 모람
- 테르펜 향
  향나무, 편백나무, 전나무, 소나무, 잣나무 등 구과식물
- 잎향기가 좋은 수종
  산초나무, 초피나무, 생강나무 등

(다) 미각 자극 수종

은행나무, 개비자나무, 주목, 비자나무, 잣나무, 소귀나무, 가래나무, 호두나무, 개암나무, 약밤나무, 밤나무, 구실잣밤나무, 미국참나무, 상수리나무, 갈참나무, 떡갈나무, 종가시나무, 신갈나무, 굴참나무, 푸조나무, 산팽나무, 검팽나무, 구지뽕나무, 으름덩굴, 멀꿀, 오미자, 흑오미자, 풀명자나무, 명자꽃, 모과나무, 이노리나무, 야광나무, 산사나무, 가새잎산사나무, 비파나무, 능금나무, 야광나무, 아그배나무, 콩배나무, 문배나무, 팥배나무, 산딸기, 멍석딸기, 복분자나무, 살구나무, 매실나무, 양벚나무, 서양자두나무, 이스라지, 개살구나무, 서울귀룽나무, 복사나무, 자두나무, 열녀수, 벚나무, 앵도나무, 왕벚나무, 귤나무, 쉬나무, 초피나무, 산초나무, 개산초나무, 시로미, 칠엽수, 갯대추나무, 대추나무, 왕머루, 헛개나무, 머루, 새머루, 청가마귀머루, 벽오동나무, 다래나무, 보리장나무, 보리밥나무, 뜰보리수, 보리수, 석류나무, 산딸나무, 산수유, 산매자나무, 모새나무, 산앵도나무, 정금나무, 들쭉나무, 감나무, 고욤나무, 치자나무, 각시괴불나무, 댕댕이나무, 괴불나무, 올괴불나무, 홍괴불나무, 청괴불나무, 청미래덩굴, 주목, 향나무, 노간주나무, 측백나무, 서양측백나무, 편백나무, 비술나무, 매발톱나무, 가마귀밥여름나무, 참싸리, 풀싸리, 탱자나무, 주엽나무, 짱짱나무, 호랑가시나무, 족제비싸리, 회양목, 갯대추, 때죽나무, 무궁화, 쥐똥나무, 왕쥐똥나무, 명자꽃

(라) 청각 자극 요소

가) 조류 유인 수종

산림 속에서 나무와 관련하여 들을 수 있는 소리 중에는 나무에 앉아 지저귀는

새소리와 바람이 나뭇잎과 가지를 스쳐지나가는 소리, 또는 낙엽을 밟을 때 들리는 소리로 구별할 수 있다.

[표 5-2] 수종별 유인할 수 있는 새(한국종합조경공사. 1990)

식이수목 \ 새 이름			가마귀	개똥지바퀴	곤줄박이	동박새	멋쟁이새	멧새	물까치	물오리	박새	어치	여새	원앙새	제비딱새	직박구리	찌르레기	참새
수종명	숙기(월)	암수																
가막살나무	10~11	한몸		•	•				•						•	•		
개다래나무	10	딴몸		•					•		•							
개머루나무	10~11	한몸		•		•			•	•	•		•			•	•	
검양옻나무	10~11	딴몸	•	•		•					•			•		•		
광나무	10~11	한몸	•	•					•			•	•			•		
꽃산딸나무	10	한몸		•					•							•		
남천	10~12	한몸		•					•							•	•	
노박덩굴	10	딴몸		•	•	•			•				•		•	•		
녹나무	11~12	한몸	•	•		•			•				•			•	•	
늦동백나무	10	한몸				•										•		
다래나무	10	딴몸	•	•					•		•					•	•	
때죽나무	10	한몸	•	•								•				•		
마가목	9~10	한몸		•									•			•		
매실나무	6	한몸				•	•									•		
먼나무	11~2	딴몸	•	•								•	•			•		
멀구슬나무	9~10	한몸	•						•							•	•	
백량금	11~2	한몸		•														
붉가시나무	10	한몸								•						•		
붉나무	10	딴몸	•	•	•	•			•		•	•			•	•	•	
사스레피나무	10~11	한몸		•		•		•	•	•		•			•	•		

식이수목 \ 새 이름			가마귀	개똥지바퀴	곤줄박이	동박새	멧쟁이새	멧새	물까치	물오리	박새	어치	여새	원앙새	제비딱새	직박구리	찌르레기	참새
수종명	숙기(월)	암수																
사철나무	10~11	한몸		•								•			•	•		
산초나무	10	딴몸		•		•			•						•			
삼나무	11	한몸			•	•			•		•				•	•		
소나무	익년10	한몸		•	•			•	•		•					•		•
식나무	12	딴몸	•	•												•		
아왜나무	9~10	한몸														•	•	
왕벚나무	6~7	한몸	•		•	•	•		•		•	•				•	•	
으름덩굴	10	한몸	•			•						•				•		
자금우	10~2	한몸	•	•							•	•						
작살나무	10~11	한몸		•	•	•	•		•									
좀피나무	10	딴몸	•		•	•			•		•				•	•		
주목	9~10	딴몸		•		•						•	•			•		
쥐똥나무	10	한몸		•		•			•		•					•		
참나무	10~11	한몸	•						•	•		•		•				
참회나무	10	한몸		•												•		
팽나무	10	한몸	•	•		•			•			•	•			•	•	
편백	10~11	한몸			•													
푸조나무	10	한몸	•	•	•				•			•	•			•	•	
피라칸사스	10~11	한몸		•								•			•	•	•	
화살나무	9~10	한몸	•	•		•							•		•	•		
회양목	7~8	한몸	•	•												•		
후피향나무	10	한몸		•							•				•	•		

[표 5-2]는 새들이 좋아하는 수종별 열매들의 숙기(熟期, 익는 시기)를 나타낸 것이다.[86] 표를 이용하여 산림이나 도시 환경에 새를 유인하고자 할 때 표에 제시된 적합한 나무를 보식하면 좋은 효과를 얻을 수 있을 것이다.

86) 한국종합조경공사, 『조경용소재도감』. 명보문화사. 1977. pp.332~333.

한편, 日本綠化센터가 조사한 바에 의하면 임상별로 새들이 서식하는 정도가 다르게 나타나고 있음을 알 수 있다. 침활혼효 복층림의 조류유인지수를 100이라고 한다면, 장령침엽수 이층림(二層林) 81, 천연활엽수 밀생림 60, 장령침엽수 인공림 40, 유령침엽수 조림지 29로 조사되었다.[87] 임상 구조로 보면 침활혼효림의 복층림이 먹이도 풍부하여 새들이 많이 서식할 수 있다는 것을 가리킨다.

나) 나무들이 내는 소리

선인들은 소나무 숲에서 들을 수 있는 소리를 섬세하게 구분하여 음미하였는데 송뢰, 송운, 송도, 슬성이 그것이다. 송뢰(松籟)란 좀 약한 표현으로써 약한 바람이 불 때 솔잎 솔가지를 스쳐지나는 '쉬이익 쉬이익', 혹은 '휘익휘익' 소리가 마치 가늘게 구멍 뚫린 퉁소(피리)에서 나는 소리(籟)같다 하여 그렇게 부르는 것이다. 송운(松韻)의 특성은 운(韻) 자에 있는데 이는 바람이 둥글둥글하게 부드럽게 소리를 내는 양태를 가리키는 것으로써 솔잎을 스쳐지나는 잔잔한 바람소리를 일컫고 있다. 송도(松濤)는 바람이 조금 강하게 불면 솔잎을 스치는 '쏴아 쏴아' 소리가 마치 큰 파도(濤)가 칠 때 나는 소리와 같아서 그렇게 부르는 것이다.

솔바람을 의성어로도 표현한 것이 있는데 슬성(瑟聲)[88]이라는 단어이다. '솔솔부는 솔바람'을 슬성이라고 한 것이다.

(마) 촉각 자극 요소

나뭇잎이나 줄기, 가지, 수관, 수형이 지닌 질감과 여러 가지 숲에서 느껴지는 질감이 있다. 세장(細長)한 가늘고 긴 나뭇가지와 작은 잎이 달린 나무는 고운 질감을, 굵은 가지와 커다란 잎이 달린 나무로부터는 거친 질감을 느낀다.

- 고운 질감의 나무: 가는 가지와 잔잔한 복엽으로 섬세한 구조를 가진 나무들, 잔잔한 열매를 달고 있는 나무들

---

87) 日本綠化センター, 『野鳥の森モデル綠化計劃』. 1979. pp.90. 林文鎭, 『森林美學』. pp.136~137.에서 재인용.

88)
一雙幽色出凡塵	한 쌍 그윽한 빛은 속세를 벗어났고
數粒秋烟二尺鱗	몇 가닥 솔잎은 조그만 줄기에 달려있네
從此靜窓聞細韻	이것에서 고요한 창에 가느다란 소리들리니
瑟聲長伴讀書人	솔바람 읽는 사람과 길이 함께 하네

4행의 슬성이라는 단어가 의성어로써 솔잎을 스치는 바람소리를 그렇게 묘사한 예이다.

李群玉, 〈書院二小松〉

- 거친 질감의 나무: 굵은 가지와 빳빳하고 잎가장자리가 거친 잎, 가시가 달린 나무들, 거칠고 큰 열매를 달고 있는 나무들
- 고운 질감의 임상: 대체로 동령림, 특히 유령임분, 일제림 등에서 얻을 수 있는 질감
- 거친 질감의 임상: 높은 상층임관과 불규칙한 중층, 하층 임관으로 구성된 산림에서 얻을 수 있는 질감.

제2절 특성

1. 산림미의 외형적 특성

산림미의 외형적 특성이란 산림이 지닌 물리적이고 형식적인 특성을 말한다. 순수 임업적 측면에서 본 산림의 구조는 임지와 임목 두 요소로 구성되어 있다. 앞서 소개한 것처럼 산림은 일반적으로 물리적 요소와 감각적 요소로 구분하여 파악할 수 있다. 물리적 요소란 자연적, 물리적 인자들로써 지형, 물, 생태계 구성요소(동식물), 대기환경, 수목과 숲의 구성인자 등이며 이것들은 산림미의 외형적(물리적/형식적) 특성을 결정한다. 감각적 요소는 각종 산림환경 인자 혹은 총체적 산림환경이 인간의 오감(五感)에 접촉되므로써 인간으로 하여금 정신적 느낌과 정서적 표현을 발현시키게 하는 산림환경 요소이며 산림미의 내면적이고 내용적인 특성을 결정한다. 먼저 산림미의 외형적 특성을 알아본다.

(1) 일반적인 특성

산림미의 외형을 구성하는 재료(요소)는 지형, 암석, 물, 식물, 동물 등 직접적인 사물이 있고, 절기, 기후 조건 등 간적접인 영향이 있으며, 시간적 구성요소가 관여하는 역사와 문화도 미감의 중요 인자가 된다. 이러한 자원의 재료가 구성하는 산림은 복잡한 성질과 시간상, 공간상으로 항상 변화하는 아름다움을 지녔다. 사실,

산림의 기후, 입지, 자연 갱신 혹은 조림과정과 숲의 형태를 구성하는 것은 끊임없이 변화하여, 각기 긴 세월을 지녔을 뿐 아니라, 서로 섞여서 복합 경관을 이룬다.

[표 5-3] 산림의 종류와 그 미감의 특색

	제 1 종류	제 2 종류
미감 특색	직선적, 냉정, 정제됨, 장엄함, 서양식 건축, 고전적임	곡선적, 온화함, 정제되지 않음, 감성적, 일본식 건축, 낭만적
조림 과정	인공림	천연림
구성림 형태	단순림	혼합림
나무의 나이	어린 나무, 장년층, 동년배 나무	노령의 나무, 나이가 다름
작업법	喬(木)林(高林), 皆伐林型, 임상 변경형	矮林, 擇伐林型, 임상개량형
입목도	빽빽함	드문 드문한 수풀
중하층 지피식생	적다	많다
계 절	여름, 겨울	봄, 가을
기 후	맑음, 눈	흐림, 비

출처: 只木良也. 녹지환경론. 1981. 林文鎭. 앞의 책. p.50.에서 재인용

전개된 산림미는 크게 두 종류로 나눌 수 있다. 하나는 직선적인데 냉정함을 지녔고, 균일한 것이며, 물리적 아름다움으로 예를 들면 인공림 형태의 경치이다. 다른 한 종류는 곡선적으로 온화함을 지니며, 균일하지 않고, 감성에 속하는 아름다움으로 천연림 형태의 풍경으로 [표 5-3]과 같다.

보통 일반 사람을 가장 잘 끌어들여 중요시되는 숲의 형태는 바로 노령림의 천연림 형태이다. 실질적으로 경관이 사람에게 주는 느낌은 사람에 따라 틀리다. 천연림은 원시적이고 불변하는 감각을 지녀서, 숲을 거니는 사람은 의심할 바 없이 가장 아름답고 가장 감정적인 산림으로 느끼게 된다. 그러나, 정제되고 높고 큰 인공림의 숲은 풍경을 감상하는데 있어서 정감(靜感)을 제공한다. 눈으로 볼 수 있는 각종 산림은 모두 풍경으로써의 감흥을 주기 때문에 미적 가치가 있다.

산림미의 기본조건은 바로 자연성을 중시하는 균형과 조화에 있는 것이다. 만일 산림미의 조화에 극단적인 변화가 발생하거나, 혹은 산림이 완전 파괴 상태에 방치되면 예상할 수 없는 결과를 초래한다. 이것은 미적 범주에서 '추'에 해당하는 것이며 바라는 바가 아니다.

아름다움을 주는 경관은 형, 선, 색채, 구조, 비례와 운율이 있는 움직임, 음조를

지니고 있어서 사람들에게 기쁨을 주고 만족감을 선사한다. 각 산림은 모두 그의 특질과 구도, 규모와 색조변화를 지녔다. 산림을 가꾸는 사람은 이러한 산림경관의 독특한 개성을 이해해야 비로소 미학상 더욱 가치 있고, 감상하기 좋은 경관을 계획해 낼 수 있다.

숲을 구성하는 개체로써 나무는 개엽→개화→신록→녹음→단풍→낙엽→설경 등으로 사계절로 변화하여 산림미를 가장 역동적으로 변화시키는 구성인자이다. 따라서 개별 나무들의 특성을 잘 파악하면 전체 산림경관의 미를 연출하는데 크게 이바지할 수 있게 된다.

(2) 경관 구조상 식물의 역할

식물은 침식, 미기후 조절이라는 그들 본연의 기능적 유용성 이외에도 수많은 미학적 쓰임새를 가지고 있다. 경관에 있어서 식물이 하는 역할을 다음과 같이 정리할 수 있다.[89]

- 모서리 장식(edge)
- 질감(texture)
- 차폐(screen)
- 연결(linkage)
- 공간구획(articulation)
- 캐릭터 부여(character-giver)
- 조정자(softner)
- 통일자(unifier)
- 상징(sysmbol)
- 장식(ornaments)

(3) 진경산수화에 표현된 수목의 특성

조선시대 산수화는 산림경관을 대상으로 미를 표현한 것이다. 대부분의 산수화

---

89) Dorward, Sherry, 『Design for Mountain Communities』. Van Nostrand Reinhold. 1990. pp.163~165.

에는 우리나라의 대표적인 수목들이 많이 나타나는데 특히 소나무가 빈번하게 등장하고 있다.

김철영은 우리나라 진경산수화에 나타나는 소나무(숲)의 특성을 분석하였다.[90] 소나무 숲의 경관적 특성을 알아보기 위해 진경산수화 179점에 나타난 소나무 숲 1452개소를 18개의 특성으로 나누어 분석하였다. 분석을 위한 데이터베이스의 구성은 크게 6개의 필드(기초정보, 시거리, 수직분포, 지형, 대지조건, 기타)로 나누고 각 필드를 3개의 세부필드로 다시 나누어 총 18개(작가, 작품명, 고유번호, 근경, 중경, 원경, 산꼭대기, 산허리, 산기슭, 능선, 계곡, 사면, 암반, 지반, 수변, 건축물, 사람, 군집형태)의 필드로 구성하였다.

진경산수화에 표현된 소나무 숲은 시거리 상 중경에 많이 분포하고 있고 지형적으로는 능선에 가장 많은 분포를 보이고 있다. 대지조건의 경우 암반에 분포하는 소나무는 주로 능선과 연관되어 나타나고, 지반에 위치하는 소나무 숲은 산허리이면서 능선인 지역에 분포하는 경향을 보이고 있다.

진경산수화에 묘사된 소나무 숲의 특성을 종합적으로 분석한 결과 가장 출현 빈도가 높은 소나무 숲은 산허리이면서 능선에 분포하고, 대지조건은 지반에 위치한 소나무 숲(291개소, 20%)이다.

[표 5-4] 소나무 숲 위치별 개소수-1452개 소나무 숲을 대상으로

순위	위 치	개소수	백분율(%)
1	산허리/능선/지반	291	20.0
2	산기슭/사면/지반	213	14.7
3	산꼭대기/능선/암반	184	12.7
4	산꼭대기/능선/지반	181	12.5
5	산허리/능선/암반	158	10.9
6	산기슭/계곡/암반	104	7.2
7	산기슭/사면/지반/수변	89	6.1
8	산기슭/능선/지반	86	5.9
9	산허리/사면/지반	78	5.4
10	산기슭/계곡/암반/수변	70	4.8

90) 김철영, 「산림경관구성을 위한 조선후기 진경산수화에 묘사된 소나무 숲의 특성 분석」. 2006. 국민대학교 박사학위 논문.

한편, 진경산수화에 나온 소나무 숲의 입지적 특성을 종합해 보면 소나무 숲을 크게 '자연형 소나무 숲'과 '간섭 · 교란형 소나무 숲'으로 분류할 수 있다. '자연형 소나무 숲'은 산악지이며 인간의 간섭이 비교적 적게 일어난 지역으로써 현존 소나무 숲과 유사한 분포를 보이고 있다. 위치는 능선, 모반 노출지, 암벽, 그리고 계곡수가 흐르는 바위지역 등이다. '간섭 · 교란형 소나무 숲'은 인간의 간섭이 적극적으로 일어난 지역이나 자연적인 교란에 의해 만들어진 소나무 숲이다. 위치는 산기슭 건축물 주변이나 인간의 활동이 높은 지역, 그리고 자연적인 교란에 의해 만들어진 하안이나 해안지역을 말한다[그림 5-13].

[그림 5-13] 소나무 숲의 특징별 분포유형(그림제공 김철영 박사)

현재의 산림경관을 조선시대 후기의 미적기준이 포함된 실증적 산림경관을 연출할 경우에는 위와 같은 소나무 숲의 특징을 이용할 수 있을 것이다. 그 모습이 산수화 속에서 가장 아름답게 묘사된 것이며, 그러한 모습을 사람들이 감상하기를 좋아할 것이기 때문이다.

(4) 산림미의 특성

다양한 측면에서 고려한 산림(개체목 포함)의 종류별 특성을 다음 표 5-5에 나타내었다. 아직 전체 항목이 완벽하게 완성된 것은 아니지만 특성을 파악하는데 도움이 될 것이다. [표 5-6]는 개체목을 배식방법에 따라 식재했을 때 얻을 수 있는 특성을 정리한 것이다.

[표 5-5] 산림미의 특성 분류표

山林 區分		構成	形態	線	色	質感	특성(표현, 느낌)	사례
混淆	單純林	1종/우점종			동일		統一, 정제(整齊)	
	混淆林	2종이상			다양		부조화, 다양	
樹齡	同齡林						통일	
	異齡林						다양, 계급	
	幼齡林						유순함, 보호	
	壯齡林						든든함, 성숙/완숙미	
	老齡林						포근함, 고고함	
針闊	針葉樹林					거침->고움	엄숙, 장엄, 정제, 어두움	
	闊葉樹林					고움->거침	경쾌, 화려, 복잡, 밝음	
自然性	人工林						부자연스러움,통일, 대칭	
	天然林						자연스러움	
	2次林						조화	
造成	喬林(高林)						통일, 飛翔(비상), 昇天	
	矮林(低林)						차분, 평온	
	中林(型)						조화	
常綠·落葉	常綠針葉樹林							
	常綠闊葉樹林							
	落葉針葉樹林							
	落葉闊葉樹林							
特殊林	魚付林						지혜	물건리(남해)
	城隍林						신성	신림
	秘苑숲						호기심, 비밀	비원
單木林	竹林						통일, 기개, 지조	姜希顔
	소나무(松林)						은근끈기, 철학적	
	잣나무						주관	
	히말라야시다						포용	
	전나무						숭고함, 신앙적	
	참나무류						신성,믿음직,동화적	피노키오
	은행나무						역사,세월,거대함	
	자작나무						청순, 순결함	
	튜립나무						단정함	
	자귀나무						사랑(合歡樹)	
	감나무						풍요	
單木林	수수꽃다리						여성스러움, 향기	
	진달래						봄, 계절, 문화적	
	자귀나무						사랑, 이별	
	계수나무						우주	달
	박달나무						역사, 민족	신단수
	獨立樹 (人工)						정형적/조형적	기념수 식재
	獨立樹 (자연)						고독, 단아, 전원적	田園

山林 區分			構成	形態	線	色	質感	특성(표현, 느낌)	사례
植栽樣式	單木	枯死木						무상함	
		群鷄一鶴						기백,힘,독특,기세	
	群植	조경식재						조형적/인공적	
		面狀						세력, 평면적	
	列植	同樹列植						통일, 흐름	
		交互列植						반복성	
		田畓列植						전원적	
季節	봄					개성	고움	적요,생명,詩的	
	여름					통일	거침	고동,볼륨(중량감),별곡	
	가을					다양,퇴색	거침	화려,풍성함,서사시적	
	겨울					줄기색	(가지)	삭막,기다림,꿋꿋함,소설	
경영	수관급	우세목							
		준우세목							
		중용목							
		피압목							
		고사목							
		미래목							
		방해목							
		보호목							
		하층식생							
	作業種	皆伐林型						시각장애,단절	
		擇伐林型						자연스러움	
		傘伐林型						자연스러움	
		母樹作業							
		矮林作業							
		中林作業							
	作業種	하층간벌							
		상층간벌							
		열식간벌							
		도태간벌							
樹高	喬木			직선적			승천, 비상, 장엄, 위대함		
	灌木			원형			안정,풍만함		
	草本			평면적			평온		
樹型	直幹型						의지,솔직함	유인물	
	曲幹型						순응,		
	單幹型						고독함		
	雙幹型						다정함		
	多幹型						투쟁적,다산(多產)		

[표 5-6] 주요 수종의 不同 配植에 따른 감정 이미지

수목종류	●: 매우 그렇다 / •: 약간 그렇다	조용하다	가쁜하다	떠들썩하다	격동감	견고하다	무겁다	강하다	부드럽다	고상하다	아름답다	좋다	굉장하다	쾌적하다	화려하다	밝다	시원하다	친근	현대적	도회지적	서양적
	◦: 약간 그렇다 / ○: 매우 그렇다	시끄럽다	중후하다	침묵하다	평온감	세밀하다	가볍다	약하다	딱딱하다	속되다	불결하다	안좋다	못하다	불편하다	눈부시지 않다	어둡다	막히다	비친근	고전적	향토적	동양적
소나무	A 일반	●	○	◦	◦	●	●	●	○	●	●	●	●	●	◦				○	◦	○
	B 단독	●		○	◦			●		●	•	●	●	•				•	○		○
	C 疎	●								•	•	●		•							○
	D 密	•	○	◦		●	●	●	○		•	•	•	•	◦	○	○		◦	◦	○
	E 열식	●	•		◦					●	●	●	●	●		•		•			◦
삼나무	A 일반	●	◦	○	◦	●	●	●	◦	•	•	●	●	•	◦	◦	◦	•	◦	○	○
	B 단독	●		○	◦															◦	◦
	C 소	•																	◦	◦	◦
	D 밀	●	○	○		●	●	●		•	•	●	●	•	◦	○	◦		◦	○	○
	E 열식	●	•		◦					•	•	●	●	●				•		◦	◦
녹나무	A 일반		○			●	•	●		•		•	•	•				•			
	B 단독	•			◦	●	•	•		•	•	•	•	•							
	C 소					•	•	•				•	•								
	D 밀		○	•		•	●	●				•	•			◦	◦				
	E 열식					•		•			•	•	•	•							
느티나무	A 일반	●	●							•	•	●	●	●		•	•	●			
	B 단독	●	●	◦	◦		◦		•	●	●	●	●	●		●	●	●	●	●	•
	C 소	•	•		◦				•	•	●	●	•	●	•	•	•	●	•	•	
	D 밀	•		•							•	●	•	•				•	•		
	E 열식	•	●		◦		◦		•	●	●	●	●	●	•	●	●	●	●	●	●
은백양	A 일반		●		◦		◦		•	•	•	●	•	●	•	●	●	●	●	•	●
	B 단독	•	●				○	◦	•	●	•	•		•		●	•	●	●	●	●
	C 소		●				◦		•	•	•	•			•	•	•	•	•		●
	D 밀			●																	•
	E 열식	●	●	•			◦		•	●	●	●	●	●	●	●	●	●	●	●	●
벚나무	A 일반		•	•	◦				•	●	●	●	●	●	●	●	●	●			○
	B 단독	•			◦				•	•	•	•	•	•	•	●	●	●			◦
	C 소				◦						•	•	•	•	•	•	•	●			◦
	D 밀	○		●		•	•		•		●	•	●	●	●	•	•	•		◦	◦
	E 열식		•	•	◦					●	●	●		●	●	●	●	●	●	•	
단풍나무	A 일반	●	●		◦		◦	◦		●	●	●		●		●		●	◦		○
	B 단독	●	•		○	○	○	○	●	●	●	●		●		●		●			◦
	C 소	•	•		○	◦	◦	◦	•	●	●	●	•	●	•	•	•	●			◦
	D 밀			•					•	•	●	●									◦
	E 열식	•	●	•	◦		◦	◦		●	●	•		●		•	•	●			

출처: 林文鎭, 앞의 책.

주:A 일반 : 이러한 나무가 사람에게 주는 일반적인 이미지.
B 단독 : 단일 그루 식재할 때 이미지.
C 疎(드문 무리) : 무리군이 드문 배식할 때의 이미지.
D 密(빽빽한 무리) : 무리군이 빽빽하게 배식(산림이 된다)되었을 때의 이미지.
E 列 : 열식 식재 때의 이미지.

2. 산림미의 내용적 특성

산림이 지닌 내용적 특성이란 산림이 주는 감각적이고 정서적인 특성을 말한다.

산림환경은 물리환경(자연적)이면서도 같은 녹색의 물리환경인 도시공원이나 조경된 유원지 등의 경관에서 얻는 이미지와는 다르게 지각되고 기억된다. 그 이유는 산림에는 산림이 가지고 있는 신비스런 매력의 소스와 힘이 있기 때문이다.

산림에서의 관찰(watch & see), 활동(activity), 체험(experience), 휴식(relax), 창조(create), 교류(communicate)는 인간의 정서를 새로운 세계로 이끌어간다. 여러 가지의 활동 중에 산림의 여러가지 구성요소들은 인간의 오감(五感)에 걸러져서 갖가지 감흥을 일으키게 된다. 아름다운 꽃, 신록, 단풍, 설경으로부터는 시각적 즐거움을, 각종 산열매와 산채로부터는 짜릿한 미각적 자극을, 꽃향기와 숲 속의 나무와 풀잎의 싱그러운 향내음으로부터는 후각적 도취를, 물소리, 새소리, 쇄락한 바람소리 등으로부터는 청각적 신선함을, 그리고 계곡의 맑은 물로부터는 알싸한 촉각적 흥분을 얻는다. 이러한 미적 감정들은 시와 소설과 노래와 새로운 예술로 구현되어간다.

앞서 본 바와 같이 한 그루의 나무는 눈, 잎, 꽃, 열매, 가지, 줄기 등 '살아있는' 미적인 요소들이 다양한 형태, 선, 색깔, 질감 속에서 조합되어 표현된 '예술적 생명체'이다. 이 예술적 생명체들이 모아져서 이뤄진 것이 숲이다.

숲이 아름답다라고 했을 때 그를 뒷받침해주는 아홉가지 특성으로 다음과 같이 제안하기도 한다.[91)]

숲의 아름다움은 생명성(生命性)에 있다.

나뭇잎이 떨어진 늦가을부터 숲은 동면의 세계로 들어간다. 북풍으로 살을 에는 혹한에도 숲은 죽은 듯이 고요하지만 살아 숨쉬고 있다. 이윽고 봄이 되면, 지난 가을에 떨어진 씨앗도, 가녀린 일년생 어린 나무도, 100살이 넘은 고목도, 해발 3000m 이상에서 5000년 이상을 살아가는 브리슬콘 소나무의 가지에서도 어김없이 새 생명의 눈을 뜬다. 가장 혹독한 추위를 당했을 천년이 넘은 은행나무의 제일 높은 가지 끝에 달린 정수리 눈도, 미국 서부 태평양 연안에 있는 세상에서 가장 키

91) 김기원, 「숲의 아름다움과 음악예술성」,『숲과 음악』. 숲과문화 연구회. 1997. pp.1~6.

가 큰 112m 높이의 세쿼이아 정수리 눈도 죽지 않고 당당히 생명의 잎을 내보인다. 엄동설한을 이겨내고 터져 나오는 잎과 꽃의 얼개를 가만히 들여다보고 있으면 가슴은 금방 신기함과 아름다운 감동으로 고동친다.

숲의 아름다움은 정연성(整然性)에 있다.

숲은 크고 작은 몸통과 키를 가지고 있는 나무들로 구성되어 있지만, 스스로의 규칙을 지키며 수억년동안 내려온 자연의 질서 속에 그렇게 서 있다. 나무의 가지가 뻗어 나온 각도와 길이와 모양을 보라. 위엣 것이 아랫것보다 길지 않고, 나중 나온 것이 먼저 나온 것보다 크지 않으며, 줄기에 붙어있는 가지도 얽히지 않고 가지런히 분지(分枝)해 있다. 그런 나무들로 숲은 이뤄져 있다. 봄으로 물들기 시작하기 직전, 봄비와 안개에 젖은 채 장승처럼 하늘을 향해 서있는 아까시나무, 잎갈나무 숲을 보라. 그 숲은 도시의 길가에 있거나 한적한 시골의 동산에 있거나 늘 정연하게 서 있다.

숲의 아름다움은 순결성(純潔性)에 있다.

나무는 자연의 질서와 생태계의 원리에 따라 고정된 채 움직이는 생명체이다. 숲은 자연의 힘과 자연의 법칙에 따라서만 살아가는 녹색의 생명체들이 모여있는 곳이다. 자연스럽지 않으면 숲의 모습은 흐트러지고, 사람의 힘이 가해지면 인간의 질서 속에서 부자연스러운 모습을 보여준다. 숲이 본연의 자기 모습을 간직하고 있을 때 가장 아름다운 숲의 모습을 감상할 수 있다.

숲의 아름다움은 유연성(柔軟性)에 있다.

모든 생명체가 그렇듯이 풀이나 나무도 싹을 틔우는 봄에 가장 힘이 약하다. 잎도 가지도 봄에는 부드럽다가 여름, 가을로 접어들면서 단단해져 간다. 그러나 나무를 자세히 들여다보면 잎에는 털이 보송보송 나 있고 가는 바람에도 살랑이며, 가느다란 가지는 부드럽고 약하기 이를 데 없다. 숲은 그런 나무들로 이뤄진 것이다. 멀리서 보는 숲은 마치 일렁이는 물결과 같이 유연하다.

[그림 5-14] 우리나라의 가장 아름다운 숲
-광릉 숲의 봄 풍경.

숲의 아름다움은 연출성(演出性)에 있다.

일 년 네 계절동안 나무는 자기 생명을 바쳐 온 몸으로 다양한 각색을 통하여 자신을 연출한다. 때로는 벌거벗은 몸으로, 때로는 연둣빛 적삼으로, 신록과 색동옷으로, 그리고 때로는 하얀 소복차림으로 숲에 등장하곤 한다. 이 세상 그 어느 예술품이 이처럼 사시사철 각기 다른 모습과 아름다움으로 사람의 시선을 끄는 것이 있는가? 뿐만 아니라 숲 바닥에 깔린 온갖 기화요초들을 좀 보라. 오로지 숲에서만 풀과 나무의 시시각각 변하는 형형색색의 아름다운 모습을 볼 수 있다.

숲의 아름다움은 다양성(多樣性)에 있다.

숲이야말로 가장 완벽한 생태계라고 한다. 숲은 녹색 생명체의 산실이고 보물창고이다. 아무리 작은 숲이라도 수백 수천 가지의 동식물이 살아가고 있다. 한 두 가지의 생명체로는 숲이 숲답게 생명을 이어갈 수 없다. 나무가 뿌리를 뻗고 살아가는 땅 속에는 온갖 미생물과 소동물이 득실거리고, 지상에는 한해살이 여러해살이 풀 등 초본 식물과 목본 식물들, 그리고 길짐승과 날짐승들이 한데 어우러져 살아가는 곳이 숲이다.

숲의 아름다움은 영속성(永續性)에 있다.

바다의 생명체가 육지로 상륙하고 이윽고 거대한 숲이 탄생하였다. 수억 년, 수천만 년, 수백만 년의 세월이 흐르는 동안 숲은 자신의 본래의 모습을 많이 잃기는 하였지만 여전히 우리의 곁에 있다. 장구한 영겁의 세월 속에서 찰나에 불과한 인간의 역사를 비웃으며 끈질긴 생명의 영속성을 보이고 있는 것이 숲이다.

숲의 아름다움은 감각성(感覺性)에 있다.

아름다운 열매, 아름다운 향기, 아름다운 (새)소리, 아름다운 풍경, 신선한 바람과 물로 우리의 오감을 한꺼번에 만족시킬 수 있는 곳은 숲 이외에는 어느 곳도 없다. 뿐만 아니라 오감의 만족으로 정신적인 아름다운 감정을 불러일으킬 수 있으니, 예술미보다도 더욱 미적인 감흥을 맛볼 수 있는 곳이 숲이다.

숲의 아름다움은 신성(神性)에 있다.

높고 절묘한 바위산 설산보다도, 깊고 넓은 바다보다도, 그리고 높고 푸른 하늘보다도 숲은 더 아름답다. 이렇게 아름답게 창조할 수 있는 것은 누구일까요. 미술관에 전시된 모나리자도 아니고, 박물관에 전시된 이조백자도 아닐 것이다. 그것은 바로 숲과 자연의 창조자일 것이다. 고요하고 적요(寂寥)의 분위기에 접어들면 신령스러움을 느낀다. 울창한 숲에 들어서면 신비스러움이 우리의 마음을 지배하는 듯합니다. 그런 성스러운 분위기 때문에 숲은 더욱 아름답다.

한 그루 한 그루의 나무는 예술품이며, 숲은 그들이 살아 숨쉬는 생명체로 정갈하게 진열되어 있는 살아있는 미술관이요 박물관이다.

제3절 선호하는 산림미

1. 선호하는 나무

(1) 나무의 품등구분과 지위[92)]

한국인들이 가장 선호하는 꽃은 장미와 목련이다. 역사적으로 보면 모란은 신라 때, 매화는 고구려 때, 국화는 백제 때 길렀다는 기록이 '삼국사기'에 나타나고 있다. 어떤 특정한 꽃을 길렀다는 것은 그 만큼 그 꽃을 선호했다는 증거라고도 할 수 있겠다. 조선조까지만 해도 가장 사랑받았던 꽃은 매화, 모란, 국화였다.

꽃의 등급을 자세하게 소개한 역사서는 조선시대 발간된『양화소록(養花小錄)』과『화암수록(花菴隨錄)』이라는 책이다. 이 두 권의 책은 조선시대 2대 원예서적이라 부를 정도로 문헌적 가치가 뛰어나다. 두 권 모두 조선시대 양반들의 원예취향과 원예 문화를 이해하는데 대단히 중요한 자료이다.

•강희안의 화목구품(花木九品)

강희안(姜希顔, 1417~1464)이 쓴『양화소록』의 부록에 꽃나무를 9가지 품등으로 구분한 화목구품(花木九品)을 소개하고 있는데 그 내용은 다음 표와 같다. 각 등급마다 어떤 기준으로 품계를 매겼는지 내용이 기록되어 있지 않다.

•유박의 화암수록(花菴隨錄)에 나타난 화목구등품제

『화암수록』의 저자 유박(柳璞, 1730~1787)[93)]은 식물을 아름다움보다 그 상징적 의미에 따라 9등급으로 나누었다. 각 등급마다 5가지씩 총 45종과 등외로 12종을 더하여 총 57종의 식물을 소개하였다. 이를 유박의 화목구등품제(花木九等品第)라고 한다. 등급 구분에 있어서 기준이 된 상징적인 단어들은 높고 뛰어난 운치, 부귀, 절개, 번화 등이다. 식물의 각 등급별 지위를 살펴보면 [표 5-8]과 같다.

두 사람이 구분한 식물의 지위를 살펴보면 특히 1, 2 품등에 속해있는 식물들이

---

92) 신만용 · 김기원,『식물과 생활환경』. 국민대학교 출판부. 2006. pp.66~79.
93) 정민, 2003.『花菴九曲의 작가 柳璞과 花菴隨錄』. 韓國詩歌硏究 제14집.

소나무, 대나무, 매화, 국화, 연꽃, 모란 등으로써 대체적으로 일치한다. 현대인들이 가장 선호하는 장미는 5위에 올라있다. 두 사람은 약 300년의 시차를 두고 산 사람인데 식물 지위가 거의 비슷하게 나타나는 것은 흥미롭다.

[표 5-7] 강희안의 화목구품(花木九品)

구분	해당 식물
1품	소나무, 대나무, 연꽃, 국화
2품	모란
3품	사계화, 월계화, 왜철쭉, 영산홍, 진송(眞松), 석류나무, 벽오동
4품	작약, 서향화, 노송, 단풍나무, 수양버드나무, 동백나무,
5품	치자나무, 해당화, 장미, 홍도, 벽도, 삼색도, 하얀 진달래(백두견), 파초, 전춘라(翦春羅), 금잔화
6품	백일홍, 홍철쭉, 분홍진달래(홍두견), 두충나무
7품	이화(배나무꽃), 행화(살구나무꽃), 보장화, 정향나무, 목련
8품	촉규화(蜀葵화), 산단화(山丹花), 옥매, 출장화(出墻花), 백유화(白萸花)
9품	옥잠화, 불등화, 연등화, 연교화, 초국화, 석죽화, 앵속각, 봉선화, 계관화, 무궁화

출처: 이병훈 역, 『養花小錄』. 원저 姜希顔. 을유문화사. 1973. pp.141-152

[표 5-8] 유박의 화목구등품제(花木九等品第)

9등급	기준	해당 식물
1등	높고 뛰어난 운치	매화, 국화, 연꽃, 대나무, 소나무
2등	부귀	모란, 작약, 왜홍(일본철쭉, 영산홍), 해류(海榴, 花石榴, 百葉榴), 파초
3등	운치	치자, 동백, 사계(월계), 종려, 만년송(노송)
4등	운치	화리(華梨), 소철, 서향화, 포도나무, 귤나무
5등	번화	석류, 복숭아나무, 해당화, 장미, 수양버드나무
6등	번화	두견화, 살구나무, 백일홍, 감나무, 오동나무
7등	각각의 장점	배나무, 정향나무, 목련, 앵도나무, 단풍나무
8등	각각의 장점	무궁화, 석죽, 옥잠화, 봉선화, 두충나무
9등	각각의 장점	해바라기, 전추라, 금잔화, 창잠(석창포), 화양목
등외		능금나무, 단내, 산수유, 위성류, 백합, 상해당, 산단화, 철쭉, 백자, 측백나무, 비자나무, 은행나무

출처: 이병훈 역, 『養花小錄』. 원저 姜希顔. 을유문화사. 1973. pp.153~154.

식물의 품등 구분에 있어서 단지 외형의 아름다움만 보고 판단하여 취한다면 그 등급은 매우 달라질 것이다. 강희안과 유박은 하나하나의 식물 속에 숨겨있는 의미에 더 큰 비중을 둔 것으로 보인다. 그 중에서도 높고 뛰어난 운치(高標逸韻)가 있는 식물을 최고의 가치가 있는 것으로 뽑았다.

(2) 한국인이 선호하는 나무

한국갤럽이 지금까지 한국인이 선호하는 나무를 조사한 결과 소나무가 계속해서 1위를 차지하였다. 소나무는 선조들로부터 지금까지 우리 민족이 가장 좋아하는 나무임이 확인되고 있다. 그 이유는 무엇일까? 감성적 측면과 이성적 측면에서 우리 민족의 마음을 사로잡았기 때문이다.

첫째, 감성적 측면에서 판단해 보면, 늘 보아왔고 지금도 보고 있기 때문이다. 자주 봄으로써 정이 드는 것은 이성적 감각을 가지고 있는 인간이 지닌 특징이다. 이것은 운명적이다. 자주 보면 정이 든다. 상극이고, 겉보기에 전혀 어울리지 않는 형태의 남녀 사이도 자주 보면 정이 들고 사랑하게 되고 결혼에 이르게 된다. 하물며 나무 중에서도 사시사철 늘 푸른 색을 지닌 나무이고 늘 생활 환경 가까이 있는데 누구인들 좋아하지 않을 수 없을 것이다.

이렇게 소나무를 늘 볼 수 있었고, 지금도 볼 수 있는 것은 소나무가 운명적으로 우리 한반도에 많이 분포하고 있었기 때문이다. 소나무는 적어도 17,000년 전부터 한반도에 살아온 것으로 알려지고 있다.[94] 단군신화가 사실이라고 가정한다면, 5000년 전 단군시대의 사람들이 이 땅에 태어났을 때는 이미 울울창창한 소나무로 사방이 뒤덮혀 있었을 것이다. 원시종교에서 보듯, 하늘을 찌를 듯한 장대한 키와 몸집으로 그들 앞에 버티고 서 있는 소나무를 보고 그들은 놀라지 않을 수 없었을 것이고 외경의 마음을 가지지 않을 수 없었을 것이다. 소나무는 그때부터 지금까지 한민족의 몸과 마음에 물질적으로 정신적으로 필요한 대부분의 것들을 공급하여 왔다. 삶과 사상, 의식주, 즉 생사의식주(生思衣食住)를 지배해 왔으니 정이 들지 않을 수 없다.

둘째, 이성적 측면에서 판단해 보면, 운치와 기상이 있는 나무이기 때문이다. 불

94) 공우석에 의하면 우리나라에 분포하는 소나무는 백악기 때부터 분포하는 것으로 추측할 수 있게 한다. 백악기는 중생대 말기로써 1억4,400만년~6,640만년 전의 지질시대를 말한다. 공우석, 『한반도 식생사』. 아카넷. 2003. pp.29~30.

그스름하고 꿋꿋한 줄기와 늘 푸른 잎으로 인하여 나무로써 청렴성과 기상이 있으며 전체적으로 품위와 운치가 두드러진다. 강희안이나 유박의 화목품등 구분에서 본 바와 같이 우리 민족은 과거부터 식물을 선호함에 있어서 운치를 최고의 가치 기준으로 삼아 왔다. 그래서 소나무를 좋아하는 마음은 바로 소나무가 지닌 운치 때문인데 이것도 우리 민족에겐 역시 운명적인 면이 있다고 본다.[95]

2. 選好하는 山林美

다양한 특성(지형, 식생, 물, 감각적 정서적 요소 등)들로 구성된 산림의 모습(=林相)에 대해서 도시민들은 어떠한 반응을 보이고 있는지를 알면 조림수종의 선택이나 육림의 방향에 좋은 아니디어를 제공하여 준다. 도시민을 대상으로 9개 임상을 보여주면서 선호하는 산림을 선택하라고 한 결과 다음과 같은 경향이 있음을 발견하였다.

① 전망이 트이고 주변과 조화를 이룬 경관을 視界가 막히고 단조로운 경관보다 우선적으로 선택하여 풍경전체의 모습을 볼 수 있는 곳을 선호하는 것으로 나타났다.

② 齡級이 고루 섞인 침엽수림을 빛깔이 고운 활엽수림보다 좋아하여 침엽수림의 웅장함과 중량감을 선호하는 것으로 보인다.

③ 異齡林의 多層林을 침엽수림 중 同齡林 一齊林보다 더 좋아하여 이령림의 고저와 강약의 구조를 선호하는 경향이 있다.

④ 자연상태의 침엽수림을 활엽수림보다 선호하는 것으로 나타났는데, 이것으로 자연상태의 활엽수림은 복잡하고 분위기가 산만하여 기피하는 경향이 있음을 알 수 있다.

⑤ 공간이 어두운 산림경관을 가진 활엽수림을 밝은 산림경관을 가진 침엽수림보다 선호하여 약간 어둡고 녹음이 짙은 경관을 더 선호하는 경향이 있음을 알 수 있다.

⑥ 약간 인공이 가미된 산림을 완전 자연상태의 천연림보다 조금 더 선호하는

---

95) 신만용 · 김기원, 앞의 책.

것으로 보이는데 이것은 천연림은 접근이 어렵고 인공림은 접근이 용이하기 때문이 아닌가 생각된다.

⑦ 약간 자연상태의 高齡級 인공림(하층 식생있는 것)을 완전 인공상태의 고령급 인공림(하층 식생 있는 것)보다 더 좋아한다. 적당한 하층식생이 있는 임상을 더 좋아하는 것으로 보인다.

⑧ 적당히 차폐된 인공적인 산책로, 등산로를 완전 개방된 인공림 상태의 산책로, 등산로보다 선호하는데 이것은 아늑한 산책로에 대한 선호(나무로 울폐)로 볼 수 있다.

⑨ 계곡, 호수 등 물과 어우러진 산림 풍경을 산림으로만 구성된 풍경보다 월등하게 선호하는데 물과 숲이 어우러진 樹林을 선호한다는 의미이다.

위의 결과를 종합하여 볼 때 도시민이 가장 선호하는 林相은 人工을 약간 가미한 이령급 침엽수림의 잘 정리된 숲으로써 계곡, 호수 등의 수자원과 잘 조화된 산림이다.

<table>
<tr><th colspan="2">선호하는 산림경관의 미에 대한 설문항과 응답결과</th><th>비 고</th></tr>
<tr><td>1. 전망이 트이고 주변과 조화를 이룬 경관: 58.5%</td><td>視界가 막히고 단조로운 경관: 41.5%</td><td rowspan="2">풍경전체의 모습을 볼 수 있는 곳을 선호</td></tr>
<tr><td></td><td></td></tr>
<tr><td>2. 齡級이 고루 섞인 침엽수림: 75.0%</td><td>빛깔이 고운 활엽수림: 25.0%</td><td rowspan="2">침엽수림의 웅장함과 중량감 선호</td></tr>
<tr><td></td><td></td></tr>
</table>

[그림 5-15] 도시민이 선호하는 산림미(계속)

선호하는 산림경관의 미에 대한 설문항과 응답결과		비 고
3. 異齡林의 多層林: 66.0%	침엽수림 중 同齡林 一齊林: 34.0%	이령림의 고저와 강약 선호

4. 자연상태의 침엽수림: 67.1%	활엽수림: 32.9%	자연상태의 활엽수림은 복잡하고 분위기 산만

5.공간이 어두운 산림경관을 가진 활엽수림: 74.2%	밝은 산림경관을 가진 침엽수림: 25.8%	약간 어둡고 녹음이 짙은 경관 선호

6. 약간 인공이 가미된 산림: 53.2%	완전 자연상태의 천연림: 46.8%	천연림은 접근이 어렵고 인공림은 친근-접근용이

[그림 5-15] 도시민이 선호하는 산림미(계속)

선호하는 산림경관의 미에 대한 설문항과 응답결과		비 고
7. 약간 자연상태 高齡級 인공림(하층 식생있는 것): 70.1%	완전 인공상태 고령급 인공림(하층 식생 있는 것): 29.9%	
		적당한 하층식생이 있는 것을 선호
8. 적당히 차폐된 인공적인 산책로, 등산로: 56.8%	완전개방된 인공림상태의 산책로,등산로: 43.2%	
		아늑한 산책로 선호 (나무로 울폐)
9. 계곡, 호수 등 물과 어우러진 산림 풍경: 62.3%	산림으로만 구성된 풍경: 12.7%	
		물과 숲이 어우러진 樹林 選好

[그림 5-15] 도시민이 선호하는 산림미

제4절 산림 예술

1. 개요

나무와 산림은 그 자리에 서 있는 '立木' 자체의 모습으로도 자연미를 연출하여 아름다움을 선사한다. 숲을 통해서 인지된 수많은 정보들은 감각적, 정서적, 심리적 이미지로 승화된 아름다움에 문학적, 음악적, 회화적 상상력을 가미하여 시인은 시를, 작곡가는 음악을, 화가는 그림을 창작해 낸다. 또한, 잎, 가지, 통나무 등 갖가지 목질 및 가공(추출물 포함) 재료를 이용하여 악기, 가구, 목공예품, 생활용품 등 수많은 예술품들을 만들어 내고 있다. 이 모든 것들은 미적 대상으로 간주될 수 있다.

이처럼 나무나 숲은 문화예술의 모든 분야에 주제, 소재, 제재, 배경 등으로 쓰임새를 지니게 되며, 그러한 역할 속에서 창작된 예술작품의 미를 구현하는데 직간접적으로 기여를 하고 있다. 이렇게 나무와 숲이 활용되어 예술적 창작행위가 일어나는 분야를 산림예술이라 하고, 이러한 과정을 통해서 만들어진 아름다움을 산림의 예술미 또는 산림 예술미라고 부른다.

2. 산림 예술의 분류

산림의 예술미가 표현되는 분야를 분류하는 것은 일반 문화예술의 장르를 분류하는 것과 다를 바 없다.

- 전통적인 분류
  - 순수예술: 미술, 음악, 조각 등
  - 교양예술: 언어, 표현력, 추론 등의 표현기술과 관련됨
- 장르별 유형 분류
  - 문학: 시, 희곡, 소설 등
  - 시각예술: 회화, 데생, 조각, 압화(꽃누르미), 식물조직을 활용한 액자만들기 등
  - 그래픽아트: 회화, 데생, 디자인 등 평면적 표현 형태 등

- 장식미술: 에나멜 공예, 가구디자인, 모자이크 등
- 조형미술: 조각, 모델링 등
- 공연예술: 연극, 무용, 음악 등
- 음악: 작곡, 기악, 성악 등
- 건축: 실내장식, 목조건축 등
- 조경, 조원, 원예 등

3. 장식 및 조형미술 분야

이 분야는 목질 재료를 가장 활발하게 이용하는 산림 예술 분야이다. 대표적으로 공예와 조각이 해당된다. 특히 공예 분야는 최근 붐을 타고 있는 자연놀이와 관련하여 각종 나무 기관(잎, 가지, 열매 등)을 활용한 공방(工房)이 많이 생겨나고 있다.

목공예에서 가장 중요하게 다루는 목리, 문양, 갖을 소개한다.[96]

• 목리(木理/Grain)는 목질부(木材)를 구성하는 세포나 조직의 배열상태를 나타내는 말로써 아래와 같이 5가지로 구분한다;

- 통직목리(通直木理/straight G.): 구성세포가 材軸에 대하여 평행하게 배열되어 있는 목리
- 사주목리(斜走木理/diagonal G.): 구성세포가 재축과 어떤 각도를 이루고 있는 목리
- 나선목리(螺旋木理/spiral G.): 구성세포가 樹幹軸/재축의 주위에 나선상으로 배열되어 있는 목리
- 교착목리(交錯木理/interlocked G.): 구성세포가 일정 두께의 층을 이루고 이 층이 수간축에 대하여 경사지게 배열하며, 인접하고 있는 다른 세포의 층이 이와 반대로 배열되어 있는 목리
- 파상목리(波狀木理/wavy G.): 구성세포가 수간축에 대하여 일정한 방향으로 배열하지 않고 집단적으로 물결모양의 배열을 이루고 있는 목리

96) 이필우 외, 『목재공학』. 향문사. 1981. pp.22~23.

• 문양(紋樣, 紋理/wood figure)은 목재의 표면(재면)에서 볼 수 있는 木理, 色 등에 따라 나타난 형태를 말하며 이것은 木工藝 분야에 있어서 귀중한 가치를 가지게 된다. 나타나는 모양에 따라서 아래와 같이 구분한다;
- 포상문양(泡狀紋樣/blister F.)
- 조안문양(鳥眼紋樣/bird's eye F.)
- 절류문양(節瘤紋樣/burls F.)
- 파상문양(波狀紋樣/wavy F.)
- 리본문양(ribbon F., stripe F.)
- 운상문양(雲狀紋樣/cloud like F.)

• 나무갗(Wood Texture)은 목재를 구성하는 세포의 크기, 정조(精粗/곱고 거칠은 정도), 분포 등의 차이에 따라서 생기는 재면의 상태를 말한다.
- 거친 나무갗(coarse texture)
- 고운 나무갗(fine texture)
- 균질 나무갗(even texture)
- 불균질 나무갗(uneven texture)

• 사례
- 일반공예, 조각(목공예분야: 탈, 부조), 악세사리 등
- 생활용품: 잔, 잔받침, 시계(뻐꾸기 시계)
- 재료: 옻칠(漆), 染料, 기타
- 가구 및 악기
- 자연놀이: 공방, 기타

제 6 장

표현과 記述

제1절 기술의 종류

미적 대상에 대해서 6감으로 받아들인 내용을 표현하는 데에는 현상 그대로 사실적으로 접근하는 것과 멋을 부리고 기교를 가미하여 심미적으로 접근하는 것으로 구분할 수 있다. 전자를 사실적 기술, 후자를 심미적 기술이라고 한다. 표현이라는 용어는 사물에 대하여 인간의 감정을 나타내는 도구로써 구술(말), 기술(글), 그림, 음악, 무용, 몸짓 등 여러 가지가 있으나 여기서는 기술에 한정하는 의미로 사용한다.

사실적 기술(事實的 記述)은 관찰 대상에 대하여 객관성에 기초하여 표현하는 것으로써 객관적 기술이라고 할 수 있다. 미적 대상이 나무나 숲처럼 자연적인 것일 경우 생태적, 식물학적, 임업(학)적, 자연적 맥락에서 표현하는 것으로써 표현이 이성적이고 학술적이며 구체적이다. 생태적 분석법에 의한 기술, 또는 미적 대상이므로 경관론적 기술 등으로 표현할 수 있다. 미적 대상을 사실적으로 표현하기 위해서는 미적 대상에 대한 기본적인 지식이 필수이다.

심미적 기술(審美的 記述)은 관찰대상에 대하여 좀더 주관성에 기초하여 표현하는 것으로써 주관적 기술이라고 할 수 있다. 미적 대상을 문학적, 예술적 자세로 표현하는 것으로써 좀더 감정적이고 추상적이며 예술적이다. 사실적일 수도 있지만 대개는 기교를 많이 부릴 수 있기 때문에 기교적 기술이라고도 할 수 있지만, 전체적으로 예술적인 시각으로 바라본 것을 표현하는 것이기 때문에 심미적 기술로 부르는 것이 좋을 듯하다.

심미적 기술은 오감으로 객관성에 기초하여 나무와 숲을 관찰하고 제6감으로 감상한 결과로 얻어진 미적 감정, 즉 美感을 표현하는 것이다. 대부분의 문학적 표현이 이에 해당하겠는데 심미적 기술을 하기 위해서는 철저하게 관찰하고, 상상력을 총동원하여 감상하는 훈련이 필요하다.

그런데, 산림미학은 산림이 지닌 유기체적 특징 뿐만 아니라 미학적, 예술적, 철학적, 심리학적 분야에서도 접근하는 것이다. 그렇기 때문에 산림미학의 미적 대상에 대한 기술은 오로지 생태적인 특성에 입각하여 객관적이고 사실적으로 표현하는 사실적 기술이나, 그렇다고 기교적이고 감정적이며 주관적으로 표현하는 심미적 기술에 의존하기에는 부족하다. 또 여러 가지 측면에서 볼 때 양자의 기법들을 함께 지니고 있어서 사실적 기술과 심미적 기술의 통합적 기술 방법으로 접근하는 것이 좋을 듯하다. 따라서 이러한 기술 방법을 독립시켜 산림 미학적 기술이라고 부르고자 한다. 이것은 생태적 조사와 관찰의 결과에 근거한 객관적이고 사실적인 기술일 뿐만 아니라, 문학적 표현은 물론, 산림미학의 정의에서 밝혔듯이 일반 미학의 관점이라든가, 예술적, 철학적, 심리학적 관점에서 사유한 결과를 표현하는 기술방법 그 모두를 포함하는 표현 방법이다.

제2절 사실적 기술

1. 생태적 기술

생태적 분석법에 의한 조사, 식물학적 조사, 산림조사 등을 통해서 얻어진 결과를 기술하는 것을 말한다. 기술하기 위한 정보를 얻는 행위는 관찰과 조사이다.

조사방법은 우선 조사할 장소를 정하고 그 안의 내용을 조사하는 것이다. 이를 위해 조사 대상지를 전수조사하거나, 대상지 면적이 크면 표준지를 정하여 플롯을 만든다. 플롯의 모양은 원형이나 정방형, 장방형으로 하며 크기는 10m × 10m, 20m × 20m, 10m × 50m 등으로 한다.

조사내용은 플롯 안의 식물조사로 식생분포상태를 조사하는데 地況 조사와 林況 조사로 구분한다.

- 지황조사: 임지의 방위, 경사, 토성, 토심, 토양습도
- 임황조사: 임종(인공림, 천연림), 임상(침 · 활엽수림, 혼효림 등), 종과 종수, 임령, 경급, 입목축적 등
- 결과: 식생도, 임상도 작성(평면 및 입면 구조)

생태적 조사는 산림미를 구조적으로 파악하는 것이다.

2. 경관론적 기술

미적 대상지를 경관의 관점에서 조사하여 기술하는 것으로써 경관의 종류, 구성요소 등을 관찰하고 조사한다.

- 주요요소: 형태, 선, 색, 질감
- 우세요소: 대비, 연속, 축, 수렴, 대등, 틀에 넣기
- 변이요소(영향 요소): 움직임, 거리, 관찰점, 빛, 대기조건, 계절성, 규모, 시간

경관의 종류면에서의 기술은 다음 사항을 참고한다.

- 자연성 여부: 자연경관(지형경관, 자연현상경관, 지피경관, 생물경관), 인공경관(건축물, 도로, 교량, 조각,...)
- 형태적 분류: 파노라믹 경관, 형상경관, 위요경관, 초점경관, 천개경관, 세부경관, 일시경관, 차폐경관

경관론적 조사는 산림미를 형태적으로 조사하는 것이다.

제3절 산림 미학적 기술

1. 조사와 기술의 내용

조사는 생태적 산림조사와 경관론적 조사에 더하여 미학적 접근을 가미한 것이다.

- 구조: 생태학적 접근
- 형태: 경관론적 접근
- 미학적 조사: 산림미학의 8개 연구영역을 감안하여 분석적으로 접근하며, 특히 5감과 제6감을 이용한 산림미적 체험의 내용을 중시한다.

조사한 내용을 심미적 기술 방법에 중점을 두어 표현하도록 한다. 조사내용 중에 특별히 주의를 끌만한 부분이 있다면 美感을 들어내어 美文으로 표현하여 방점을 찍을 수 있도록 한다면 좋을 것이다.

감정을 말로 표현하는 것과 글로 표현하는 것은 다르다. 말로 표현하는 것은 관찰, 혹은 조사 현장에서 시차를 두지 않고 그 즉시로 나타내는 것이어서 현장감이 있다. 글로 표현하는 것도 물론 현장에서 즉각적으로 쓸 수 있지만 대체적으로 시간차를 두고 하는 것이기 때문에 현장감은 떨어지지만 좀더 사실적이 될 수 있는 한편, 감정 표현의 다양성을 기할 수 있다.[97]

글을 잘 쓰기 위해서는 사물에 대해서 늘 시간 여유를 가지고 깊고 넓게 생각해야 한다. 또한, 심미적 기술은 학술적인 표현만으로는 부족하므로 상상력 훈련을 통하여 이미지와 환타지를 가질 수 있어야 한다. 감정 표현은 글 중에서 끊어지지 않도록 해야 하는데 그렇다고 문장을 길게 늘여놓아서 읽는 사람으로 하여금 지루하게 하거나 내용을 잃게 해서는 안된다. 쓰여진 문장은 몇 번이고 읽어서 다듬는다.

2. 조사 실례

산림미학적 기술을 하는 방법의 하나로 '조사표'처럼 일정한 양식을 만들어 표현하는 경우도 있다. 표 6-1은 그러한 예의 하나이다. 산림 현장에서 산림미를 조사할 때 사용할 수 있는 조사표이며 조사간격을 50m로 설정하였다.

97) 숲을 표현하는 것에 대한 더 자세한 정보에 대해서는 숲과문화연구회의 『아름다운 우리숲 탐방』(초당, 1996), Cathy Johnson이 쓴 『The Sierra Club Guide to Sketching in Nature』(Sierra Club Books, 1990), David Peterson의 『Writing Naturally』(Johnson Books, 2001), Cornell, J. 『Listen to the Nature』-how to deepen your awareness of Nature(Dawn/Exely Publication, 1987). 글쓰기 사례에 대해서는 전영우의 『숲 보기 · 읽기 · 담기』(현암사, 2003)을 참고할 것.

[표 6-1] 산림미(경관) 조사표

<table>
<tr><th colspan="3" rowspan="2">산림미 특성</th><th>지역:</th><th>BP/시각:</th></tr>
<tr><th colspan="2">조사간격/지점(50m마다)</th></tr>
<tr><th colspan="2">조사항목 구분</th><th>세부 특징</th><th>0m</th><th>50m</th></tr>
<tr><td rowspan="8">지형</td><td>평지</td><td></td><td></td><td></td></tr>
<tr><td>분지</td><td></td><td></td><td></td></tr>
<tr><td>구릉지</td><td></td><td></td><td></td></tr>
<tr><td>산악</td><td></td><td></td><td></td></tr>
<tr><td>계곡</td><td></td><td></td><td></td></tr>
<tr><td>위치(산록산복정상)</td><td></td><td></td><td></td></tr>
<tr><td>해발고도</td><td></td><td></td><td></td></tr>
<tr><td>향(동서남북)</td><td></td><td></td><td></td></tr>
<tr><td rowspan="2">경사</td><td>기울기%</td><td></td><td></td><td></td></tr>
<tr><td>사면의 길이(m)</td><td></td><td></td><td></td></tr>
<tr><td rowspan="10">물</td><td>유역의 크기(ha)</td><td></td><td></td><td></td></tr>
<tr><td>유역의 모양</td><td></td><td></td><td></td></tr>
<tr><td>계류길이(km)</td><td></td><td></td><td></td></tr>
<tr><td>계류폭(m)</td><td></td><td></td><td></td></tr>
<tr><td>상수길이</td><td></td><td></td><td></td></tr>
<tr><td>상수기간(개월)</td><td></td><td></td><td></td></tr>
<tr><td>상수량(수원량)</td><td></td><td></td><td></td></tr>
<tr><td>수원함양력</td><td></td><td></td><td></td></tr>
<tr><td>약수터</td><td></td><td></td><td></td></tr>
<tr><td>습/늪지,옹달샘</td><td></td><td></td><td></td></tr>
<tr><td rowspan="9">기후</td><td>계절변화명확</td><td></td><td></td><td></td></tr>
<tr><td>기상변화다</td><td></td><td></td><td></td></tr>
<tr><td>맑은 공기</td><td></td><td></td><td></td></tr>
<tr><td>일조량</td><td></td><td></td><td></td></tr>
<tr><td>주풍의 방향</td><td></td><td></td><td></td></tr>
<tr><td>습도(%)</td><td></td><td></td><td></td></tr>
<tr><td>잦은 강우</td><td></td><td></td><td></td></tr>
<tr><td>잦은 강설</td><td></td><td></td><td></td></tr>
<tr><td>미기후(안개 등)</td><td></td><td></td><td></td></tr>
<tr><td rowspan="4">식생
경관
식물상</td><td rowspan="4">지피식생</td><td>종류(우점)</td><td></td><td></td></tr>
<tr><td>높이</td><td></td><td></td></tr>
<tr><td>개화여부</td><td></td><td></td></tr>
<tr><td>꽃색</td><td></td><td></td></tr>
</table>

산림미 특성			지역:	BP/시각:
			조사간격/지점(50m마다)	
조사항목 구분		세부 특징	0m	50m
flora	관목층	종류(우점)		
		높이		
		개화		
		꽃색		
	천연림/인공림	구성(樹/齡		
	침엽수단순림	구성(樹/齡)		
	침엽수혼효림	구성(樹/齡)		
	활엽수단순림	구성(樹/齡)		
	활엽수혼효림	구성(樹/齡)		
	침활혼효림	구성(樹/齡)		
	영급(동/이령림)	구성(樹/齡)		
	수고(Hm)			
	지하고(Hm)			
	수관폭(m)	대표 針/闊		
	기타특기 사항			
동물상 fauna	길짐승류	종류		
		울음소리		
		출현빈도		
		관찰가능성		
	조류	종류		
		울음소리		
		출현빈도		
		관찰가능성		
경관	종류	8종류 중 구분		
	다양성	종류		
	변화성	지형/계절		
	자연미/인공미			
	암반			
	주요구성요소	형태(form)		
		선(line)		
		질감(Texture)		
		색(Color)		
	우세요소 존재	축,수렴 등		
	조망점	지점수		

산림미 특성			지역:	BP/시각:
			조사간격/지점(50m마다)	
조사항목 구분		세부 특징	0m	50m
감각	시각적 자극 요소			
	청각적 자극 요소	松韻?, 咀嚼?		
	미각적 자극 요소			
	후각적 자극 요소	방향		
	촉각적 자극 요소			
정서	심리적 안정			
	예술적 동기			
문화적 요소	전설			
	문화재 존재	금표, 서낭당 등		
	기타			
특기 시항	가장 아름다운 곳/것			
	가장 불량한 곳/것			

제4절 사례

<1>

숲 속의 정령이시어! 나는 천복을 받은 즐거움으로 숲에 서있습니다. 나무는 저마다 신을 통해 말합니다. 오 하느님! 이 얼마나 영광스러운지! 그런 숲 속에서는 지극히 높은 곳의 당신께 순종하는 평화, 평화로다!

〈베토벤〉

작곡가 베토벤이 숲을 산책하다가 느낀 감정을 표현한 것이다.

<2>

널다랗게 그들이 서 있네
북녘의 어스레한 숲들
太古의, 신비스러운, 고뇌에 찬 原始가 꿈꾸며,
그들 속에는 숲의 神이 머무르고 있고,
숲의 요정은 희미한 어둠 속에서 마법의 비밀들을 엮고 있다.

〈시벨리우스/Tapiola〉

핀란드의 숲의 신을 노래한 <Tapiola>을 작곡한 후, 악보출판사 사장으로부터 이 곡에 대해서 글을 써달라고 부탁받았을 때 써준 내용이다.

<3>
한국의 落落長松, 그런 소나무는 서양엔 없다.
바위에도 뿌리를 내릴 수 있는 나무는 소나무뿐.
一家風이란 말의 뜻을 알려거든 소나무를 보아라.
포플러는 시인이고 소나무는 철학자.
솔잎 사이로 새는 달빛으로 목욕을 할까나.
뜰에 소나무 서너 그루 있으면, 집은 草家三間이라도 좋다.
오라, 벗이여, 松花 다식 안주에다 松葉酒 들어보세.
청솔방울 따다가 白磁접시에 수북히 담아놓다.
떨어진 솔잎은 뿌리에 쌓여 솔잎방석 되나니.

〈박희진/소나무에 관하여(일행시)〉

소나무 시인 박희진이 쓴 소나무에 관한 一行詩이다.

[그림 6-1] 바위를 뚫고 당당하게 살아가는 소나무.
(강원도 인제군 부평리)

<4>

청춘(青春)! 이는 듣기만 하여도 가슴이 설레는 말이다. 청춘! 너의 두 손을 가슴에 대고 물방아 같은 심장(心臟)의 고동(鼓動)을 들어보라. 청춘의 피는 끓는다. 끓는 피에 뛰노는 심장은 거선(巨船)의 기관(汽罐)과 같이 힘있다. 이것이다. 인류의 역사를 꾸며 내려온 동력(動力)은 바로 이것이다. 이성(理性)은 투명(透明)하되 얼음과 같으며, 지혜(智慧)는 날카로우나 갑 속에 든 칼이다. 청춘의 끓는 피가 아니면 인간이 얼마나 쓸쓸하랴(중략).

〈민태원/청춘예찬〉

<5>

봄 여름 가을 겨울 두루 4시를 두고 자연이 우리에게 내리는 혜택에는 제한이 없다. 그러나 그 중에서도 그 혜택을 가장 풍성히 아낌없이 내리는 시절은 봄과 여름이요, 그 중에서도 그 혜택이 가장 아름답게 나타나는 것은 봄, 봄 가운데 만산(萬山)에 녹엽(綠葉)이 우거진 이 때일 것이다. 눈을 들어 하늘을 우러러보고 먼산을 바라보라(중략).

(중략)될 수 있으면 이러한 때를 타 잠깐 동안이나마 사람을 떠나 사람의 일을 잊고, 풀과 나무와 하늘과 바람과 한가지로 숨쉬고 느끼고 노래하고 싶은 마음을 억제할 수가 없다.

그리고 사실 이즈음의 신록에는 우리 사람의 마음에 참다운 기쁨과 위안을 주는 이상한 힘이 있는 듯하다. 신록을 대하고 앉으면 신록은 먼저 나의 눈을 씻고 나의 머리를 씻고 나의 가슴을 씻고 다음에 나의 마음의 모든 구석구석을 하나하나 씻어낸다. 그리고 나의 마음의 모든 티끌 - 나의 모든 욕망(慾望)과 굴욕과(屈辱)과 고통(苦痛)과 곤란(困難) - 이 하나하나 사라지는 다음 순간, 별과 바람과 하늘과 풀이 그의 기쁨과 노래를 가지고 나의 빈 머리에, 가슴에, 마음에 고이고이 들어앉는다. 말하자면 나이 흉중(胸中)에도 신록이요, 나의 안전(眼前)에도 신록이다. 주객일체(主客一體) 물심일여(物心一如), 황홀(恍惚)하다 할까, 현요(眩耀)하다 할까, 무념무상(無念無想) 무장무애(無障無礙), 이러한 때 나는 모든 것을 잊고 모든 것을 가진 듯이 행복스럽고, 또 이러한 때 나에게는 아무런 감각의 혼란(混亂)도 없고 심정의 고갈(枯渴)도 없고, 다만 무한한 풍부와 유열(愉悅)과 평화가 있을 따름이다. 그리고 또 이러한 때에 비로소 나는 모든 오욕(汚辱)과 우울(憂鬱)에서 완전히 자유로울 수 있고, 나의 마음의 모든 상극(相剋)과 갈등(葛藤)을 극복하고 고양(高揚)하여 조화 있고 질서 있는 세계에까지 높인 듯한 느낌을 가질 수 있다.

그러기에 초록(草綠)에 한하여 나에게는 청탁(淸濁)이 없다. 가장 연한 초록에서 가장 짙은 초록에 이르기까지 나는 모든 초록을 사랑한다. 그러나 초록에도 짧으나마 일생이 있다. 봄바람을 타 새 움과 어린 잎이 돋아 나올 때를 신록의 유년이라 하면, 삼복 염천(三伏 炎天) 아래 울창한 잎으로 그늘을 짓는 때를 그의 장년 내지 노년이라 하겠다. 유년에는 유년의 아름다움이 있고 장년에는 장년의 아름다움이 있어 취사(取捨)하고 선택할 여지가 없지마는, 신록에 있어서도 가장 아름다운 것은 역시 이즈음과 같은 그의 청춘 시대 - 움 가운데 숨어 있던 잎의 하나하나가 모두 형태를 갖추어 완전한 잎이 되는 동시에 처음 태양의 세례를 받아 청신하고 발랄한 담록(淡綠)을 띠는 시절이라 하겠다. 이 시대는 신록에 있어서 불행히 짧다. 어떤 나무에 있어서는 혹 2, 3주일을 셀 수 있으나, 어떤 나무에 있어서는 불과 3, 4일이 되지 못하여 그의 가장 아름다운 시절은 지나가 버린다. 그러나 이 짧은 동안의 신록의 아름다움이야말로 참으로 비할 데가 없다. 초록이 비록 소박(素朴)하고 겸허(謙虛)한 빛이라 할지라도 이러한 때의 초록은, 그의 아름다움에 있어 어떤 색채에도 뒤서지 아니할 것이다. 예컨대 이러한 고귀한 순간의 단풍(丹楓) 또는 낙엽송(落葉松)을 보라. 그것이 드물다 하면 이즈음의 도토리, 버들 또는 임간(林間)에 있는 이름없는 이 풀 저 풀을 보라. 그의 청신한 자색(姿色), 그의 보드라운 감촉, 그리고 그의 그윽하고 아담(雅淡)한 향훈(香薰). 참으로 놀랄 만한 자연의 극치(極致)의 하나가 아니며, 또 우리가 충심으로 찬미하고 감사할 만한 자연의 아름다운 혜택의 하나가 아닌가!

〈이양하/신록예찬〉

<6>

포플러는 그 줄기나 가지나 다만 일직(一直)한 것 외에 볼 것이 없다. 기기묘묘한 곡절도 없고 시선을 새롭게 할 만한 채색도 없다. 다만 푸르고 오직 곧고 긴 것뿐이다. 그러므로 이른바 수석(水石)을 즐기며 분재(盆栽)를 일삼는 이들에게는 포플러는 하등의 취할 점이 없으나 우리에게는 그 취할 데 없는 점이 고귀하다. 곡예와 술책은 모두 다른 나무에 구하라. 그리고 오직 순직하고 단명한 것만은 포플러나무에서 찾으라(이하 생략).

〈김교신/포플러나무 예찬〉

<7>

나무는 나에게 언제나 제일 감명깊은 설교자였습니다. 그들이 사람들 속에 섞여 살아갈 때 나는 숲과 임원(林苑)에 있는 나무들을 존경합니다. 그리고 그들이 홀로 서 있을 때면 나는 더욱 더 존경합니다. 그들은 고독한 사람들과도 같습니다. 어떤 허약함으로 인하여 떠나지 않은, 세상을 등진 은둔자가 아니라, 위대한, 고독하게 된 인간들 같습니다, 마치 베에토벤이나 니이체처럼. 나무가지 끝은 세상을 향해 살랑거리고 나무뿌리는 무한함 속에서 침묵하고 있습니다; 그러나 그들은 쇠하는 것이 아니라, 자기 생명의 모든 힘을 발휘하여 오로지 하나만을 추구합니다: 그들 고유의, 내재하는 법칙을 이룩하는 것, 그들 고유의 모습을 본 떠 보는 것, 제 모습을 연기해 보이는 것입니다. 아무것도 거룩하지 않습니다, 아무것도 한 그루의 아름답고 강인한 나무처럼 귀감이 될 만한 것은 없습니다. 한 그루의 나무가 베어넘어져서 자기의 다친 상처를 태양에 드러내게 되면, 이윽고 우리는 그의 그루터기와 묘비의 찬연한 원반에서 그의 전 생애를 읽을 수 있습니다: 나이테 속엔, 모든 투쟁과 고통과 병고와 행운과 번영, 근근히 살아온 해와 넉넉히 자라온 해, 극복하여 물리친 침입들, 견디어 이겨낸 풍랑들이 쓰여져 있습니다. 또한 모든 시골 농부의 아이는 가장 단단하고 가장 가치있는 목재가 가장 촘촘한 나이테를 가지고 있으며, 높은 산 끊임없이 위험이 도사리고 있는 곳에 가장 강인하고 불굴의 힘찬 이상적인 나무들이 자라고 있다는 사실을 압니다.

나무는 성소입니다. 그들과 이야기하고 그들에게 귀 기울일 줄 아는 이, 그는 진리를 경험하고 있는 것입니다. 그들은 가르침과 처방을 설교하는 것이 아니라, 세세한 것에 연연하지 아니하며 삶의 근본법칙을 설교하는 것입니다(이하생략).

〈헤르만 헤세/나무들〉

[그림 6-2] Insel 출판사에서 펴낸 Hermann Hesse의 『Bäume』(나무들) 표지

[그림 6-3] 서있는 나무는 여러 가지 자태로 시각에 비춰지고 심상(心象)으로 남아 정서적, 심리적 반응을 일으킨다. 강릉 허난설헌 생가 앞의 감나무

『나무들(Bäume)』이라는 시집에 들어있는 수필이다. 숲속에서 오랜 동안 관조한 결과를 적은 글이다.

<8>

1858년 10월 12일: 흰 참나무와 붉은 참나무. 그들은 이렇게 이쁘고 포동포동 볼록하게 살이 올라 윤기가 난다. 나는 이것을 만지작거리기를 좋아하고 손안에 든 것을 던져버리는 것을 싫어한다.

1859년 9월 11일: 세 개가 한 가운데로부터 방사상으로 달린 흰 참나무 도토리들은 무척이나 귀엽다.

1854년 9월 12일: 흰 참나무 도토리들은 그들 중 많은 것들이 떨어졌다. 작고 무척 아담하고 깔끔한 연둣빛 도토리들인데, 보통 작은 깍정이로 둘씩 맞붙어 있기도 하고, 종종 그 둘 사이 에 잎이 붙어 자라기도 하지만, 자주 삼출(三出)로 된 작은 별모양을 만든 모습이 매우 인공적으로 보이게 한다.

1854년 9월 21일: 예쁘장하고 조그만 삼출로 달린 흰 도토리들이 땅바닥에 꽤 떨어져 있다.

1854년 9월 22일: 몇몇 도토리들이 연어 살빛으로 변해 있거나 나뭇잎과 같이 붉그스레 변하고 있다.

〈소로우[98] /『Wild Fruits』 중『White Oak』〉

---

98) Thoreau, Henry David. 1817.7.12. 매사추세츠주 콩코드~1862.5.6. 실천적 자연주의자, 작가, 교사, 초절주의자(transcendentalist)이다. 초절주의(transcendentalism)란 인습에서 자연으로의 복귀, 인위적 복잡함에서 단순함으로의 복귀를 목표로 한 19세기 중반 이후 미국인의 사고를 휘저은 이상주의 철학의 새로운 분출구였다. 조지 리플리, 올코트, 애머슨, 소로우 등이 옹호자로써 당시 정치, 종교, 철학, 문학에 문예부흥을 일으킨 중요한 사상의 하나로 자리잡았다.
1845.3~1847.9까지 약 2년 6개월 동안 집 근처 월든 호숫가에 오두막을 짓고 생활하는 등 자연주의를 몸소 실천하였다. 1860년 숲에 들어가 나무의 나이테를 세다가 독감에 걸려 이것이 기관지염으로 악화, 1862년에 고향에서 잠든다. 그의 사상과 문학적 역작들이 오늘날 전 세계인의 가슴에 많은 반향을 불러일으키고 있다. 주요저서로써『A Week on the Concord and Merrimack Rivers』,『Walden』,『Resistance to civil government/Civil disobedence』,『Wild apples』등이 있다.

<9>

좀더 모험적인 산책에 나서도록 하라.

우선 산꼭대기로 올라가 보라. 10월말쯤 마을 주변의 아무 산에라도 올라가 숲을 내려다 보라. 그때 당신은 내가 이제까지 묘사한 것을 보게 되리라. 이 모든 것과 그 이상의 것을 보게 되리라. 단 당신이 그것을 볼 마음의 준비가 되어 있고, 또 그것을 '찾아보려는' 의지를 가졌다면 말이다. 그렇지 않다면 이런 현상이 아무리 흔하고 보편적인 것일지라도, 또 당신이 산꼭대기나 계곡에 서 있더라도, 한 해 중 이맘때의 숲은 으레 갈색으로 말라버린 것이려니 생각할 것이다. 칠십 평생 내내 말이다.

사물이 우리의 시야로부터 가려져 있는 것은 그것이 우리의 시선이 통과하는 진로 밖에 있기 때문이 아니라 우리가 마음과 눈을 그 사물에다 전적으로 집중하지 못하기 때문이다. 왜냐하면 눈이든 또 그외의 어떤 젤리성 물질이든 그 자체에 사물을 볼 수 있는 능력이 있는 것은 아니기 때문이다. 우리는 사물을 볼 때 얼마나 멀리 그리고 넓게, 또는 얼마나 가깝게 그리고 좁게 보아야 할지를 모른다. 그렇기 때문에 자연의 많은 현상 중 아주 많은 부분이 평생 우리 자신으로부터 가려져 있다.

[그림 6-4] Henry David Thoreau

(~중략~) 자연경관에서는 우리가 감상할 마음의 준비가 된 만큼의 아름다움만 우리의 눈에 보이는 것이다. 그외에는 눈곱만큼도 더 볼 수 없다.(이하 생략)

〈소로/『시민의 불복종』(도서출판 이레) 중 「붉은 떡갈나무」에서〉

<10>

(1864년) 7월 20일: 상쾌하고 조용한 아침이다. 대기는 긴장해 있고 맑다. 미풍도 불지 않고 모든 것들이 빛나고, 젖은 수정같은 바위들, 이슬을 머금은 식물들, 마치 살아있는 피조물들이 아침식사를 받고 있는 듯이, 무수한 작은 별들처럼 별

가득한 하늘로부터 내려오는 이슬만나인 무지갯빛으로 된 자기 몫의 이슬방울과 햇살을 받는 식물들, 풀처럼 조용히 어둠 속에서 자라는 한 방울이 되길 원했던 수천수만의 미세한 이슬방울들은 얼마나 놀랄 만큼 고운가! 이런 건강한 야생지를 지키는 데에는 어떤 어려움도 받아들이리라! 눈도 내리고, 비도 오고, 이슬도 내리며, 빛도 쏟아지고, 안개와 증기도 피어나고, 구름, 바람, 온갖 기상현상, 식물과 동물들의 상호작용 등등 상상을 초월하는 조물주의 섭리는 얼마나 훌륭한가!

〈존 뮤어[99]/『My First Summer in the Sierra』〉

<11>

Not long after I moved with my family to a small town in New Hampshire, I happened upon a path that vanished into a wood on the edge of town.(이하생략)

〈Bill Bryson/A walk in the woods〉

빌 브라이슨은 새로 이사온 집근처에서 숲으로 이어진 한 작은 오솔길을 우연히 발견하게 된다. 이 작은 길이 앞으로 동창생과 함께 걷게 될, 거대한 대장정의 길 애팔래치아 산맥으로 통하고 있음을 은연 중 암시하는 한편, 독자들에게 흥분과 긴장감의 분위기를 주는 표현이다.

---

99) John Muir는 영국 태생 미국인으로서 산림과 자연보호의 선구자이며 국립공원 운동의 아버지이다. 그는 1834년에 영국 스코틀랜드에서 태어나 15살이던 1849년에 부모와 함께 미국으로 건너온다. 위스콘신대에 화학, 지질학, 식물학 등을 등록하였으나 잠시 머물렀고 후에 이러한 과목들을 독학으로 배우게 된다. 취직하였으나 몸을 다쳐 자연을 찾아 나서게 되는데 이렇게 하여 그는 처음엔 보행자가 되었고 나중엔 작가가 되었다. 서부로 여행하며 아름다운 자연을 발견한 그는 서부개척의 물결에서 이들을 보호해야겠다고 결심하고 대통령의 마음을 움직여 요세미티 일대를 국립공원으로 지정할 수 있게 하였다. 돈이 궁했던 뮤어는 1869년 여름, 캘리포니아 서부로부터 요세미티 계곡 근처의 여름 방목지로 고용주인 딜래니, 칼로와 함께 셋이서 양떼를 몰고 긴 여행을 떠나게 된다. 당시 딜래니는 일찍부터 뮤어의 능력을 알아보고 양떼를 모는 중에도 스케치와 하이킹과 식물 채집을 하도록 배려하고 권고하였다. 이 글은 그 당시 여행길에 경험한 것을 정리한 것으로 1911년에 출간한 것이다. 뮤어는 요세미티 계곡을 비롯한 시에라 산맥 일대를 보호하기 위해 시에라 클럽을 창시하였고 초대 회장이 되었다.

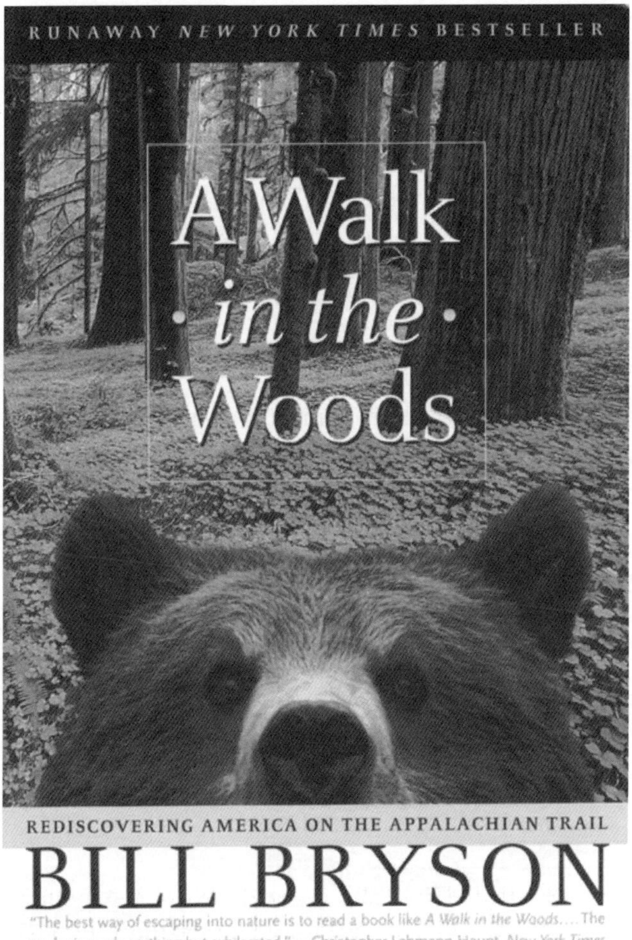

[그림 6-5] 빌 브라이슨이 쓴 『A Walk in the Woods』의 표지

제 7 장 미학적 산림관리

제1절 목적과 목표

1. 필요성과 목적

경제성장으로 소득과 여가가 늘어났을 뿐만 아니라, 웰빙 바람을 타고 정신적 육체적으로 건강하고 건전한 삶을 살아가고자 하는 욕구로 야외활동이 점점 더 활발해져 가고 있는 추세이다. 최근의 야외 휴양 활동의 경향 중의 하나는 숲을 찾는 인구가 다양해지고 많아졌다는 점이다. 생태체험, 자연학습, 숲학교, 자연놀이를 위해서 뿐만 아니라, 직장에서 받는 스트레스를 해소하기 위해 도시를 탈출하는 사람들이 많아 주말에는 자연 휴양림의 통나무 집이 거의 만원을 이룬다.

이처럼 많은 사람들이 숲을 찾고 있는데 그들이 휴양림에서 머무는 동안은 숲속에 있기 때문에 늘상 숲을 배경으로 하거나, 또는 숲을 바라보면서 활동하게 된다. 숲탐방객들에게 숲이 주는 심미적 가치는 휴양의 만족도를 높이는데 대단히 긴요하다. 그러나, 휴양림 조성의 역사가 20년이 되었지만 정작 휴양림을 미적 관리, 또는 경관 관리의 시각에서 심도있게 다루는 경우는 많지 않아 보인다.

숲 속에서 휴양 활동을 할 때 숲의 아름다운 모습은 휴양의 질에 큰 영향을 준다. 본 장에서는 산림미적 시각에서 미적 대상인 산림경관을 어떻게 관리해야 하는가에 대해서 다루고 있다. 실질적으로 본 장은 지금까지 앞의 여러 장에서 언급한 지식을 활용하여 이를 산림에 적용하는 방법을 설명하는 것이다. 경관은 그 특성이 보여지고 보이는 풍경에 대한 것이기 때문에 산림경관은 視覺景觀(visual landscape), 또는 시각자원이며, 산림경관관리는 시각경관관리(visual landscape managment)라고 한다. 이를 시각자원관리라고도 부르고 좁게는 경관시업(景觀施業)이라고도 하는데 일본에서는 포리스트스케이프 디자인(forestscape design)이라고 한다.

산림경관의 미학적 관리는 미적 대상으로써의 산림을 미적 범주 안에서 그것이 지닌 가치를 미학적 측면에서 질적으로 유지하고 개선하는 일련의 조치를 말한다. 미국 산림청에서는 이를 위해서 풍경관리시스템(Scenery Management System, SMS)을 만들어 운용하고 있다.

왜 미적 산림경관 관리가 필요한 것인가? 이에 대해서는 다음과 같이 말할 수 있겠다; 사람들은 그들이 살고 있는 환경의 질에 대해서 늘 관심을 가지고 있다. 여기에는 경관의 심미적 가치라든가, 특별히 경치와 정신적 가치에 대한 관심도 포함되어 있다. 그래서, 미국 산림청은 다음과 같은 이유 때문에 생리적으로, 심리적으로 안전판(safety valves)으로써 서빙하는 자연스러워 보이는 경관을 필요로 하고 있다고 보고 있다.[100)]

- 세계의 도시 인구 압박이 가중되고 있으며,
- 과학기술이 빠르게 발전하고,
- 재화와 용역에 대한 수요가 증가하며,
- 사람들의 삶이 점점 복잡해지며,
- 도시의 압박은 개발에 필요한 토지수요를 요구하고,
- 일단 예전에 풍부하게 있었던 자연이 출현하는 경관이 점점 더 사라지고 있다.

높은 질을 가진 풍경, 특별히 자연스러워 보이는 숲은 사람들의 삶을 향상시키고 사회에 편익을 준다. 그러므로, 경관관리 시스템은 산림관리자들에게 인간사회에 편익을 제공하는데 있어서 도움을 주게 된다. 연구결과들은 경관의 질과 경관의 자연스러움은 직접 인간의 웰빙상태를 육체적으로 심리적으로 향상시키며, 다른 중요한 인간 편익에 기여하고 있다는 것을 말해주고 있다. 특별히 이들 편익 중에는, 높은 경관의 질을 가진 자연스러운 경관을 재미있고 즐겁게 보는 것은 생리적으로 개선된 웰빙상태를 보여주고 있다는 사실도 있다.[101)] 산림이 주는 이와 같은 심신의 효과 때문에 더욱 관리할 필요성이 제기되는 것이다.

산림경관을 미학적 측면에서 관리하는 목적(goals)은 산림경관이 지닌 아름다움을 유지하고 개선하여 사람들에게 '심미적 욕구'[102)]를 충족시킴으로써 삶의 질을 향상시키는 것이다.

본 장에서는 산림경관 관리의 대상과 범위, 관리기법 등 두 가지 분야를 대상으로 다룬다.

---

100) USDA Forest Service, 『Landscape aesthetics』. Agriculture Handbook No.701. 1995. p.14.

101) 같은 책. pp.17~18. 최근 일본에서는 산림의 치유적 효과에 대해서 의학적 측면에서 많은 연구와 저술활동이 일어나고 있다. 이 부분에 대해서는 森林療法序說, 森林療法, 森林醫學 등을 보라.

102) 심미적 욕구 충족은 인간이 추구하는 眞・善・美・聖의 가치에서 '美'의 가치를 얻는 것을 말한다(제1장 제1절 참조).

2. 목표

산림은 인간에게 목재 등 임산물을 생산하는 물질적 혜택 뿐만 아니라, 맑은 공기, 깨끗한 물, 울창하게 펼쳐진 녹색의 향연, 각종 환경조절 등으로 헤아릴 수 없이 많은 사회적 편익을 제공한다. 캐나다 BC 주정부는 산림경관관리의 목적을 통합된 자원관리의 개념과 원칙을 지키는 가운데 산림경관가치를 유지하고 증진시키는 것으로 설정하고 그 실천 대안으로써 다음과 같은 목표(objectives)를 제시하고 있다.[103)]

- 산림경관이 미적 중요성이 있는 곳에 정체성을 부여하고 목록화하며,
- 산림경관항목들을 통합된 자원계획의 구성으로써 병합시키며,
- 경관관리 실무를 산림자원관리의 통합구성요소로써 제정하고,
- 인력개발 프로그램을 도출하고 장려하여 전문가를 발굴하고,
- 경관 변경에 산림산업체가 주요한 영향을 행사하고 있음을 인식시켜 미적 중요성이 있는 곳에 계획수립과 산림경관 관리의 원칙을 이행하는데 참여시키며,
- 경관가치에 대한 의식을 증진하고, 경관 이슈와 관심사에 공공 및 민간 기관의 참여를 구한다.

산림이 지닌 아름다움을 유지개선하여 산림미를 향수하는 사람들의 삶의 질을 향상시키는 목적을 달성하기 위해서는, 위에 제시하는 것처럼 개별 산림경관을 목록화하여 각각의 계획들을 산림과 관련한 전체 계획 속에서 융합시키는 일이 중요하다.

---

103) Province of British Columbia,『Forest Landscape Handbook』. Information Service Branch, Ministry of Forests. 1981. p.8.

제2절 영역, 범위 및 대상

1. 임업적 영역

(1) 대상

법에 규정된 모든 산림(산림자원 포함)과 그 밖의 토지에 있는 나무나 숲을 대상으로 한다. 산림자원의 조성 및 관리에 관한 법률 제2조(정의)에서 산림은 다음과 같은 것으로 하되, 농지, 초지, 주택지, 도로 그 밖에 대통령령이 정하는 토지에 있는 입목과 대나무 및 그 토지를 제외한다로 되어 있다.

- 집단적으로 생육하고 있는 입목·죽과 그 토지
- 집단적으로 생육하고 있던 입목·죽이 일시적으로 상실된 토지
- 입목·죽의 집단적 생육에 사용하게 된 토지
- 산림의 경영 및 관리를 위하여 설치한 도로(임도)
- 위 첫째~셋째 항의 토지 안에 있는 암석지, 소택지

산림자원은 산림에 있거나 산림에서 생육하고 있는 수목, 초본류, 이끼류, 버섯류 등의 생물자원, 토석, 물 등의 무생물자원과 산림휴양 및 경관자원 등 국가경제 및 국민생활에 유용한 것을 말한다. 법에 규정된 산림은 보전임지와 준보전임지로 구분하고, 보전임지는 목재생산 목적으로 관리되는 생산임지와 환경생산 목적으로 관리되는 공익임지로 나눈다.

[표 7-1] 경관관리 대상 산림의 분포

구 분		면적(km^2)	구성비(%)	주목적	부목적
보전임지	계	49,203	77		
	생산임지	35,145	55	목재생산	환경
	공익임지	14,058	22	환경	목재
준보전임지		14,697	23	산업용지	목재/환경
계		63,900	100		

(2) 영역과 구분

산림미학을 연구하여 임업적으로 응용하려는 목적은 예술에서 흔히 볼 수 있는 추상적인 산림을 조성한다거나 사람을 미혹(迷惑)하는 경관을 연출하기 위한 것이 아니다. 풍경이 너무 아름다우면 사람들이 향락에 빠져들기 쉽고 사회적으로도 바람직하지 못할 수도 있다.104) 응용에 필요한 실용적인 연구는 임업의 진작에 꼭 필요한 것이고 산림의 공익적 기능이 강조되는 시대에는 더욱 절실한 것이다. 여기서는 앞서 연구한 산림미학적 내용들을 바탕으로 산림개발 분야에 응용할 수 있는 가능성들을 생각해 보고자 한다. 먼저 응용영역을 구분하고 이어서 산림개발분야에 응용할수 있는 내용들을 기술하고자 한다.

임업적 응용영역은 우선 산림이 미학적 문제 영역상의 미적 대상이 되어야 하며, 또한 산림이 미적 가치가 있어야 함은 물론, 미적 체험을 충분히 유인할 수 있는 분야와 밀접하게 관련을 맺고 있어야 한다. 이 분야는 크게 조림분야, 육림무육분야, 수확분야, 산림개발분야 등 4분야로 구분할 수 있으며, 산림개발 분야는 다시 산림토목분야와 산림휴양분야로 세분한다. 산림개발이란 독일어의 'Walderschliessung' (Forest opening-up)을 옮긴 용어이다. 산림개발학에서 다루는 내용은 임목벌채 및 집운재, 임도건설이 주된 영역이다. 분야별 및 산림개발분야의 응용 가능한 구체적인 내용은 제3절의 4.항 [표 7-12]과 [표7-13]에 제시한 바와 같다.

2. 공원 관련 영역

환경부 관할의 자연공원 등 공원, 국토교통부 관할의 경관기본법이 적용되는 산

104) Warnke, M., 『Politische Landschaft zur Kunstgeschichte der Natur』. 노성두 옮김, 『정치적 풍경』. 일빛. 1997. p.219. 1265년경 토마스 아퀴나스가 도시를 건설하려는 제후들에게 보낸 서신에 다음과 같은 내용이 들어 있었다고 한다; '都市를 건설할 때는 주민들이 즐거운 마음으로 살 수 있도록 風景이 아름다운 곳을 선택해야 한다. 사람들은 風光이 아름다운 곳을 떠나기 싫은 법이다. 울창한 숲과 근처에 山이 있어 前望이 아름다운 곳, 숲이 풍경을 장식해 주고 여기저기 개울이 흐르는 곳 이런 곳이 도시가 들어서기에 좋은 곳이지만, 風景이 너무 아름다우면 사람들이 享樂에 빠져들기 쉽고 국가적으로도 바람직하지 못할 수도 있으므로 風景을 즐기는 데에도 절도가 필요하다'

림경관, 문화재보호법의 천연기념물 관련 사항 중 나무와 산림에 해당되는 모든 관련 영역에 적용할 수 있다.

2015년 말 현재 전국에 나무와 숲과 관련하여 천연기념물로 지정된 것은 총 261개소이다. 노거수 169곳, 수림지 24곳, 마을숲 23곳, 희귀식물 19곳, 자생지·분포한계지 26곳이다. 공원의 경우 2013년 현재 전국의 자연공원은 총 78개소로 면적은 7,857.59 km^{2}인데 종류별로 보면, 국립공원 21개소 6,656.25 km^2, 도립공원 30개소 1,134.95 km^2, 군립공원 27개소 237.76 km^{2}이다.

[표 7-2] 국립공원 현황(21곳)

단위 : ㎢

공 원 명	위 치	면 적	지정일자
	21개소	6,656.246 (해상 2,753.709)	
지 리 산	전남·북, 경남	471.758	'67. 12. 29
경 주	경북	138.715	'68. 12. 31
계 룡 산	충남, 대전	64.683	'68. 12. 31
한 려 해 상	전남, 경남	545.627(해상 395.479)	'68. 12. 31
설 악 산	강원	398.539	'70. 3. 24
속 리 산	충북, 경북	274.541	'70. 3. 24
한 라 산	제주	153.386	'70. 3. 24
내 장 산	전남·북	81.715	'71. 11. 17
가 야 산	경남·북	77.074	'72. 10. 13
덕 유 산	전북, 경남	231.650	'75. 2. 1
오 대 산	강원	303.929	'75. 2. 1
주 왕 산	경북	107.425	'76. 3. 30
태 안 해 안	충남	326.574(해상 289.543)	'78. 10. 20
다도해해상	전남	2,321.512(해상 1,986.684)	'81. 12. 23
북 한 산	서울, 경기	79.916	'83. 4. 2
치 악 산	강원	181.631	'84. 12. 31
월 악 산	충북, 경북	287.977	'84. 12. 31
소 백 산	충북, 경북	322.383	'87. 12. 14
변 산 반 도	전북	154.715(해상 9.196)	'88. 6. 11
월 출 산	전남	56.100	'88. 6. 11
무 등 산	광주, 전남	75.425	'13. 3. 4

[표 7-3] 도립공원 현황(30곳)

단위 : ㎢

명칭	위치	면적	지정일자
	30개소	1,134.953	
금 오 산	경북	37.650	'70. 6. 1
남 한 산 성	경기	36.447	'71. 3. 17
모 악 산	전북	42.220	'71. 12. 2
덕 산	충남	21.024	'73. 3. 6
칠 갑 산	충남	32.946	'73. 3. 6
대 둔 산	전북	38.100	'77. 3. 23
낙 산	강원	8.665	'79. 6. 22
마 이 산	전북	17.221	'79. 10. 16
가 지 산	경남, 울산	105.429	'79. 11. 5
조 계 산	전남	27.380	'79. 12. 26
두 륜 산	전남	33.390	'79. 12. 26
선 운 산	전북	43.700	'79. 12. 27
팔 공 산	대구, 경북	126.280	'80. 5. 13
대 둔 산	충남	24.860	'80. 5. 22
문 경 새 재	경북	5.300	'81. 6. 4
경 포	강원	9.555	'82. 6. 26
청 량 산	경북	48.760	'82. 8. 21
연 화 산	경남	22.260	'83. 9. 29
태 백 산	강원	17.440	'89. 5. 13
고 북	세종	1.949	'13. 1. 7
천 관 산	전남	7.606	'98. 10.13
연 인 산	경기	37.474	'05. 9. 12
신안증도갯벌	전남	144.000(해상 143.263)	'08. 6. 5
무안갯벌	전남	37.123(해상 36.000)	'08. 6. 5
마라해양	제주	49.755(해상 49.175)	'97. 8. 23
성산일출봉	제주	16.156(해상 16.156)	'97. 8. 23
서귀포시립해양	제주	19.540(해상 19.540)	'99. 1. 5
추자	제주	95.292(해상 94.481)	'00. 8. 31
우도해양	제주	25.863(해상 25.863)	'00. 8. 31
수리산	경기	6.963	'90. 7. 16
제주곶자왈	제주	1.547	'11. 12. 30

[그림 7-1] 국립공원 설악산 - 만경대 주변 풍경

[표 7-4] 군립공원 현황(27곳)

단위 : ㎢

명칭	위치	면적	지정일자
	27	237.775(해상 3.772)	
강 천 산	전북 순창군	15.844	'81. 1. 7
천 마 산	경기 남양주시	12.714	'83. 8. 29
보 경 사	경북 포항시	8.509	'83. 10. 1
불 영 계 곡	경북 울진군	25.140	'83. 10. 5
덕 구 온 천	경북 울진군	6.054	'83. 10. 5
상 족 암	경남 고성군	5.106 (해상 3.772)	'83. 11. 10
호 구 산	경남 남해군	2.869	'83. 11. 12
고 소 성	경남 하동군	3.177	'83. 11. 14
봉 명 산	경남 사천시	2.645	'83. 11. 14
거 열 산 성	경남 거창군	4.252	'84. 11. 17
기 백 산	경남 함양군	2.011	'83. 11. 18
황 매 산	경남 합천군	17.988	'83. 11. 18
웅 석 봉	경남 산청군	17.250	'83. 11. 23
선 불 산	울산 울주군	11.585	'83. 12. 2
운 문 산	경북 청도군	16.200	'83. 12. 29
화 왕 산	경남 창녕군	31.283	'84. 1. 11
구 천 계 곡	경남 거제시	5.871	'84. 2. 4
입 곡	경남 함안군	0.995	'85. 1. 28
비 슬 산	대구 달성군	13.000	'86. 2. 22
장 안 산	전북 장수군	6.380	'86. 8. 18
빙 계 계 곡	경북 의성군	0.840	'87. 9. 25
아 미 산	강원 인제군	3.160	'90. 2. 23
명 지 산	경기 가평군	12.730	'91. 10. 9
방 어 산	경남 진주시	2.588	'93. 12. 16
대 이 리	강원 삼척시	3.665	'96. 10. 25
월 성 계 곡	경남 거창군	0.650	'02. 4. 25
병 방 산	강 원	0.500	'11. 9. 30

제3절 경관 관리 기법

1. 경관관리의 이념과 원칙

(1) 이념

산림경관은 산림을 주체로 하여 그 주위공간과 구성된 시각공간을 말한다.

산림경관관리(施業)란 한편으로, 산림이 지닌 경관적, 생태적, 문화적 특성을 고려하여 시각의 질을 높여 심미적 욕구를 충족시켜 삶의 질을 향상시킬 목적으로 여러 가지 작업법(시업법)을 적용하여 숲을 가꾸는 것을 말한다. 「시업」이란 말은 산림 현장에서 흔히 사용하는 용어로써 각종 숲가꾸기(育林作業)의 구체적인 기법을 말한다(조림, 육림, 수확-간벌, 주벌). 산림경관을 대상으로 조치(treatment)를 취하는 것을 경관 시업이라고 한다. 경관시업이 목적하는 바는 산림경관의 아름다움을 창출하여 산림미의 가치를 증진하여 인간의 심미적 욕구를 충족시키는 것이다.

(2) 원칙들

지금까지 미적 관점이 아닌 일반적으로 산림을 다루는 방법은 산림경관을 대상으로 이를 정비한다는 개념이었고 다루는 것도 시업중심이고 벌채 작업을 은폐하는 것이었다. 하지만 미적 산림경관 관리는 개념에 있어서 풍부한 산림 어매니티(amenity)를 연출하여 산림경관 체험을 즐겁게 하도록 하는 것이다. 대상도 산림을 중심으로 하는 경관이며, 작업은 視點 設定, 視點場 디자인, 산림을 인상깊게 관찰하기, 경관체험, 숲가꾸기, 산림자체의 매력을 증진할 수 있도록 한다.[105]

한편, 루카스(Lucas, O.W.R.)는 산림경관 디자인에 있어서 가장 중요한 원칙(principles)들로 형(shape), 시각의 힘(visual force), 스케일, 다양성, 통일, 장소의 魂(genius loci)를 들고 있다.[106] 視點에서 바라다 보이는 미적 대상의 可視性(visibility)을 개선하여 시각의 질을 높이는 일련의 조치들은 미적 산림경관관리에

---

105) 全國林業改良普及協會. フォレストスケープ.

106) Lucas, Oliver W.R., 『The Design of Forest Landscape Design』. Oxford Univ. Press. 1991. p.8

있어서 가장 중요한 일의 하나이다. 이 때 중점으로 고려해야 할 사항들이 앞의 원칙들이다. 이들을 고려한 몇 가지 사례들을 다음 그림과 함께 제시한다. 이때 함께 생각해야 할 것이 경관의 유형과 종류에 따른 특징들이다[표 7-5].

[표 7-5] 경관형태와 거리원경

Litton의 경관유형	특근경	근경	중경	원경	View*	Vista**
전경관(Panoramic L.)	○	○	◎	◎	○	
일시 경관(Ephemeral L.)	◎	◎	◎	◎	○	○
형상/지형 경관(Feature L.)	○	○	◎	○	○	
초점 경관(Focal L.)	○	◎	○	△	○	○
위요 경관(Enclosed L.)	○	◎	○	△	○	○
천개 경관(Canopied L.)	◎	○	△	△		○
세부 경관(Detail L.)	◎	○	△	△		○

주): ◎ 중요 ○ 관계가 있음 △ 거의 관계가 없음 * 풍경 ** 시선유도를 형성한 경관
출처; 高木勝久, 1988. 林文鎭. 「森林美學」(1991)에서 재인용.

[그림 7-2] 조망점(visual point)과 시대상(VQO).
관찰자는 수면에 투영된 경관뿐만 아니라 근경과 중경을 동시에 관찰하며 원경인 산봉우리를 함께 응시하게 된다. 이러한 점을 감안하여 수면 주변의 산림을 조망하도록 할 경우에는 조망점의 위치를 면밀하게 조사하여 정하고, 시대상의 시업을 심사숙고해야 한다. 특히 수면 가장자리의 나무는 시선을 잃게 할 가능성이 있으므로 절대로 벌채하지 않도록 한다(광릉 육림호 주변-산봉우리는 소리봉).

전경관과 일시경관은 멀리 바라보는 아름다움이 위주이기 때문에 중경과 원경을 중요하게 다룬다. 그러나, 일시경관 중에는 연못이나 호수에 비춰진 경관도 대상이므로 그 가장자리를 접근할 수 있는 경우에는 특근경과 근경도 중요하게 다뤄져야 한다. 초점경관과 위요경관은 근경, 천개경관과 세부경관은 특근경에 초점을 맞춰서 시업한다. 차폐경관은 근경에 관련된다.

[그림 7-3] 숲 안에서 숲 밖을 볼 때.
숲 밖의 경관을 볼 수 있는 좋은 조망점이 있다면 주변을 적절하게 정리하도록 하여 시야를 넓히도록 한다(핀란드 자작나무숲).

[그림 7-4] 관찰자의 위치에 따라서 달라지는 경관의 모습.
관찰자가 이동함으로써 조망점의 위치가 달라지고, 이에 따라서 시대상의 모습과 크기가 각각 달라진다. 이 경우 시대상이 좋은 것이라면 위치에 따라서 풍경미의 독특성을 체험할 수 있도록 조망점을 곳곳에 배치할 필요가 있다. 하지만, 가려야 할 시대상이 있다면 양각과 부각의 원리를 활용하여 처리하도록 한다(백두산 지역).

[그림 7-5] 평지에 조망점이 있을 경우.
넓은 평지 조망점은 관찰 위치가 거의 고정적이므로 시대상도 근경, 중경, 원경 등 어느 하나에 고정되는 경우가 있는데, 산림시업을 통해서 근경으로 막힌 부분을 일부 트이게 하여 중경이나 산봉우리 등 원경을 감상할 수 있도록 한다(미국 와싱턴 주 Mt. Rainier 국립공원).

[그림 7-6] 계곡이나 풀밭에서 좌우 경관을 감상할 수 있는 곳.
좌우 산림경관을 보일 수 있게 함은 물론이려니와, 동일한 모습을 연출하지 않도록 한다(백두산 王池가는 야생화 풀밭길).

[그림 7-7] 계곡에서 정상을 볼 수 있는 곳.
이러한 곳에 조망점을 배치하고 정상, 혹은 주요 시대상을 가리는 곳이 있다면 개방을 위한 시업을 단행하도록 한다(캐나다 록키 산맥 계곡일대 – 영화『돌아오지 않은 강』 촬영지).

[그림 7-8] 침엽수의 역할.
활엽수림 중 군데군데 남아있는 침엽수는 양념과 같은 역할을 한다. 낙엽기엔 힘찬 유채색과 피라미드형으로 숲에 생기를 불어넣어 주고 봄, 가을에는 나무들이 각양각색으로 연출하는 숲 칼라에 있어서 기준과 같은 역할을 한다. 따라서 활엽수림 전체 경관을 잘 살펴서 남겨 두거나 랜드마크 역할을 할 수 있는 침엽수를 잘 선택하여 시업하도록 해야한다(강원도 횡성군 강림면 한국통나무학교 주변).

[그림 7-9] 나무 줄기의 역할.
산악 경사지 숲에서 수고가 높은 나무들이 군상으로 있을 경우 이들을 드러내게 하면 관찰자에세 독특한 느낌을 줄 수 있다. 동령임분의 숲에서는 어려운 방법이지만 가파른 경사지 숲에서는 지하고의 높이를 조절하여 이 같은 문제점을 어느 정도 해결할 수 있을 것이다. 이령임분의 숲에서는 얼마든지 가능한 시업이다. 직간성인 침엽수 뿐만 아니라 통직한 활엽수도 멋진 모습을 나태낼 수 있다(일본의 삼나무숲).

[그림 7-10] 여러 가지 경관을 볼 수 있는 조망점.
부지 내에 변화무쌍하게 아름다운 경관을 볼 수 있는 조망점이 있다면 적극적으로 개발해야 한다. 필요한 경우 '틀에 넣기' 기법을 활용하여 주변을 정리하는 것도 고려해야 한다(캐나다 자스퍼 부근).

(3) 산악경관의 이미지 창출을 위한 설계 고려사항

산림이 평지에 있을 때와 起伏이 있는 경사지에 있을 때 형성되어 나타나는 경관미는 다르다. 평지에 펼쳐진 산림경관은 시점의 높이를 조정하기가 곤란하기 때문에 관찰자에게 거의 2차원적이고 단조롭고 동일한 경관 캐릭터를 전달한다. 그러나, 기복이 다양한 산악지에 양감되어 있을 때 그것이 연출하는 외관은 놀랍다. 이처럼 산림은 골격이 잘 갖춰진 산악과 어우러져 더욱 입체적인 아름다움을 연출한다.

산악 및 산림경관은 감각(sense)과 정서(emotion) 양자에 어필한다. 디자이너의 직업이라는 것은 그러한 감각적인 지각을 고양하고 반응을 불러 일으키며, 사람들로 하여금 경관의 기묘한 특성으로 빠져들게 하는 경험의 장소와 시퀀스(sequence)를 창조하는 것이다. 어떤 자연경관에 있어서 좋은 디자인이란 그의 디테일과 다양성(detail & variety)을 보존하고 최대한 활용하는 것이다. 산림경관의 심미적 질을 이용하기 위해서 디자이너들은 다음과 같은 지침(guide line)을 염두에 두고 있어야 한다.107)

① 경관의 정신적/영적(spiritual) 특성을 존중할 것

경관을 특별하게 만드는 요소들은, 그들이 종종 감각적 호소의 만질 수 없는 합류점인 것처럼 시각적 문화적 전통들과 개인의 역사들에게까지 퍼져있다. 장소에 관해서 의미심장한 感覺性(sensitivity)은 그것을 그대로 유지하는데 도움을 준다.

② 위협적인 장엄한 스케일을 중화시킬 것

산악 커뮤니티 어디인가에는 쉬게 하고 따뜻하게 하며 개인적으로 친한 自然空間과 人工空間 양자가 있게 마련이다. 林冠(canopy), 스크린, 위요, 부드러운 콘트라스트, 그리고 프레임을 형성하고 시선을 향하게 하는 요소들은 산악경계공간의 초인적인 비율을 조정함으로써 중요한 핵심적인 공간기능에 도움이 될 수 있다.

③ 조망과 視線을 잘 이용할 것

조망은 사람들이 지역환경으로 향하게 하고 그리고 자연현상의 장소창조기여를 강화하는데 도움을 준다. 유리한 포인트(경관, 지형지물 등)들은, 그들이

---

107) Dorward, S., 『Design for Mountain Communities』. 1990. pp.47~51.

어떻게 잘 입지되고 다른 경관 요소들과 잘 연결되는가에 따라서 의식적인 질을 가진 장소가 될 수 있다.

이미지들의 형상화에 있어서, 장소의 시야(views)들은 그것으로부터의 조망만큼이나 중요하다. 조망을 이용하는 것은 입지(siting)뿐만 아니라 뷰 콜리도(view corridor)를 확립하고 보호하는 것의 핵심사안이다. 산악경관에 있어서 3차원적인 조절(control)은 필수사항이다.

경관에 있어서 어떤 장소들은, 예외적이든 아니든, 시설들이 한 점에 모이거나 강줄기와 같은 자연적인 축과 일치하는 곳에서는 더 눈에 띄도록 특징적이다. 조망이 끝나는 장소들은 正體化(identified)되어야 하며, 그리고 조망의 질을 떨어뜨리지 않도록 계획된 변경을 확보하는 주의가 요구된다.

④ 視覺的**으로 예민한** 風景**을 존중할 것**

월등한 자연형상-특별한 토지형태, 암반, 수목, 혹은 물의 형상-들은 그들의 구성적인 속성들(선, 형, 색, 질감), 주변환경과의 콘트라스트, 그리고 그들이 어떻게 나타나게 될 것인가에 영향을 주는 변수들(모션, 빛과 대기 컨디션, 계절) 때문에 두드러진다.

그러나 물리적 특성 그 자체는 시각적 감각성의 척도는 아니다. 특별한 경관이나 월등한 형상의 상대적인 시각적 중요성은 역시 그것이 어떻게 보이느냐에 달려있다. 관찰자의 수, 경관특성에 대한 그들의 기대, 지역으로부터의 거리, 조망각도와 지속성, 그리고 주의를 끄는데 경쟁관계에 있는 다른 초점 포인트들의 수와 그 관계에 따라서 시각적 중요성이 달리 보인다.

경관의 특성을 잃지 않고 변화를 흡수하는 능력인 경관의 脆弱性(vulnerability)은 식생, 암반노출, 그리고 물의 형상에 있어서 다양성의 정도, 토지형태와 식생이 변화를 선별하여 차폐(screen)할 수 있는 정도와 한계(extent), 그리고 교란으로부터 회복할 수 있는 식생의 능력 등에 달려있다. 취약성과 시각적 감수성은 개발행위가 최소로 침입하게 되는 곳을 나타내도록 도면화할 수 있다. 어떤 경관들은 변화에 대하여 시각적으로 예민하고 또 매우 萎弱하여 상처받기가 쉽다.

예외적으로 경관적 형상들은, 본래대로 완전하게 유지될 필요가 있거나 혹은 질의 저하없이 어떤 변화를 감당할 수 있는 영향권을 가지고 있듯이, 특별한 디자인상의 주의를 요구한다.

⑤ **경관에 있어서 관찰자의 垂直的 位置를 조정할 것**

대부분의 사람들은 山岳風景을 아래로부터 올려다본다. 그것으로 인하여 휴먼 스케일과 山 사이의 이미 알맞은 콘트라스트가 과대하게 보이게 된다. 이 조망점은 그러므로 사이즈, 범위와 규모, 거리, 그리고 고도를 판단하는 것을 어렵게 하고 있다.

사람들은 조망이 있는 장소를 좋아한다. 통로, 도로, 그리고 건물들은 조망기회를, 좀 덜 활발한 사람들에게까지 확장시킬 수 있는 방법으로 고도변화를 통합할 수 있다. 그리고 가능한 곳에서는 視點을 고도로 차별화하므로써 산악경험의 신기함이 고양되는 것이다.

⑥ **경관을 통하는 움직임과 경험과 조망의 시퀀스 양자 모두를 중요하게 인식할 것**

山岳景觀의 3次元性은 고정된 위치로부터는 완전하게 감지될 수 없다. 형, 거리, 공간, 빛, 그리고 관찰자의 위치의 일련의 진행적인 상호작용인 연속적 경험(sequential experience)은 경관 폭을 전달하는데 있어서 훨씬 더 효과적이다. 경관의 시각적 이미지와 그 안에서의 형상은 그것들이 보여지는 것으로부터의 거리에 따라서 변하며, 거리에 대해서는 색, 질감, 디테일, 스케일, 그리고 비율에 대한 인지가 달라지게 된다.

⑦ **前景을 注目할 것**

멀리 바라다 보이는 봉우리들은 아찔하게 보일지도 모르지만, 그러나 사람들은 여전히 인간적으로 축척된 보호와 감각적 충동을 제공하고자 그 풍경을 가까이 바라본다. 질감과 디테일은 폐쇄범위에서 가장 잘 나타난다. 강줄기, 둥근 돌 漂石, 나무, 야생화, 그리고 다른 주의깊게 축척되고 디테일한 요소들은 모두 세팅을 좀더 편안한 스케일로 떨어뜨리는데 도움을 준다. 전체 경관패턴의 대표격이 되는 前景 디테일은 핵심적인 장소의 예가 되고 따라서 상징적인 중요성을 가진 디자인의 道具이다.

⑧ **지표평지의 연속성을 보호할 것**

경관을 그것이 위치해 있는 가장 낮은 지점으로부터 조망할 때, 지표는 경관 연속성에 있어서 하나의 주요요소가 된다. 울퉁불퉁하고 넓디넓은 하층식생이나 울창한 산림은 視線의 연속성과 움직임에 대한 자연장벽이다. 그와 대조적으로, 호수, 연못, 목초지, 그리고 작은 벌목지들은 대부분의 산악 경관에 있어서 가장 가치있는 요소들 사이에 둘러싸여 있다, 왜냐하면 그들은 지표면에 시각적 관입을 허락하고 있기 때문이다.

⑨ 자연적인 물의 형상을 보존하고 더 많이 첨가할 것

많은 다양한 모양으로 나타나는 물 - 시내, 강줄기, 연못, 氷河湖, 늪지, 캐스케이드(cascade), 野溪, 눈과 얼음 등 - 은 산악에 있어서 진기한 상품이자 동시에 계절적인 문제를 나타나게 하고, 디자인 道具로써 감각적으로 이용하면 더 큰 즐거움을 보장하게 된다. 그것을 산악 커뮤니티 전체 속으로 엮어 짜넣으면 場所와 에코시스템과 時間의 흐름과의 또 다른 연계를 확립하게 된다.

⑩ 시간, 자연적인 프로세스, 그리고 변화를 해석하고 이해 연출할 것

입지와의 친밀성은 그의 자연적인 역사를 전달하는 디자이너의 가장 좋은 수단이다. 하천, 바위형태, 그리고 노두(露頭)들은 특별히 형태적 프로세서와 지질시대의 좋은 일러스트레이션이다. 타운의 團地計劃으로부터 디테일 설계에 이르기까지 어떤 스케일로의 디자인은 지형적으로 의미심장한 형상이나 혹은 프로세스가 왕성하여 뚜렷한 지역들을 강조해야 한다.

⑪ 경사의 시각적 영향을 파악하고 있을 것

디자이너들은 경사에 대한 그들의 생각을 실질적인 제약에 한하는 경향이 있지만, 그러나 거기에는 심미적인 고려점도 있다. 가파른 경사도상에는 더 많은 지표면이 보일 수 있다. 바꿔말하면, 완만한 비탈면과 저지에서는 遠近畵法 때문에 적은 지표면이 보일 뿐이다.

이것은 경사면에서는 빌딩군이나 접근도로들이 더 많이 보일 수 있다는 점을 의미한다. 경사면에 있는 좀 높은 부지는 저지 가까이 있는 부지보다도 더 많이 보일 수 있는데, 이것은 부지의 조망을 차단하는 것들은 적고, 그것들이 보일 수 있는 지점들은 많기 때문이다. 관찰자의 위치에 따라서 지붕선은 더 시각적으로 우월하게 될 수 있다. 경사면에 있어서 더 주목해야 할 것은 향토식생에 있어서 반복되는 형(shape)과 패턴들이다. 이들 패턴들이 지형상의 변화들과 어떻게 상호관련하고 있는가를 이해하는 것과 새로운 형태들이 자연적으로 눈에 띄는 것들과의 관계는 경사면에 대한 시각적 영향을 감소시키

는 것을 도와준다.

시각적 영향을 미리 고려하기 위하여, 디자이너는 대지가 어떻게 흐르고 있고, 경사가 배수패턴을 어떻게 조절하고 있으며, 어떻게 그리고 어디에 빌딩과 도로를 떨어뜨려야 하는 것을 이해하고 있어야 한다. 말하자면, 경사진 지형을 위해서 효과적으로 디자인 하는 것을 수직적인 면뿐만 아니라 수평적인 면에 있어서 좀 더 많은 실전적인 시각을 요구한다.

⑫ 지형으로부터 구조적인 형태에 대한 端緖를 얻을 것

하나의 구조가 그의 자연적인 세팅이 있는 장소에서 벗어나 있는 것처럼 보일 때, 공통적인 문제는 그의 일탈을 지형과 적합시키는 것이다. 대중은 형태나 각도, 매스와 스케일, 색깔이나 재료에 있어서 커뮤니티와 주변경관의 특성간의 뚜렷한 관계를 그려내는데 도움을 준다.

⑬ 季節의 변화를 기억하고 있을 것

기온은 산악지역에 있어서 여름에서부터 겨울까지 근본적으로 변화하는 유일한 것은 아니다. 색깔과 香氣도 역시 계절의 신호이고 장소에 대한 感覺的인 象徵들이다.

소나무와 떨어진 生葉의 향기는, 예를 들면, 유사경관에 있어서 기꺼이 그의 과거 경험에 대한 회상의 계기가 되며, 場所와 그의 자신의 個人 歷史 사이의 미묘한 連繫를 만들어 준다. 빈틈없는 디자이너들은 매 계절마다 입지의 감각적 특성에 기여하는 요소들을 지각하고 있으며 그에 주의를 돌린다. 특히, 낙엽성 식생과 같이 드라마틱하게 변화하는 그러한 요소들에 대해서는 더 그렇다.

⑭ 눈(雪)을 이용하여 환타지를 창조할 것

바람과 눈은 자연의 瞬間 彫刻家(nature overnight sculptors)이고 경관요소들은 그 아래의 아마츄어이다. 눈보라 폭설 후의 첫번째 맞는 맑은 아침은 눈이 정상적인 바위, 나무, 기둥과 담장들로부터 加工한 형상(shape)을 벗기는 생기에 차 번득이는 환타지의 하나이다.

⑮ 聽覺을 이용할 것

산악체험의 기억을 기술하라는 요청을 받으면, 사람들은 종종 소리들을 언급한다. 거품을 일으키며 흐르는 시내물, 폭포, 소나무 사이를 지나는 바람, 떨어지는 바위나 꺼지는 얼음의 쨍그랑 소리, 새의 노래소리, 메아리, 그리고 더 나아가 유례없는 겨울의 사이런스(靜寂)-.

지각있는 디자이너는 경관을 경험하는데 있어서 사운드의 중요성을 인식하고 있으며, 그리고 그것을, 독특한 옥외 공간을 창조하고, 트레일(발자국, 흔적, 오솔길)을 설계하거나 혹은 밖의 것들이 들릴 수 있도록 내부용도와 窓의 위치를 정하는데 이용한다.

⑯ 터치(觸覺)를 이용할 것

재료나 질감은 조직구성물의 색깔과 도구의 작용물(agents) 이상의 것이다. 영속성과 연속성의 케뮤니케이션에 있어서, 그들은 좀더 탁월한 의미를 표현하고 있다. 사람들은 본질적으로 바위를 만지려고 다가가고 그의 딱딱함과 질감을 느끼려 손을 내민다. 그들은 물을 느끼고 그의 속도를 재고 차가움을 재기를 원한다. 이러한 재료들에 접근하게 하므로써, 디자인은 좀더 완벽하게 사람들을 경관 속으로 이입(移入)시킨다.

특히, 산악 경관의 미학적 질을 높이기 위해서는 디자이너들에게 다음과 같이 산림(식물)이 지닌 잠재력을 이용할 것을 권장하고 있다.[108]

- 지역 생태계의 해설자(local ecosystem interpreter)
- 생물 서식처(habitat)
- 연결자(linkage): 생태 이동통로
- 스케일 조정자(scale-modulator): 전경-중경-배경/원경에 이르기까지 규모로 전환
- 길안내자(pathfinder): 색, 캐릭터, 무리, 방향과 지점, 게이트 웨이 특징
- 황야 안무(comfort in wilderness): 오아시스 역할
- 공간 구획자(spatial articulator)
- 랜드마크(landmark)
- 시야의 틀(view frames)
- 감각자극(sensory stimuli): 색깔, 소리, 냄새, 모션, 계절성 리마인더
- 식재 디자인을 위한 모델(model for planting design)

108) 같은 책. pp.163~165.

사람들이 하나의 경관을 감상할 때, 그들이 얻는 이미지들은 그들이 갖고 있는 선입견과 그들이 얼마동안 무엇을 그리고 얼마나 보는 것에 대한 경험의 합성물이다. 이미지는 그의 개별적인 형상의 산물이기도 하지만 세팅의 산물이기도 하다. '이미지는 靜的인 픽처(picture)로부터 형성되는 것이 아니고, 時間을 넘어 지각된 일련의 비네트(vignette)로부터 추출된다'.

여기에서 사시사철 변화무쌍한 모습으로 자기를 연출하는 식물들이 이미지 형성에 끼치는 영향은 지대하다. 그러한 의미에서 개별 수목이나 야생화, 그들이 무리를 짓고 있는 군체(群體, massing)들이 지닌 미학적 잠재력을 잘 파악하고 적절하게 활용하는 것은 산림경관을 미학적으로 관리하는데 있어서 대단히 중요하다.

2. 경관관리의 기법 사례

(1) 미국 산림청의 풍경 관리 시스템(Scenery Management System)109)

1) 개요

풍경 관리 시스템(Scenery Management System, SMS)은 국유림의 미적 가치의 목록화와 분석을 위한 시스템으로써 1995년에 작성된 것인데, 1974년에 제작된 시각자원관리 시스템(Visual Management System, VMS)을 대체한 업데이트 버전이다.

VMS 시스템의 핵심은 그대로 남아 있지만, 용어가 바뀌고 업데이트 된 연구결과를 반영하여 통합시키기 위해 확장된 것이다. 두 가지 차이점 중 하나는, 목록과 계획과정에 걸쳐서 고객의 역할이 증대되고 있다는 점과, 다른 하나는, 기본개념과 생태계 관리의 용어를 차용하고 통합하고 있다는 점이다. SMS는 계획과정에서 미학을 다른 생물학적, 물리적, 그리고 사회문화적 자원들과 진전된 통합을 이루는데 제공될 것이다.

[그림 7-11]은 SMS의 진행절차를 나타낸 것이다. 진행절차는 사람들과 인연을 맺고 있는 풍경 구성인자들의 정체성을 확인하고, 이들 구성인자들을 도면화하며,

109) USDA Forest Service, 앞의 책의 내용 중 중요부분들을 발췌한 것이다.

수집된 자료로부터 미학을 위한 가치 단위(value unit)를 개발하는 것을 수반한다. 이 가치단위들은 계획팀에게 정보를 제공하는 한편, 생태계의 한 부분인 풍경에 관해서 합리적인 의사결정에 이르게 한다.

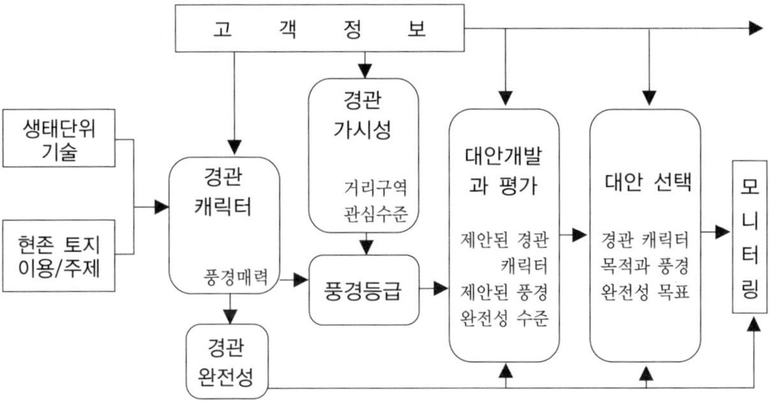

[그림 7-11] 풍경관리시스템(SMS) 진행도

2) 진행절차

• 생태단위기술(ecological unit description, EUD)

생태단위기술을 도면화하는 것으로도 불리는데 SMS와 생태계 계획을 위한 공통 출발점을 나타낸다. 생물적, 물리적 요소들에 대한 객관적 기술은 EUD로부터 나오고, 경관캐릭터 기술을 개발하기 위해 정체성이 확인된 경관 캐릭터 속성들과 조합된다.

이 조합은 개별 경관을 정체성있고 독특하게 만드는 풍경 속성들의 조합이다. 경관 캐릭터는 '장소의 혼(sense of place)'을 창조하고 지역의 이미지를 표현하며 경관 캐릭터 기술은 풍경 매력 등급을 정의하기 위한 참조틀(framework of reference)이다.

• 풍경매력(scenic attractiveness, ISA)

매력 등급을 특별한 경관 캐릭터 안에서 토지의 상대적인 풍경 가치를 결정하기 위해 개발한다. 여기에는 다음 3가지 등급이 있다: A 독특한 곳, B 전형적인 곳, C 특색없는 곳

지형, 식생, 암반, 문화적 특징, 그리고 수계 특징의 경관적 요소들은 각 등급

들의 각각에 대해서 선, 형, 색, 질감, 그리고 구성의 관점에서 기술된다. 등급과 이들에 대한 명세내역은 일반적으로 차트양식에 표시되고 ISA 등급을 묘사하는 지도도 준비된다.

경관 캐릭터 기술은 모든 토지의 풍경 완전성(scenery integrity,SI)에 대한 참조로써 이용된다. 풍경 완전성은 경관 캐릭터의 때묻지 않은 무결성과 전체성(intactness and wholeness)의 정도를 표시한다; 거꾸로 말하면, 풍경 완전성은 경관 캐릭터의 시각적 손상 정도의 측정도구이다. 아주 적은 시각적 훼손이 있는 경관은 높은 풍경 완전성을 가진 것으로 간주한다. 풍경 속성 간에 증가하는 부조화 관계를 가진 그러한 경관은 감소된 풍경 완전성을 가진 것으로 보인다. 풍경 완전성은 '매우 높은, 높은, 중간, 낮은, 매우 낮은, 수용불가할 정도로 낮은'으로 표현되며 그렇게 지도에 표시된다.

• 경관 가시성(landscape visibility)

두 부분으로 이뤄져 있다; 다양한 광경(scenes)을 가진 일반 대중에 대한 상대적 중요도와 관찰자로부터의 거리에 기반을 둔 광경의 상대적 민감도에 관련을 맺고 있는 것으로써의 인간 가치 기준과 관련된다. 경관의 지각에 영향을 주는 인간 가치기준은 고객 분석으로부터 추출된다.

• 고객 분석(constituents analysis)

매력을 지각하는데 있어서 가이드로써 역할하고 특수한 장소의 정체성을 확인하는데 도움을 주며, 사람들이 주제경관(subject landscape)에 부여하는 의미를 정의하는데 도움을 준다. 고객분석은 일반대중에 대한 미학의 상대적 중요도의 결정으로 이끄는데, 이 중요도는 관심수준(concern level)으로써 표현된다. 부지, 길, 특수한 장소, 그리고 다른 지역들이 미학의 상대적 '높은, 중간, 낮은 중요도'를 반영하도록 1, 2, 3의 관심수준 가치로 지정된다.

• 보이는 지역과 거리구역

이것은 관찰자로부터의 거리에 따른 광경의 상대적 민감도를 결정하기 위해 이렇게 1, 2, 3으로 지정된 지역들로부터 도면화된다. 구역은 관찰자로부터 거리에 따라서 전경, 중경, 원경(혹은 배경)으로 구분한다.

수집된 데이터를 이용하여 수치로 된 풍경 등급 매김은 모든 표지에 풍경 매력과 경관 가시성에 대해 도면화되고 1~7까지 매겨진 등급은 개별 경관 지역들의 상대적인 풍경 중요도 또는 가치를 표시한다. 도면화된 풍경등급은 산림계획과정 중에 풍경의 가치를 목재, 야생동물, 노령임분, 또는 광물과 같은 자원들과 비교하는데 쓰이게 된다.

계획과정에서 바로 이 시점에서 경관가치 지도는 수집된 모든 데이터를 중첩하여 사용함으로써 제작된다. 대안 개발에 있어서는 경관 캐릭터 기술의 잠재적이고 역사적인 측면들과 다른 자원과 사회적 수요에 관하여 성취할 수 있는 경관 캐릭터 선택을 개발하는데 이용된다. 경관 캐릭터 기술 그리고 연관된 풍경 완전성 수준들, 장기 및 단기는 개개 선택과 대안을 위해 정체성이 확인된다. 계획의 채택에 대해서는 경관 캐릭터 기술이 목적(goals)이 되고, 풍경 완전성 수준이 풍경 완전성 목표가 된다. 부수적인 계획 실행은 풍경 관리를 위한 장기 및 단기 목적과 목표를 모니터링 하는 것을 포함한다.

3) SMS의 의도와 범위

SMS는 모든 토지경영계획을 위한 미학과 풍경에 관한한 편익, 가치, 욕구, 그리고 선호를 통합하기 위한 도구이다.

풍경관리를 위한 핸드북으로써의 경관미학은 생태계관리의 통합된 부분으로써 풍경관리를 기술하는 것이다. 생태계 관리는 평가와 계획(산림계획 포함)의 모든 단계를 위한 틀이다. 생태계 관리를 통한 계획에 대한 접근법들은 지속적으로 변하고 있고, 계속적으로 그렇게 될 것이라는 사실을 인식하고 있다. 이 자료는 필요가 발생하면 업데이트될 수 있다는 틀에서 살아있는 서류가 되기를 의도하고 있다.

풍경관리시스템(SMS)은 풍경의 질서있는 목록, 분석, 그리고 관리를 위한 종합적인 틀을 제공한다. 적용범위는 모든 국유림과 산림청 관할에 있는 초지 그리고 산림청의 활동, 예를 들면, 목재수확작업, 산림도로건설, 수계개선, 특수이용개발, 설비라인건설, 휴양개발, 신탄재개발지(fuelbreaks)에 이른다. SMS가 수립한 것은 통용용어, 목록, 분석, 종합을 위한 지속적인 절차, 풍경관리를 위한 기준과 지침, 모니터링 등이다.

산림청은 모든 풍경관리 데이터를 산림계획의 모든 단계로 통합하는 것을 위한 틀로써 SMS를 이용하고 있으며, 산림계획에는 다음과 같은 내용이 포함된다;

- 국가차원의 개관
- 지역계획

- 경관지역분석
- 산림계획
- 유역, 지역, 혹은 경관단위 계획
- 세부 프로젝트 계획
- 프로젝트 실행
- 프로젝트 모니터링

질 높은 풍경이 인간 삶에 끼치는 편익은 헤아릴 수 없이 무수하며 계량화하기 곤란할 정도로 금전적인 가치로 표현하지 못한다.

4) SMS의 목적과 목표

SMS의 목적은 일반적으로 사회의 편익을 위해 높은 풍경 다양성, 조화, 그리고 통일성을 지닌 경관을 창조하고 유지하는 것이다. 이렇게 하기 위해서 SMS는 다음과 같은 사항을 목표로 삼고 있다;

- 논리적이고 질서가 있어야 하고,
- 광역토지계획에서 세부적인 프로젝트 계획에 이르기까지 계획과 실행의 모든 단계에 있어서 풍경 평가 욕구에 편의를 제공해 주어야 하며,
- 풍경관리를 위한 유용한 목적과 목표를 만들어야 하고,
- 풍경 관리자들로 하여금 다른 자원에 적용되는 규율의 가치 및 욕구와 상호작용할 수 있도록 허용해야 하며,
- 다른 이들이 결과를 되풀이 할 수 있도록 시스템 접근이 가능해야 하고, 마지막으로
- 의사소통의 도구로써 기능을 가지고 있어야 한다.

5) 원칙과 전제

1995년에 작성된 SMS를 위한 원칙과 전제는 그간의 연구결과와 20여년간 VMS 운용을 통해서 얻은 경험을 바탕으로 제정되었다.

(가) 기반 원칙들(Fundamental Principles)

① 생물적, 물리적, 그리고 사회적 인자들은 풍경을 창조하고 풍경에 영향을 주며, 경관 캐릭터(품격)를 결정하는데 상호작용한다.

② 경관 캐릭터는 환경인자들의 상호작용에 따라서 크게 달라진다.

③ 사람들은 경관 캐릭터를 지각하는 능력을 가지고 있으며 기대한 이미지를 개발한다.

④ 다양한 활동을 통해서 사람들은 경관 캐릭터와 풍경상태를 조정하는 능력을 가지고 있으며 자주 그것을 실행에 옮긴다.

⑤ 경관 캐릭터와 풍경 상태에 있어서 그러한 변화는 본래의 경관 캐릭터를 종종 수정하고, 그를 능가하거나 대체하기까지 한다.

⑥ 사람들은 더 경치 좋은 경관을 대단히 높게 평가한다.

⑦ 일반적으로, 자연스러워 보이는 경관(natural-appearing landscape)이 가장 높은 가치가 있는 것이다.

⑧ 지원관리자들은 경관 캐릭터와 풍경 완전성에 끼치는 해롭고 불리한 영향을 줄이도록 그들의 활동(행위)을 설계해야 한다.

⑨ 사람들은 희망하는 경관 캐릭터를 유지하거나 창조하기 위한 목적들을 수립할 수 있는 능력을 갖고 있다.

⑩ 사람들은 생태적, 기술적, 그리고 설계 지식을 풍경관리 목적과 목표에 일치되게 적용하는 능력을 지니고 있다.

⑪ 몇몇 상황에서, 자원관리자들은 개선된 삶의 질을 제공하기 위해 희망한 풍경 환경들을 영속시키거나 창조하기도 한다.

(나) 기본 전제(Basic Premises)

① **사람들은 풍경 경관(scenery landscape)을 높게 평가한다.**
연구결과에 의하면, 사람들은 더 시각적으로 매력 있고 자연스러워 보이는(자연이 나타나는) 경관을 무척 높게 평가하고 있음을 나타내고 있다. 고객들은, 산림계획을 통해서 보면, 경관 캐릭터 목적과 풍경완전성 목표를 수립하는데 있어서 목소리를 가지고 있다.

② **풍경(scenery)은 서로 공유하는 이미지인 '장소의 혼'(sense of place)에 기여한다.**
국유림을 방문하는 휴양지향적인 사람들의 대부분은 그들이 보기를 기대하는 것에 대해서 이미지를 가지고 있다. 그러한 이미지 혹은 (마음속에 그리고 있는)

정신적 그림(mental picture)은 어느 독특한 지역, 그리고 그 지역이나 그 곳과 유사한 지역에서 얻은 그 사람의 경험에 관여하는 축적된 정보에 의해 만들어진다. 만들어진 이미지는 지역의 특색과 연관된 지적능력(knowledgeability), 기대감(expectedness), 낭만주의적 경향(romanticism), 감동성(emotionalism)을 나타낸다.

③ **경관 캐릭터**(landscape character)**는 정의될 수 있고 관리될 수 있다.**
모든 경관들은 정의할 수 있는 경관 캐릭터 속성(LC Attributes)들을 가지고 있다. 거의 대부분의 국유림에서는 경관 캐릭터 속성들이 지형, 식생패턴, 그리고 수자원 특징들처럼 긍정적인 자연 요소들이다. 전원지대나 농촌환경에서는 긍정적인 문화 요소들이 철로 휀스, 돌담, 창고, 과수원, 산울타리, 그리고 오두막과 같은 역사적 요소들을 포함하고 있다. 도시환경에서 경관 캐릭터 속성들은 건축양식의 조직구성요소를 포함하고 있다.

④ **풍경 매력**(scenic attractiveness)**은 고객들에게 중요하며 정의되고 도면화된다.**
풍경 매력은 지형, 수자원 특징, 그리고 식생 패턴에 고유한 미에 대한 인간적인 지각에 바탕을 둔 경관의 풍경적 중요도를 측정한다. 조합적으로, 이들 속성들은 경관의 자연 풍경미를 결정한다.
환경 인자와 자연력(인자)은 풍경적 매력을 창조한다. 풍경의 매력은 자연적인 혹은 자연스러워 보이는 경관 속에 있는 속성들의 조합으로써 기술될 수 있다. 조경가들이 개발한 풍경 매력은 3가지 등급으로 구분되는데 이것들은 다음과 같다;

- A 등급: 독특한 풍경
- B 등급: 전형적인 또는 일상적인 풍경
- C 등급: 특색없는 풍경

⑤ **자연 현상은 풍경매력에 영향을 준다; 일반적으로 인간 활동은 그렇지 않다.**
경관이 지닌 풍경 매력은 일시적으로 혹은 영원히 허리케인, 토네이도, 홍수, 화산폭발, 지진, 그리고 산불과 같은 자연 현상에 의해 변모된다.
대부분의 경우, 인간의 활동은 풍경 매력을 조정할 수 없다. 목재수확과 같은 직접적인 인간 활동이 풍경의 완전성을 변모시킨다할지라도 매력은 그대로 남는다.

⑥ **사람들은 자연적인 경관과 역사적 문화적 변경에서 오는 그런 경관들을 항상 구별할 수는 없다.**

오랜 동안 몇몇 지역들은 긍정적인 풍경 속성을 가진 새로운 경관 캐릭터를 창조하는 방식으로 변화되어 왔다. 이들을 바람직한 목가적(전원) 경관이라고 부른다.

문화경관은 1차적 문화 활동을 반영하는 통합된 전체를 만드는, 예를 들면 구조적인 것으로써 울타리, 빌딩, 혹은 도로, 또는 조정된 자연지역으로써 들판, 길게 늘어선 관목숲, 능선(분수령), 운하, 혹은 흙 쌓은 곳 등과 같은 요소들을 지닌 그러한 경관들이다.

⑦ **일반 대중들은 자연적 혹은 자연스러워 보이는 경관들 속에 있는 문화적인 이색 지역에 대해 가치를 부여한다.**

역사적으로 변모되었지만 긍정적인 풍경 속성을 지닌 새로운 특성을 가지고 있는, 자연적이거나 자연스러워 보이는 경관 안에 있는 자그마한 지역들은 바람직한 문화적 이색 지대이다.110)

⑧ **풍경 완전성(scenic integrity)은 중요하다.**

풍경 완전성은 도로건설, 목재수확, 혹은 행위 부스러기와 같이 경관에 있어서 직접 인간에 의해 야기된 변이의 정도로써 정의된다. 자연발화된 산불을 인간들이 진화에 의해서 만들어진 경관과 같은 간접적인 변이는 포함되지 않는다. 풍경 완전성은 자연적이거나 혹은 자연스러워 보이는 경관 캐릭터, 또는 일반 대중에 의해 오랜 동안 받아들여져 정립된 경관 캐릭터로부터 선, 형태, 색, 그리고 질감에 있어서 변모 정도를 측정함으로써 평가된다. 이것은 그 경관 캐릭터의 속성들에 대한 규모, 강도, 그리고 패턴에 있어서 변화를 측정하는 것으로써 행해진다.

⑨ **시각 수용력(visual absorption capability, VAC)은 중요한 도구이다.**

VAC는 경관 캐릭터 속성, 지형 복합성, 그리고 기후와 같은 환경인자들에 좌우된다.

---

110) 우리나라에 있어서 산림 속이나 마을 입구 산기슭에 자리 잡고 있는 성황당, 산 속의 사찰, 기타 민속학적으로 귀중하게 다뤄지는 남근석, 여근곡 등이 여기에 해당한다.

⑩ **고객(constituents)의 갈망이 고려되어야 한다.**

고객들은 국유림에 있어서 풍경의 보호와 관리를 요구한다. 그들은 기대, 갈망, 선호도, 행위, 질의 수용 수준, 그리고 경관 캐릭터와 풍경 완전성의 가치를 지니고 있다.

⑪ **고객의 갈망은 산림계획에 쓰일 수 있도록 선호된 경관 캐릭터와 선호된 풍경 완전성으로 종합되어진다.**

조경가와 산림계획가들은 생태학자와 조림학자와 그리고 다른 이들의 도움으로 경관 캐릭터 주제(landscape character subject)를 결정한다. 이들 주제는 생물학적 수용력과 경제적 현실성 양자를 인지하고 있어야 한다.

⑫ **경관 가시성(landscape visibility)은 의미심장한 것이다.**

사람들은 어느 곳로부터이건 어느 때이건 모든 토지를 바라다 본다. 경관의 가시성은 수많은 핵심적이고 상호 연관된 고려사항들에 의해 지배 받는다. 이들은 관찰자의 경험, 기대된 이미지, 경관 속에서 관찰자의 위치, 사람의 수, 관찰기간, 관찰거리, 공기쾌청함, 그리고 시각적 규모에 의해 야기되는 관찰자의 경관에 대한 음미와 정사(精査, viewer scrutiny of landscape)들을 포함하고 있다. 관찰자의 위치는 여행 루트의 위치, 주거지역, 휴양지역, 그리고 수계(bodies of water) 등이다.

⑬ **관찰자의 유형은 중요하다.**

특별한 활동을 하는 부류에 종사하는 사람들도 서로 다른 유형을 지니고 있는데 자연히 경관의 풍경미에 관한 관심도 다르다.

국유림에 있어서 미학의 상대적인 중요성과 가치를 결정하는데 중요한 고객들의 다양화된 관심과 기대에 대해서는 그 정체성을 확인하고 인식될 필요성이 요구된다.

⑭ **관리활동들은 강도에 따라서 다양하게 나타난다.**

선, 형태, 색, 질감, 그리고 여러 산림활동들의 패턴들이 어떻게 자연 경관 캐릭터 속성들에 관련되고 혹은 대비되는지는 우리가 경관 캐릭터를 변모시킬 수 있고, 보전할 수 있고, 혹은 훼손할 수 있는 능력을 가지고 있기 때문에 중요하다.

⑮ 특정한 관리 활동에 요구되는 경관 환경(settings)은 중요하다.
어떤 경우에 있어서는 자연 경관들이 다른 자원을 위해 경관 환경(세팅)을 위한 목적을 일치시키기 위해 유지할 필요성도 있게 된다.

⑯ 다양성(diversity)이 바람직하다.
어떤 경관에서도 조화로운 다양성은 일반적으로 풍경미를 향상시킨다. 풍경 다양성을 증진시키는 것은 대중의 수용성을 높은 수준으로 이끌게 될 것이다.

⑰ 조화(harmony)는 바람직하다.
경관에 있어서 조화는 일반적으로 풍경미를 증가시킨다. 대중은 시각적 조화를 유지하기 위해 채택된 행동을 알려고 하지 않는다. 경관이 지닌 조화로움은 대중의 수용성을 높은 수준으로 이끌게 된다.

⑱ 특별한 장소들은 중요하다.
특별한 장소란 특이한 중요성과 의미를 지닌 경관 속에 있는 장소를 말한다. 때때로 특별한 장소들은 조그마한 지역 또는 지점처럼 고립되지만, 평소에는 그들은 커다란 지역이다.
특별한 장소들은 자주 국지적인 또는 지역적인 의의를 나타내는 '장소 명칭'을 가지고 있다. 이들 장소들은 풍경 속성 때문으로 인하여 엄격하게 장점을 취할 만하다.

⑲ 문화적 변이(variations in cultures)
미를 감상하고 평가하는 능력이 문화에 강하게 연계되어 있고, 그리고 개인과 개인으로부터 집단과 집단에 이르기까지 다를지라도 미의 지각에는 인종을 뛰어넘는 평범함 내지 공통성이 있다. 다른 말로 말하면, 미는 전적으로 보는 사람의 눈 속에 있는 것이 아니며, 거기에는 미학의 몇 가지 비교 문화적이고 생리적인 기초들이 있다.

6) 경관 캐릭터/품격(landscape character, LC)

경관 캐릭터(또는 경관 품격)는 경관속성의 총체적인 시각적 문화적 인상(印象)이며 정체성과 "장소의 혼(sense of place)"을 주는 경관의 물리적 외모와 문화적 맥락이다. 다른 말로 표현하면, 경관 캐릭터는 어느 한 지리적인 지역에 그의 시각적 문화적 이미지를 주는 것이며 개별 경관의 정체성을 확인할 수 있게 하고 특이하게 만드는 물리적, 생물학적, 그리고 문화적 속성들의 조합으로 구성된다. 경관 캐릭터는 한 지역을 통해서 존재하는 특색 있는 경관 속성들을 구체적으로 표현한다.

경관 속성 기술은 일반적으로 다음과 같은 사항을 포함한다;

- 고고학자, 역사학자, 생태학자, 그리고 연구되고 있는 경관과 친숙한 다른 학자들로부터 얻은 정보를 이용하여 경관이 오랜 시간동안 어떻게 발전되어 왔는지
- 잠재적 경관 캐릭터: 잠재적 식생 목록으로부터 얻은 정보로 판단
- 지형, 식생 패턴, 수계특성, 그리고 문화적 특징 등과 같은 현존 경관 속성
- 소리, 냄새, 맛, 감촉 등과 같이 시각 이외의 미적 경험 감각에 영향을 주는 현존 경관 속성들
  - 특별히 다채로운 소리를 지닌 토착 야생동물의 서식지
  - 특이하게 방향 있는 봄꽃이 피는 토착 식생
  - 촉감을 가미하는 거칠고 고운 질감을 지닌 식생종의 혼합
  - 소리와 시각 양자를 더하는 식생 종들

현존 경관 캐릭터를 기술하고자 의도하는 바는 다음과 같다;

- 정체성과 '장소의 혼'에 기여하는 경관의 물리적 외모로써 경관의 현재 전체 시각적 인상을 정립하는 일
- 현존 경관 캐릭터를 비교하는 것에서부터 바람직한 경관 캐릭터에 이르기까지 레퍼런스(참조사항)를 제공하는 일
- 경관이 캐릭터 목적을 향해 진행하였을 때 경관 캐릭터 상에 나타난 변화들을 위한 레퍼런스를 제공하는 일
- 풍경의 완전성을 측정하는 것으로부터 기준선을 정립하는 일

※ 풍경 매력(scenic attractiveness)

풍경 매력은 지형, 물의 특징, 식생 패턴, 그리고 문화적 토지 이용의 본질적이고 고유한 아름다움에 대한 인간의 지각에 바탕을 둔 경관의 풍경적 중요도의 척도를 나타낸다. 이것은 경관의 고유한 풍경미와 사람 속에서 불러일으키는 긍정적인 반응들의 1차적인 지표자이다. 이것은 지형, 식생 패턴, 조성, 지표수면의 특징, 토지이용 패턴과 문화적 특색들의 아름다움을 상식적으로 지각하는 것에 바탕을

둔 풍경미를 위해 중요한 경관들을 결정하는데 도움을 준다. 풍경의 매력은 다음과 같은 용어로 파악한다;

- 특이성(variety)
- 통일성(unity)
- 활기성(vividness)
- 신비로움(mystery)
- 무결성(intactness)
- 응집성(coherence)
- 조화(harmony)
- 독특(uniqueness)
- 패턴(pattern)
- 균형(balance)

7) 풍경 완전성(scenic integrity, SI)

풍경의 완전성은 경관이 시각적으로 '완전하다'라고 지각되는 것에 대한 정도의 척도기준이다. 가장 높은 풍경 완전성 등급들은 대상에 대해서 심미적인 호소력(aesthetic appeal)을 요구하는 고객(顧客)들에 의해 평가받은 캐릭터와 약간 또는 아무런 변이가 없는 그러한 경관들에 주어진다. 풍경 완전성은 현재의 상태, 관리기준, 또는 바람직한 미래의 상태들을 기술하는데 이용된다.

SI는 경관 캐릭터의 무결성(無缺性)과 전체성(intactness and wholeness)의 정도를 나타내는 지표이다. 인간에 의한 변경은 가끔 완전성을 높이거나 유지할 수 있게 한다. 더 자주 이것은 그의 심미적인 호소력을 위해 평가된 캐릭터와의 변이 정도에 따라서 낮아진다.

SMS에서 수용하는 사전적 의미로써의 완전성은 첫째, 전체적이고, 완비되고, 완전하거나 끊어지지 않은 상태(state), 둘째, 건전한 손상되지 않은 또는 완벽한 상태(conditions)를 말한다. 높은 완전성 정도를 가진 경관 캐릭터는 전체성, 무결함, 또는 완비됨의 감각을 지니고 있다. 그의 풍경 상태는 아무런 명백한 부조화적인 요소나 그것의 심미적 호소력에 대해 평가된 현존 캐릭터로부터 변이가 없이 거의 완벽하다.

자연이 등장하는 연속적인 질감의 산림 지형에 아무런 뚜렷한 벌채 흔적이나, 전선줄, 도로, 또는 다른 인위적인 변경이 없는 경우 그러한 경관 캐릭터는 완전성을 지니고 있다고 말할 수 있다. 또한, 산림 속에 오래된 오두막이나 통나무집이 있을 경우, 역사성이 있고 문화적인 요소로 인식되며, 거기에 그것의 구조적인 형태, 선, 색, 질감, 패턴, 그리고 재료의 스케일이 시대의 건축 양식에 부합하고, 그리고 대중들에게 그러한 요소들에 대해서 심리적인 기대를 충족시킨다면 그 오두막 경관은 높은 완전성을 지닌 것으로 받아들여진다.

완전성 정도의 등급을 경관 캐릭터의 변이와 관련하여 나타내면 다음 표와 같다;

[표 7-6] 경관 변이와 풍경 완전성(SI) 등급의 관계

LC의 SI를 위한 기준들 이미지, 장소의 혼	우세 LC vs Deviation	LC로부터 변이의 정도	LC의 무결성
VH 매우 높음	LC	없음	LC 충분히 표현됨
H 높음	LC	명백하지 않음	LC 크게 표현됨
M 중간	LC	명백하지만 우세하지 않음	살짝 변경되고 캐릭터 표현 중간 정도
L 낮음	D	우세함	변경되고 캐릭터는 낮게 표현됨
VL 매우 낮음	D	매우 우세함	심각하게 변경되고 캐릭터는 매우 낮게 표현
UL 수용불가할 정도로 낮음	D	극히 우세함	극도로 변경됨

주: D deviation, LC landscape character, SI scenic integrity, VH very high, H high, M moderate, L low, VL very low, UL unacceptable low.

8) 고객 정보(constituent information)

기대, 갈망, 선호도, 행위, 질의 수용 수준, 행태, 그리고 평가 가치들과 같은 고객의 정보는 산림 서비스 관리자들에게 핵심적이다. 고객들이 숲탐방객이건 지역 거주민이건, 또는 인근지역 사람들인지, 또는 숲을 가끔씩 방문하는 하거나, 또는 단순히 국유림의 심미적 질에 관심을 가진 넓은 지역 고객인지, 그 사람들에게 국유림의 심미적, 특별히 풍경적 질이 얼마나 어떻게 의미심장한 것인가를 이해하는 것은 중요하다.

평가된 경관 속성, 경관 캐릭터, 그리고 경관 완전성을 이해하고 정체성을 확인하는 것을 위한 기반으로써의 고객 정보의 중요성은 특별히 문화적 경관 조망의 관점에서 아무리 강조되어도 지나치지 않다.

고객의 구성은 개인적인 방문자 고객, 현지 지역 고객, 광역 고객으로 구분하며, 이들이 지닌 정보에 대해서는 내용과 형식으로 구분하여 파악한다. 내용은 고객들이 한 지역을 어떻게 사용하고, 방문자나 다른 고객들이 무엇을 느끼고, 평가하며, 갈망하고, 선호하며, 그리고 경관 캐릭터와 풍경의 완전성이라는 말과 관련하여 무엇을 만나기를 기대하는지 등이다.

형식은 고객의 정보가 얻어지는 형식을 말하는데 여기에는 두 가지 종류가 있다;

- 언어 표현: 숲과 장소에 대해서 풍경적이고 기타 다른 심미적 질의 중대성을 표현하는 것을 말하는데 여기에는 감정, 가치, 기대감, 갈망, 선호도, 받아들일 수 있는 질의 수준 등이 포함되어 있다.
- 사람들의 행동 혹은 행태를 관찰

  고객들의 정보를 얻는 데에는 현지 주민과 방문자에 대한 조사, 방문자 관찰, 고객 인터뷰, 대중의 참여(프로젝트 사업에 끌어들임), 기타 부가적인 방법에 의한 고객 정보 추출이 있다.

9) 경관의 가시성과 풍경 등급

경관 가시성(landscape visibility)은 경관에서 보이는 것과 지각하는 것의 상대적인 중요도와 민감성을 설명하는 말이다. 이것은 다른 한편으로, 수많은 핵심적이고 상호 연결된 고려사항들의 기능을 말한다. 여기에 포함되는 고려사항들은, 관찰자의 맥락, 관찰기간, 식별할 수 있는 디테일의 정도, 계절적 변동과 관찰자의 수이다.

경관 가시성의 요소는 크게 3가지로써 도로와 이용지역, 관심수준, 거리구역이 그것이다.

여기서 이용되는 미적 대상 경관의 거리구역(distance zones) 구분은 다음과 같다. 이들에 대해서는 제3장 제3절의 2항에 자세하게 설명되어 있다.

- 접촉 전경/특근경(immediate foreground): 0~90m
- 전경(foreground): 90~800m(1/2마일)
- 중경(middleground): 800~6,400m(1/2~4마일)
- 원경/배경(background): 6,400m~(4마일에서 수평선까지)

※ 풍경 등급(scenic classes)

풍경 등급은 풍경 매력과 경관 가시성의 유사한 특징을 지닌 개별적인 경관지역들의 상대적인 중요도나 가치의 척도를 말한다. 미국 국유림에서는 풍경 등급을 풍경의 가치에 대한 척도로 사용되고 있다.

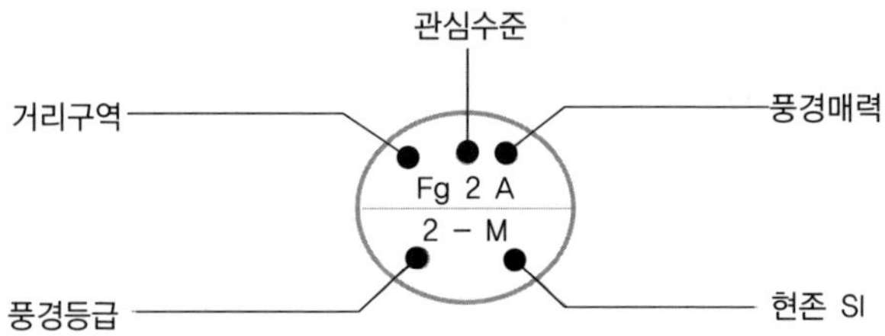

[그림 7-12] 풍경 등급 표시 예

풍경 등급의 구성요소는 풍경 매력과 경관 가시성이다. 앞에서 소개한 바와 같이 풍경 매력은 지형, 물의 특징, 식생 패턴, 그리고 문화적 토지 이용의 본질적이고 고유한 아름다움에 대한 인간의 지각에 바탕을 둔 경관의 풍경적 중요도의 척도를 나타낸다. 이것은 산림이나 야생 경관의 풍경미와 그리고 풍경미가 사람에게서 불러일으키는 긍정적인 반응들의 1차적인 지표자이다. 이미 소개한 것처럼 풍경 매력은 A, B, C 3가지로, 경관 가시성은 전경, 중경, 원경의 3 거리구역(기호로 각각 Fg, Mg, Bg)을 이용한다. 그리고 풍경을 위한 3개 관심수준은 높음(1-high), 중간(2-moderate), 낮음(3-low)로 구분한다.

[표 7-7] 풍경 등급 사례

구분	거리 구역 및 관심 수준									
	등급	Fg1	Mg1	Bg1	Fg2	Mg2	Bg2	Fg3	Mg3	Bg3
풍경 매력	A	1	1	1	2	2	2	2	3	3
	B	1	2	2	2	3	4	3	5	7
	C	1	2	3	2	4	5	5	6	7

(2) 캐나다 브리티시 컬럼비아 주[111)]

캐나다 BC주의 경우 산림경관관리는 다음 순서를 따라서 시행한다.

① 1단계: 경관의 목록 작성

총괄계획의 목적을 위해 가시경관, 지형(형태), 민간도에 대한 지도작성(가시경관, 경관 특성, 경관의 민감도-sensitivity)

② 2단계: 자세한 경관 분석

더 자세한 경관내용을 세밀하게 도면화하고 경관관리 의사로 결정하게 될 시각의 질 대상(visual quality objectives, VQO)을 선정한다. 시각의 질 대상은 곧 미적 대상과 같은 의미이며 視對象이라고도 한다.

③ 3단계: 디자인 및 레이아웃

경관 특성을 조화시키고 선정된 VQO에 맞는 설계를 개발하는 단계인데 이때 시각적 수용력(visual absorption capability, VAC)이 중요하다. 세부적인 지도제작(detail mapping), VQO, 경관관리 의사결정(장기경제가치, 사회적 관심, VAC 고려)이 수행된다. 여기서 고려해야 할 자연적인 특성인자들은 다음과 같은 것들이다.

- 경사(slope)
- 식생(vegetation)
- 자연적인 오프닝(natural openings)
- 지형(landform)
- 토양(soil)
- 向(aspect)

---

111) British Columbia, Prince of. 1981. Forest Landscape Handbook. Information Service Branch, Ministry of Forests.

[표 7-8] 경관 민감도와 시각의 질 대상(VQO)과의 관계

경관 민감도 (Landscape Sensitivity)	Visual Quality Objectives(VQO)와 관련 관리행위				
	P	R	PR	M	MM
	Preservation -No activity	Retention -Activity not visually evident	Partial Retention -Activity subordinate in Landscape	Modification -Activity dominates but borrows Line & Form	Maximum Modification -Activity dominates may be out of scale
높음					
중간					
낮음					

※ 시각적 수용력(VAC)의 측정[112)]

미국 산림청의 예오맨스(Yeomans, W.C.)가 작성한 개발에 대한 산림경관의 시각적 수용 정도를 측정하는 도구이다. 산림지역에 개발행위가 가해질 때 해당 산림에 대해서 VAC를 활용하여 사전에 검토하면 과도한 개발행위로 인해 미적 대상 경관의 가치가 손상되는 것을 미연에 방지할 수 있다. VAC는 지형경사, 토양침식도, 식생의 재생능력, 토양과 암석의 색채대비, 경관 다양성의 함수로 되어 있으며 다음과 같은 식으로 측정한다;

$$VAC = S \times (E + R + C + D)$$

여기서, S: 지형경사(slope),
E: 토양침식도(erosion),
R: 식생의 재생능력(vegetation regeneration potential),
C: 토양과 암석의 색채 대비도(soil and rock color contrast potential),
D: 경관 다양성(landscape diversity)

이들 인자들은 정도를 등급으로 표시하여 다음 표와 같이 계량화되어 있다.

112) 양병이, 「국토경관조성을 위한 산림정책 연구」. 1990. pp.

[표 7-9] 시각적 수용력 변수별 등급 점수

요인	상태	점수
1. 경사(우세요소, 주요요인)	0~5%	5
	6~15%	4
	16~30%	3
	31~60%	2
	61% <	1
2. 토양의 침식도	낮음	3
	중간	2
	높음	1
3. 식생의 재생능력	높은 재생능력	3
	중간	2
	낮은 재생능력	1
4. 토양과 암석의 색채대비	낮은 대비	3
	중간	2
	높은 대비	1
5. 경관다양도, 토지이용	경관의 다양성 높음	3
	중간	2
	경관의 다양성 낮음	1

출처: 양병이. 「국토경관조성을 위한 산림정책 연구」. 1990

이 식에 의해 계산된 점수로 다음과 같이 평가한다;

• I등급(VAC 점수: 51~60)

해발고도가 적당하며 다양한 식생과 안정된 토양상태, 그리고 개발행위를 유지할 수 있는 있는 능력이 있어 경관의 시각적 질에 대한 부정적 효과를 최소화할 수 있다.

• II등급(VAC 점수: 41~50)

다양한 상록수, 낙엽수 등의 식생이 혼효되어 있고, 능선지형의 기복이 시각적으로 반쯤 노출되어 드러난다. 약간의 경관변형으로 개발에 따르는 변화를 유지해 낼 수 있고 안정된 토양과 지형특성을 갖는다.

• III등급(VAC 점수: 28~40)

전형적인 경관특성을 갖는 곳으로 다양한 식생과 지형으로 이뤄져 있으나 경사가 15% 이내로 한정된다. 그러나 지형과 식생은 시각자원으로써 조절하기가 어렵다.

• IV등급(VAC 점수: 16~27)

지형적으로 두드러지나 경사가 30%에 이르러 다양성이 빈약한다. 식생도 낙엽수나 상록수 또는 지피 관목 등이 섞여있다.

• V등급(VAC 점수: 4~15)

지형변화와 식생, 지피 등이 극히 단조롭다. 접근로로부터 쉽게 눈에 띄는 곳이고 경사가 30%를 넘어 불안정한 식생을 갖는다.

이 자료를 근거로 미적 산림 경관관리 사업별로 경관 관리의 방향을 설정해 줄 수 있다.

④ 4단계: 벌채 및 조림 조치(숲가꾸기)

VQO와 그에 조화로운 설계를 보완하는 도로건설, 벌채, 그리고 조림적 조치(숲가꾸기)들이 수행된다.

⑤ 5단계: 속행(follow-up) - 자문(自問)

이 관리행위가 수용할 수 있는 경관을 유지할 수 있겠는가? 특별한 수단이 바람직한 결과를 가져올까? 등으로 자문하여 수정 보완한다.

3. 대경관 시업과 미경관 시업

(1) 산림경관시업의 구분과 개요

카타오카 히데오(片岡秀夫)는 산림경관 시업이 가해질 산림을 순전히 경관을 주체로 한 지대, 경관과 생산을 가미한 지대, 생산을 주체로 한 지대로 구분하였다. 이어서 그는 산림경관 작업종을 인공갱신과 천연갱신의 두 부류로 구분하고 전자에는 2단림 작업, 미적 대상작업, 미적 구획작업, 후자에는 택벌작업, 점벌작업, 보잔목 작업을 적용하도록 제안하였다.

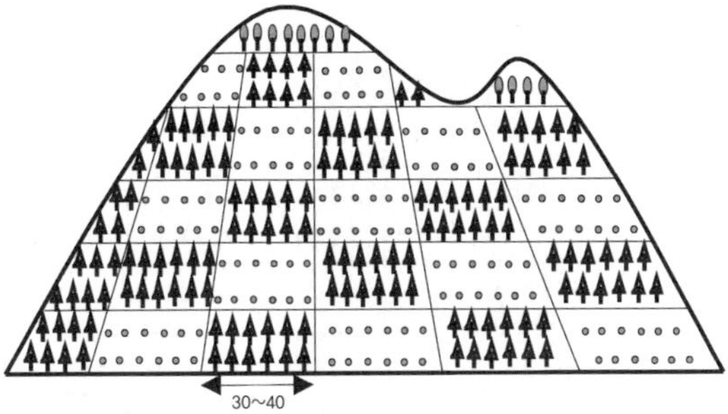

[그림 7-13] 바둑판식 경관시업 모식도

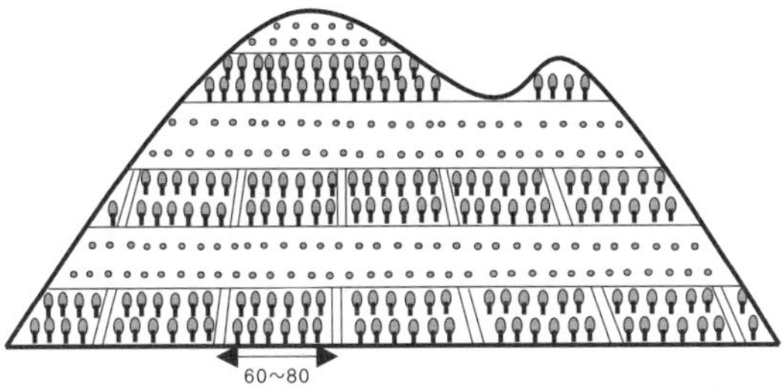

[그림 7-14] 횡단대상(橫斷帶狀) 경관시업 모식도

또한, 산림경관작업의 규모에 따라서 거시적 경관시업(macro-landscape management)과 미시적 경관 시업(micro-landscape management)으로 나눴다. 원경과 중경의 시야에 있는 경관에 대해 시업하는 것을 거시적 경관 시업 또는 대경관 시업이라고 하고, 근경, 특근경의 시야에 있는 경관에 대해 시업하는 것을 미시적 경관 시업 또는 미경관 시업이라고 한다.

거시적 경관 시업은 산림토목작업, 집운재 작업, 조림작업 및 경관보전 관점에서 주로 시각적 미감을 고려하여 다뤄지는 것이다. 미시적 경관시업은 미적 체험자인 사람이 숲으로 들어가서 감상하는 것을 전제로 한다.113) 즉, 미경관은 근경 및 임내 경관에 해당하기 때문에 경관 지각 중 시각, 청각, 후각, 촉각, 미각 등 모든 감각기관을 고려해야하며 심지어 분위기있는 감성적인 아름다움을 고려해야 한다. 그렇게 고려된 임내 풍경 속에서 숲의 아름다움을 향수(享受)하게 된다. 미시적 경관은 솎아베기, 가지치기, 풀베기 작업 등으로 임관(林冠)과 임상(林床)의 형태를 조절하여 간다. 그 기본이념을 정리하면 [표 7-10]과 같다.

113) 片岡秀夫, 『森林の景観施業』. 1974. pp.13~101.

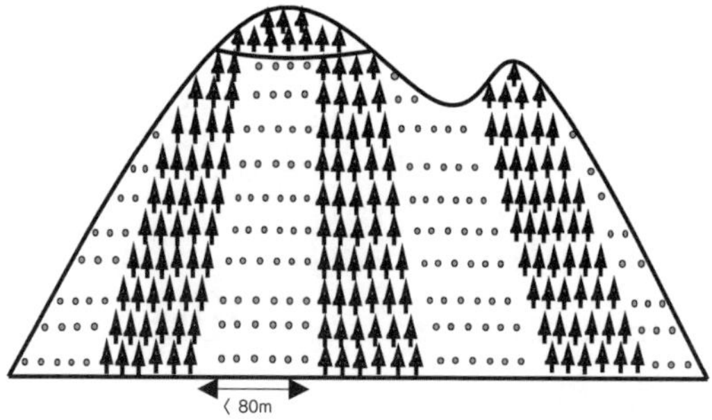

[그림 7-15] 종단대상(縱斷帶狀) 경관시업 모식도

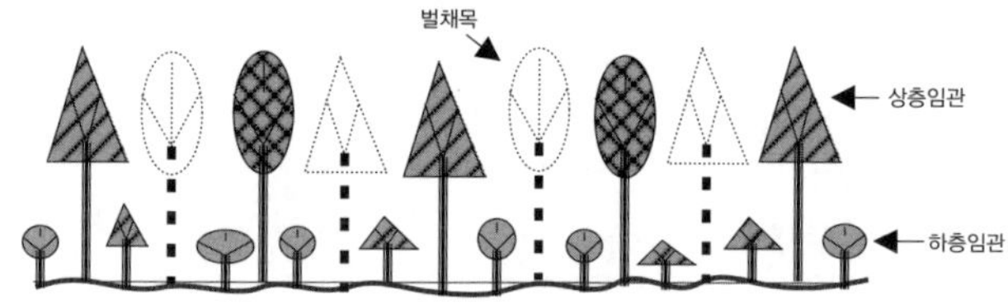

[그림 7-16] 복층림(複層林/二段林) 시업 모식도

[표 7-10] 大景觀施業과 微景觀施業의 특성과 기법

구분	대경관	미경관
경관시업대상	바라보는 경관이 대상이고 유형적 경관 위주이다.	주위 경관을 대상으로 하고 유형 경관 및 무형 경관이 포함된다.
고려할 감응범위	산림의 형상, 색채 등으로 주로 시각적 미감이다.	시각, 청각, 후각, 촉각, 미각 등 전 감각기관의 아름다움과 심지어 분위기있는 감성을 고려한다.
시업 집약도	원경, 중경의 정체성인 것으로 비교적 조방적이다.	근경 및 산림내 세부적인 것, 비교적 집약적이다.
구체적 기법	수목지대/구역 보호, 산림 갱신, 조망 식재 등이 중점. <대경관의 시업방법> 참조	보호수, 고목, 水景觀 보호 등으로 식재, 刈草, 疏伐, 전지, 미적 보도 등의 시업을 진행. <미경관의 시업방법> 참조.

출처: 林文鎭. 『森林美學』 1991.

대경관에 있어서 중요시 하는 것은 시각을 통하여 투시되는 것이며 눈이 주목하는 초점은 대부분 경관의 가장자리 부분이다. 예를 든다면, 산림윤곽과 산의 능선과 해안선, 혹은 종류가 다른 피복식생에 따른 분계선, 분명한 산림선(초원과 숲의 분포 한계선) 등과 같다. 미경관 속에서는, 산림경관은 결코 정지한 화면이 아니라 동태적인 생태조직이기 때문에, 사람들은 시각 이외에도 다른 감각기관이 느끼는 반응, 예를 들면 소리, 냄새, 온도, 촉감, 분위기(감성) 등을 체험한다.

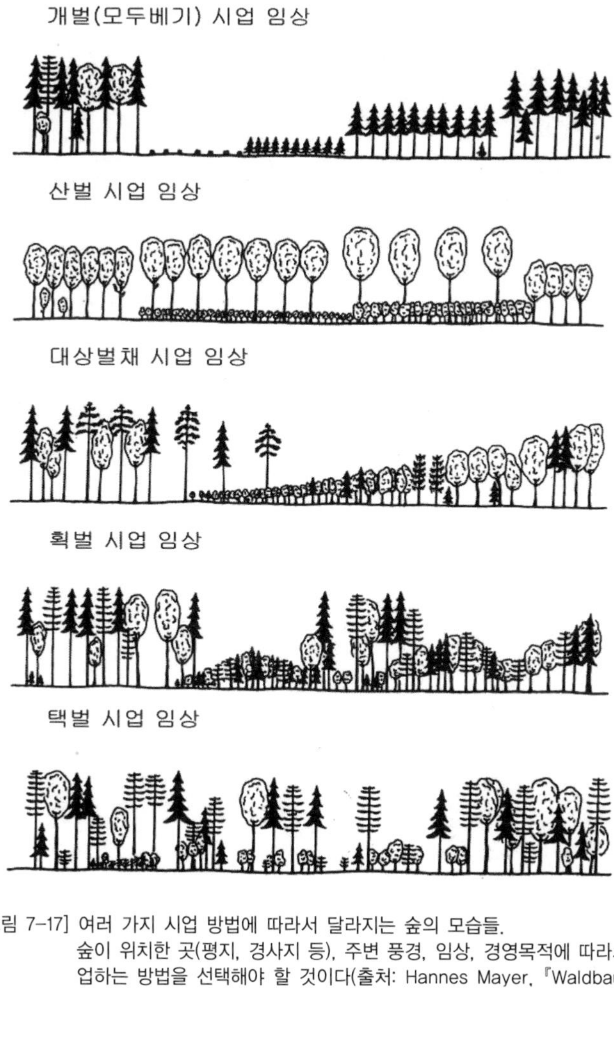

[그림 7-17] 여러 가지 시업 방법에 따라서 달라지는 숲의 모습들.
숲이 위치한 곳(평지, 경사지 등), 주변 풍경, 임상, 경영목적에 따라서 시업하는 방법을 선택해야 할 것이다(출처: Hannes Mayer, 『Waldbau』).

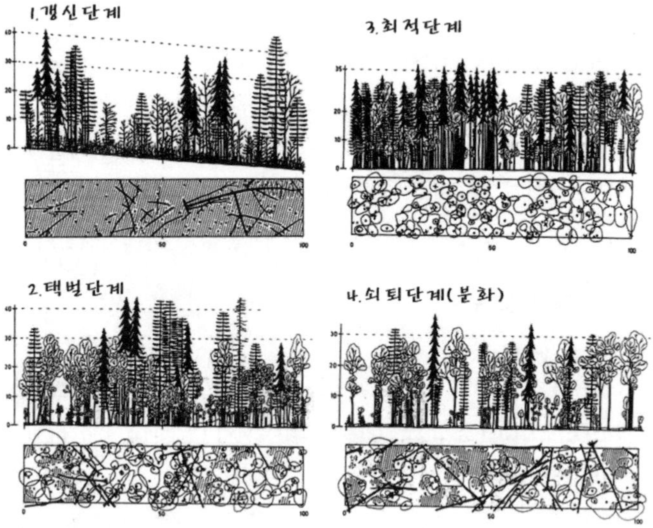

[그림 7-18] 숲이 변화해 가는 과정.
숲이 최적단계에 어떤 모습이 되도록 할 것인가를 설정하고 이에 맞춰서 시업하는 것이 필요하다.(출처: Hannes Mayer, 『Waldbau』).

(2) 대경관 시업의 방법114)

대경관 시업을 할 때 지향해야 할 기본 방향과 몇몇 구체적인 시행 기법을 제시하면 다음과 같다.

1) 보호수대/수목보호지대 설치

일반 영림구, 산림경관은 최대한 자연적 원칙을 유지하는 전제하에 경영하고 다음 사항을 중점적으로 고려한다;

- 일반적인 영림구의 시업은 정체성, 자연경관 및 다목적 기능을 고려해야하고 보호수대를 남겨두며 그 면적은 최소한 갱신면적의 15~30%이어야한다.
- 皆伐作業이나 도로 개설시 지형의 특성, 前景 山林, 保護樹帶 등을 이용하여 벌채지역이나 도로를 가려야한다.

114) 片岡秀夫, 앞의 책과 林文鎭, 앞의 책을 참고하고 저자의 의견을 덧붙여 작성한 것이다.

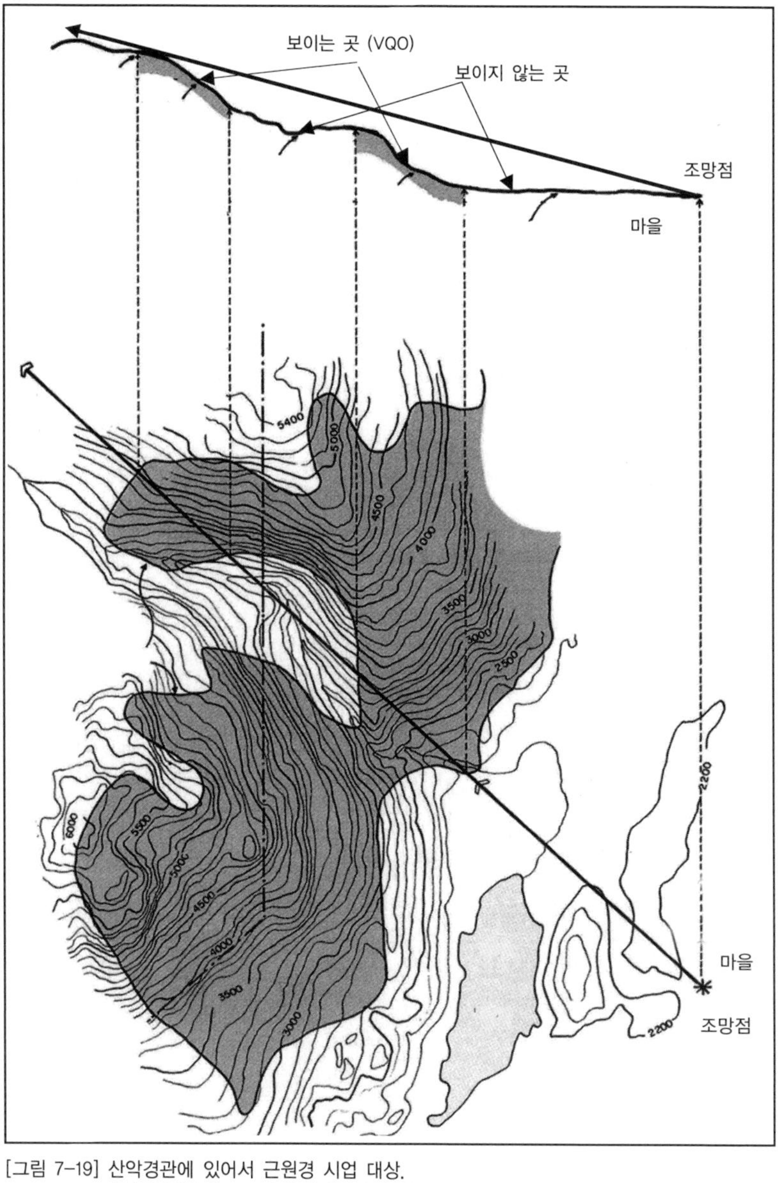

[그림 7-19] 산악경관에 있어서 근원경 시업 대상.

수많은 봉우리로 구성된 산악지에서 시업의 대상을 찾는 일은 중요하다. 대개 산촌마을에서 조망하는 경우가 많기 때문에 마을의 주요조망점에서 시선방향과 산악경관의 질을 분석하여 시대상을 정하고 이곳을 중점적으로 시업한다.

(출처: Province of British Columbia, 「Forest Landscape Handbook」, 1981).

2) 미적 산림갱신

산림갱신벌채는 반드시 기교적으로 장래 벌채구를 원래의 대경관 속에 융합시켜 시각적 장애물 형성을 피해야한다. 원경내의 산림은 사람의 시각 중 평면적인 것이다. 그래서 개별 작업시 벌채구 모양 및 벌채방법에 대해서는 여러 방면으로 연구해야한다.

임상 구조와 관련해서는 사람들의 흥미를 가장 잘 유발시키는 산림은 수종 혼합, 수형이 웅장한 복층림(이령림 등)이라는 점을 늘 감안하도록 한다.

또한, 나무 나이가 매우 많으면 개성미를 발휘할 수 있고 각종 공익기능을 증진시킬 수 있다. 따라서 '임업적 벌기령'이 '풍치적 벌기령'에 접근하도록 추구해야한다.

중점적으로 고려할 사항은,

- 구역적인 벌채(점상시업)를 실시하고 각 벌채구간 면적을 최대한 축소하고 분리한다.
- 美的 帶狀 施業을 실시하는 것은 즉, 橫長形 및 불규칙 형상의 은폐법 벌채이다.
- 점상 시업(partial cutting)을 할 때 그 사이의 보호수대가 충분히 넓을 때 벌채구를 가릴 수 있다; 林緣部 아래 나무를 남겨두면 산림보호에 대해 더욱 도움이 된다.
- 인공림 갱신 벌기령을 늘린다. 풍치적 벌기령은 소나무 150년, 삼나무 200년, 전나무 300년 이상이다(표 7-11 참조).

[표 7-11] 주요 경제 수종의 경제적 수명(伐期齡)

수 종	독 일 명	학 명	벌 기 령	비 고
유럽참나무	Traubeneiche	Q. petraea	140-300	
유럽참나무	Stieleiche	Q. robur	140-240	
미국참나무	Roteiche	Q. rubura	80-100	
너도밤나무	Buche	Fagus silvatica	120-180	
서어나무류	Hainbuche	Carpinus betulus	120-180	
단풍나무	Ahorn	Acer pseudoplatanus	80-160	
느릅나무	Ulme	Ulmus glabra	80-160	
물푸레나무	Esche	Fraxinus excelsier	80-160	
벚나무	Kirsche	Prunus avium	80-160	

수 종	독 일 명	학 명	벌 기 령	비 고
피나무	Linde	Tilia platyphylloss	80-160	
포플러	Pappel	Populus tremula	30-60	
오리나무	Erle	Alnus glutinosa	60-100	
자작나무	Birke	Betula spp.	60-100	
사시나무	Aspe	Populus ssp.	60-100	
독일가문비	Fichte	Picea abies	80-120	
전나무	Tanne	Abies alba	80-140	
더글러스 전나무	Douglasie	Pseudotsuga menziesii	80-140	
구주 소나무	Kiefer	Pinus silvertris	100-160	
스트로브 잣나무	Strobe	P. strobus	60-100	
구주 낙엽송	Euro. Lärche	Larix europaea	120-160	
일본 잎갈나무	Jap. Lärche	L. leptolepis	80-100	

3) 조망적 修景 처리

자연풍경은 感受上의 기본요인을 중시해야한다; 예를 들면 변화가 부족한 경관이 연속 5~6분 계속되면 지루함을 주고 따라서 시각경관은 단위당 500m를 넘어서는 안 된다.

사람의 시선을 가리는 지물은 모두 장애물로 본다. 만일 계획적으로 시선(조망 혹은 은폐)을 통제하려고 하면 시점위치에 있는 수목을 제거하거나 이용해야한다. 그래서 사람들이 걸으며 원경을 감상하는데 편하도록 하려면 그 진행방향에 따라 修景伐採를 시행해야한다. 이때, 길가 쉼터, 흥미 경치 및 바라볼 수 있는 넓은 풍경의 거점에는 정자를 설치하면 휴식의 즐거움을 증진시킨다.

4) 대경관 식재

사계감이 두드러진 산림은 인위적인 기교로 기획할 수 있어 각종 화목 및 붉은 잎이 선명한 낙엽수를 심어야 한다. 나무가 드문드문 있는 숲가장자리에 산발적으로 꽃나무 및 단풍나무류를 심으면 육림과 생태가 융합되고 녹음지대(綠林)와 색채가 교차하여 자연의 운치가 풍부해진다. 또, 수림을 배경으로 하거나 혹은 넓은 공간 주변에 군식(群植)으로 관목성 화목을 심으면 강렬하고 화려한 색채효과를 내고 심지어 원경의 시각 정취를 바꿀 수 있다.

한편, 산림은 계획적으로 야생조류를 유인하고 번식시켜 경관특징을 높여야 한다. 야생조류가 좋아하는 환경을 육성하는 것 외에 임간 공지의 임연부나 溪流 두 곳에 食餌 植物을 많이 재배해야한다. 수종별로 새를 유인하는 것에 대해서는 제5장에서 소개한 바 있다.

일부 지역에 '나비골짜기', '나비화랑'을 조성하면 산림이 더욱 삶의 흥취를 더하고 더욱 높은 미적 가치를 향상시킬 수 있다. 새와 나비를 유인하는 식물을 선정하여 필요한 곳에 배식하면 산림의 종 다양성 뿐만 아니라, 풍경의 회화성을 향상시킬 수 있다.

5) 대경관 중의 林衣(林套)

임의는 산림 가장자리의 식생(임연부 식생)을 말한다. 도로변의 임의는 천연림 복층림에 비해 아름답기 때문에 그곳에 있는 꽃이나 열매를 볼 수 있는 수목과 낙엽 수목은 모두 보존해야한다.

그러나, 비교적 긴 구간 도로에 무성한 林衣를 보존하면 투시도에 영향을 미칠 것이고 따라서 修景을 참작하여 정리해야한다. 계류 양쪽의 임의는 홍록(紅綠)의 점진(gradation)이 수체와 배합되어 詩的인 분위기를 자아낼 수 있다. 다음과 같은 점을 고려해 넣는다.

- 만일 林衣가 가려 도로가 늘 그늘지고 축축하면 도로주변 임의를 정리하여 밝고 깨끗한 공간으로 유지해야한다.
- 계곡, 계류를 따라 발달해 있는 산림 및 임의는 환경 보호상 필요한 것으로 수림지대를 보호하기 위해 남겨두어야 한다.

(3) 미경관 시업의 방법

1) 임관조절(林冠 調節)

앞서서 미경관 시업에 대한 개념을 밝혔듯이 미경관은 거리구역으로는 근경 이내에서 조망하는 경관이고 감각적으로는 모든 감각이 대상이 된다. 따라서 카타오카 히데오(片岡 秀夫)가 이에 대해서 주장하는 것을 종합하면 임관(forest canopy)과 임상(林床)의 조절이 시업의 주요한 내용이 된다.

① 시선의 심도(visual penetration)

근경관, 특히 산림 내부를 들여다 볼 때 임내 경관을 명확하게 볼 수 있는 정도, 다른 말로 표현하면, 시선이 투시(透視)되는 정도를 시선심도(視線深度, visual penetration/VP), 또는 시선 투시도라고 한다. 이것은 사진을 촬영할 때 초점이 맞는 정도를 뜻하는 심도와 같은 개념이다. '심도가 깊다'라는 것은 초점이 주제 피사체는 물론이고 뒤의 배경까지 선명하게 맞은 것을 뜻하고, '심도가 얕다(낮다)'라는 것은 주제 피사체 중심으로 초점이 맞은 것을 의미한다.

임내 시선의 심도가 깊은 것은 숲속 깊은 곳까지 잘 들여다 보이는 것을 말하고 낮은 심도는 짧은 거리의 임내 풍경만이 보이는 것이다. 임내 시선심도(visual penetration into forest)는 임관 울폐도 및 입목밀도와 깊은 관계가 있으며, 가지치기, 풀베기, 솎아베기 등의 숲가꾸기를 통해 조절할 수 있다. 그래서 시선심도는 경관구조를 개선하기 위한 임상 정리 작업의 효과를 평가할 수 있는 지표 중 하나로 활용할 수 있다. 임상 정리의 정도에 따라서 숲 안팎으로부터의 시선심도에 따라 나타나는 경관 유형에는 3가지가 있는데 차폐경관, 자연소실형 경관, 개방형경관[115]이 그것이다. 주변의 주된 조망 대상이 무엇이냐에 따라서 선택이 달라진다.

---

115) · 차폐형 경관은 시선 정면에는 樹林이 있고 상층 임관이 시야를 가리지 않지만, 그 앞에는 바로 하층 관목 및 어린 나무가 스크린을 형성하여 시야를 차단시켜 풍경을 감상할 수 없는 특징을 나타낸다.
· 자연소실형 경관은 나무 사이로 일부 임내 경관을 감상할 수 있지만 시야가 확장될 수 없고 시각이 자연적으로 산림 안에서 소실되며 숲 바깥의 화려한 풍경을 뚜렷히 볼 수 없다. 차폐형과 개방형의 중간형 경관이다.
· 개방형 경관은 시선상 2~3그루의 수간이나 약간의 지엽이 있어 시야를 가리지 않아서 전방의 넓은 풍경을 바라볼 수 있다. 이런 경관은 시야가 트여있기 때문에 시선심도가 깊고 경쾌한 분위기를 지니게 된다.[그림 7-20]

[그림 7-20] 숲 안에서 밖을 조망했을 때 볼 수 있는 풍경의 종류

② 임내 경관의 시선심도 영향 인자

시선심도를 적절하게 조절하면 멋진 임내 풍경을 연출할 수 있게 된다. 이것은 바로 위에서 지적한 것처럼 적절한 숲가꾸기를 통해서 가능하다. 梶返恭彦은 임내 구조상 시각에 영향을 주는 것으로써 다음과 같은 17개 인자를 제시하였는데 앞의 5개 인자가 큰 영향을 주는 것으로 판단하고 있다.[116]

- 상대광도(%)
- 수간지 시율(樹幹枝 視率, %): 그림(사진) 중 枝幹이 차지하는 면적 비율
- 입목밀도
- 형상비
- 산림종류(산림관층, 수종)
- 지피식생의 고도(cm)
- 시선투시도(시선심도)
- 흉고직경(cm)
- 지피식생 피복률(%)
- 산림상황
- 녹시율(綠視率, %): 그림(사진) 중 녹색이 차지하는 면적 비율
- 교목층 점유율(%)
- 수고(m)
- 아교목층 점유율(%)
- 날씨
- 관목층 점유율(%)
- 지하고(m)

산림 안의 풍경이 시선을 끌려고 하면 상대광도, 형상비를 높이고 입목밀도, 관목층 점유율, 수간지 시율을 낮추어야 한다. 바꾸어 말하면 시선을 끌지 못하는 경관은, 숲 안이 어두워 시선이 좋지 않고 상대광도가 낮으며, 입목밀도가 높고, 관목층이 혼잡하며, 나무의 줄기와 가지가 구부러져 있는 등 복잡한 정경을 지닌 경관이다. 사람들이 좋아하는 산림경관은 수간이 가지런하고 정제된 군체미(群體美)와 숲 안이 밝고 투시가 좋아 심리적인 안정을 주는 임형이다.

116) 林文鎭, 앞의 책에서 재인용.

③ 임관 울폐도에 따른 임상(林相)

기본적으로 3가지 형태가 있다.

• 산생림(散生林)

울폐도가 10~30% 정도로써 나무가 듬성듬성 독립수의 형태로 산재되어 있거나 무리를 이루어 형성되어 있는 산림을 말한다. 사바나 형태의 숲처럼 나무 사이에 비교적 개방된 풀밭이 있는 형태로써 대체로 도시공원 등이 그러한 특색을 갖추고 있다. 개방하여 이용객이 자유롭게 뛰고, 앉고, 눕는 등의 활동을 할 수 있는 이용도 최고의 공간이다.

• 소생림(疏生林)

울폐도가 40~60% 정도로써 산림공원의 특색을 갖추고 있다. 자연감상이나 산림욕 산책의 공간으로 이용될 수 있으며 휴양 이용도가 중간정도이다.

• 밀생림(密生林)

울폐도 70~100%이며 하층에는 관목이 있어 복층 임상을 형성하고 표층에는 야생화, 낙엽 낙지가 부식층을 형성하고 있다. 대체적으로 자연경관, 자연생태계를 유지하므로 탐방객은 대자연을 감상할 수 있으므로 기존의 자연생태를 바꾸거나 파괴하는 행위를 금지한다.

④ 지하고 조절과 가지치기

나무의 외관은 경관 구성의 주요요소의 하나인 형태(form)에 해당한다. 산림의 전체 경관은 개별 수경(樹景, tree scape)의 집합체이므로 나무의 외관이 하는 역할은 대단히 중요하며, 그것이 독립수일 경우에는 더욱 그러하다. 개별 수경에서 그 외형을 조직하는 것은 줄기와 가지이며 이것의 조합으로 나타나는 형상비는 수경의 아름다움을 표시하는 척도가 될 수 있다.

수경의 외관(appearance)에 가장 큰 영향을 주는 것은 지표면으로부터 역지(力枝)까지의 높이를 말하는 지하고(枝下高)이다. 지하고의 높낮이에 따라서 형상이 변하며 그것에 따라서 관찰자의 감상 내용이 달라진다.

지하고를 조절하는 시업은 가지치기이다. 가지치기를 실시하는 시점은 보통 목표로 하는 수확직경의 1/3에 다다랐을 때 행한다. 또는 침엽수의 경우 수령이 10~15년 쯤에 실시하는 1차 솎아베기 이전에 하기도 한다.

가지치기는 원칙적으로 죽은 가지를 대상으로 하는 것인데, 그것은 죽은 가지가 옹이로 남아있게 되는 것을 예방하기 위함이다. 따라서 가지치기 높이는 죽은 가지의 높낮이에 따라 결정되는데 이 때, 주벌 수확 때 얻게 될 원목(用材)의 길이를 고려해야 한다. 이에 따라서 6자(尺) 원목을 생산할 경우 가지치기 높이는 2~3m, 12자 원목의 경우 4~5m, 18자 원목의 경우 6~7m에 이른다.117)

그러나, 이것은 순수 임업경영적인 측면에서 실시하는 것으로써 미학적 시각에서는 차이가 있다. 수경에 결정적 영향력을 가진 가지치기에 따라서 외형이 달라지고, 그로 인해 관찰자가 체험하게 될 개별 수목경관의 캐릭터(landscape character)가 달라지므로 신중을 기해야 한다. 무엇보다도 개별 수목이 지닌 경관 캐릭터를 중시해야 하고, 전체 경관에서 그 수목이 담당하는 기능과 역할 등을 고려하여야 한다.

미학적 관점에서 고려할 수 있는 가지치기의 높이는 황금비례의 원칙에 바탕을 두는 것이다. 즉, 전체 수고(H) 대 지하고(BH)의 비, 지하고와 우듬지(h)의 비를 황금비에 맞춰보는 방법이다;

수고(H) : 지하고(BH) = 지하고(BH) : 우듬지높이(h)
= 1.618 : 1 = 0.618 : 0.382

물론 이것은 수경의 외형을 중시했을 때 적용할 수 있는 것이다. 해당 나무가 서 있는 위치, 숲이 지녀야 할 기능, 예를 든다면, 방풍, 시각차폐, 시선 유도, 보건 등에 따라서 가지치기 높이는 달라지게 된다. 林文鎭은 경관적 관점에서 지하고를 3~3.5m로 유지하는 것이 적당하고, 5~6m이면 더욱 이상적이라고 제시하기도 한다.118)

117) 임경빈, 이경준 외, 『임학개론』. 향문사. 1998. pp.190.
118) 林文鎭. 앞의 책. pp.157~158.

2) 임상(林床) 조절

숲의 수직적 구조를 상층, 중층, 하층, 지피식생으로 구분할 때 林床(floorscape)은 숲 바닥으로써 하층과 지피식생으로 구성된다. 미시 경관에 있어서 교목층이 주는 이미지가 경관 캐릭터라고 할 때 임상은 그것을 뒷받침해 주는 바탕이 된다. 그러한 의미에서 산림 내 미경관 시업 중 가장 중요한 부분의 하나이다.

따라서, 기본적으로 임상은 반드시 적당한 지피식생으로 피복되어 있어야 하며, 절대로 나지(裸地)가 노출되어서는 안 된다. 또한, 임상은 오감적 특성을 지닌 기화요초(琪花瑤草)를 활용하여 나름대로 다양한 모습을 연출함으로써 탐방객의 오감을 가장 가까운 거리에서 만족시킬 수 있는 최고의 잠재력을 가진 공간이다.

임상 경관은 지피식생의 종류, 고도 및 밀도에 의해 결정된다. 다음 6개의 유형이 임상을 관리하는데 도움이 될 것으로 생각한다.[119] 임내 산책로 주변은 신체에서 가장 인접한 풍경이기 때문에 탐방객들이 미적 체험을 하는데 있어서 중요한 공간이다. 따라서 적극적이고 적합한 시선 투시도 관리, 임상 관리의 손길이 미쳐야 한다.

① 저초형 임상

- 특색: 넓어서 자유롭게 밟을 수 있고 뛰고, 구르고, 앉고, 누워 휴식을 취할 수 있다. 풀의 높이는 20~30㎝이고 비교적 연하다.
- 정취: 임내 공간은 시선이 좋고 통풍이 좋으며 해충이 적어 여유 있는 분위기를 내고 친근감을 준다.

② 고초형 임상

- 특색: 들꽃 풀잔디는 야유회, 자연탐색 등을 제공할 수 있다. 풀 높이는 50㎝ 이하로 유지해야 활동하는데 편리하다.
- 정취: 자연의 여러 가지 형태로 사람들의 마음을 편하게 함으로써 하루를 한가롭게 보내고 싶어지게 한다.

---

119) 高橋理喜男, 龜山章. 綠の景觀と植生管理. 1987. pp.242. 앞의 책(pp.159~161)에서 재인용.

[그림 7-21] 저초형 임상
광릉 육림호 주변-1995

[그림 7-22] 고초형 임상
오스트리아 빈 그린찡 Beethovengang 주변

③ 초목 혼생형 임상

- 특색 : 나무사이를 따라 낙엽이 떨어져 있는 길에서는 산림욕을 할 수 있고 명승지를 찾아 볼 수 있다. 시야가 가깝고 경치 및 임상에 변화가 있어야 한다.
- 정취 : 열매나 조류, 계절성 풍경을 감상할 수 있고 여가를 보내기에 좋다.

[그림 7-23] 초목 혼생형 임상
백두산 王池 주변

④ 들꽃형 임상

- 특색: 봐도 봐도 끝이 없는 들꽃바다가 구도의 주체이다. 수준 높은 고도의 임상관리가 필요하다.
- 정취: 대자연에 회화와 같은 정경을 첨가하여 감상할 수 있게 한다.

[그림 7-24] 들꽃형 임상
스위스 Grindelwald 지방

⑤ 화목형 임상
- 특색: 대자연에서 자생하는 화목(花木)을 감상하도록 한다.
- 정취: 대자연 안의 꽃 색깔은 더욱 농후하고 아름다우며 사람들의 시선을 사로 잡는다.

[그림 7-25] 화목형 임상

[그림 7-26] 자연형 임상
오스트리아 빈숲-Wienerwald

⑥ 자연형 임상

- 특색: 목적은 육림과 완충지대 형성에 있고 또한 야생동물군을 이루어 탐방객이 활동하기에 불편한 곳이다. 놀이공간과 휴양림 주위에 설치되어 있거나 혹은 앞의 다른 형 임상공간을 보호하기 위한 보호지대로써의 역할을 한다.
- 정취: 아름다운 자연 생태계로 주변 환경을 보호하고 돋보이게 할 수 있다.

3) 오감을 자극하는 시업

아름다움의 정의에서 밝힌 것처럼, 미적 대상은 우선 보기에 좋아야 하고, 오감에 긍정적으로 반응하여 감동과 기쁨을 주도록 관리해야 한다. 따라서, 숲가꾸기에 있어서 반드시 오감을 자극하는 기법이 적용되어야 할 것이다.

쯔쯔이 미치오(筒井迪夫)는 산림미학적 관점에서 시업을 할 때에는 五感이 강조되어야 함을 주장하고 오감을 고려해야 할 배경을 다음과 같이 제시하고 있다.120)

- 자연에서 풍부한 감성을 연마할 수 있도록 오감을 통해 지역의 자연을 보호하고 육성하며
- 오감을 통해 새로운 매력을 발견할 수 있게 하며
- 오감을 통해 스트레스 해소 등 인간성을 회복할 수 있게 하며
- 오감을 통해 자연, 문화, 생활 어매니티(amenity), 산업진흥 등으로 지역을 활성화하며,
- 오감을 통해 인간과 자연의 교류를 깊게 함으로써 새로운 생활문화를 창조할 수 있게 한다.

이러한 점을 감안하여 제5장에서 제시한 오감에 자극을 줄 수 있는 수목들의 특성을 잘 고려하여 숲을 가꿔야 한다.

4. 임업적 응용(영역별 기법)

산림분야에서 영역별로 응용할 수 있는 내용을 정리하여 다음 표에 제시하였다.

---

120) 筒井迪夫, 森林環境保全政策における森林美學の意義に關する硏究. 多摩美術大學硏究紀要. 1993. 8号. pp.81~100.

[표 7-12] 산림미학의 임업적 응용영역 구분과 내용

應用分野 區分		응용 내용
조림		適地適樹 選定, 지역별 林相 선정,
숲가꾸기		가지치기, 枝下高 위치, 樹冠 및 樹形 관리, 多層林 유지, 솎아베기, 임상별 지피식생의 형태 등
수확		관리되고 있는 기존 林相에 적합한 收穫法 선정. 특히 風致林, 公園地域 등에 적용
산림 개발	산림토목분야	임도건설분야, 사면녹화분야, 각종 사방공사분야, 훼손지 녹화 분야 등
	산림휴양분야	휴양림 계획: 휴양 프로그램, 美的 動線 및 시설물 계획, 산림경관에 조화된 건축 및 토공 계획

[표 7-13] 산림개발분야에 응용가능한 방안

분야 구분	세부영역		구체적 내용
산림 토목 분야	林道 建設	路線測量	산림경관에 가장 적합한 영선 측량법 적극 권장
		선형계획	지형흐름을 따라 선형이 嵌入되고 융화되도록 처리
		밀도	施業林이라 산악지에선 索道利用으로 고밀도 임도 지양
		간격	최소한 中景 이상의 거리 유지(500m)
	斜面 安定	에지처리	라운딩(rounding)으로 산림지형에 부드럽게 嵌入되도록 처리
		옹벽	가능한 한 자연석이나 통나무 사용
	砂防工事		안정뿐만 아니라 외관미도 강조된 공사
	毁損地 綠化		기존의 식생과 같은 녹화재료 사용
산림 휴양 분야	山林 美的 休養 프로 그램	文學	四季節 山林美를 감상하며 각 분야에 알맞는 활동을 하면서 체험할 수 있는 프로그램의 개발과 운영
		美術 및 工藝	
		音樂	
		기타(교육 등)	
	景觀鑑賞林 計劃(風景林)		대표적으로 선호하는 山林美를 조사하여 大景觀林으로 조성

분야 구분	세부영역		구체적 내용
산림 휴양 분야	美的 動線 計劃	路邊林相	침엽수림, 활엽수림, 혼효림에 특성에 알맞는 枝下高 유지
산림 휴양 분야	美的 動線 計劃	動線施設	갓길 야생초화류 피복, 포켓형 공간, 휴게시설 제공으로 美鑑賞
산림 휴양 분야	美的 施設物 計劃	眺望施設	모든 山林美를 상하로 이동하며 볼 수 있게 충분한 고도 유지
산림 휴양 분야	美的 施設物 計劃	樹木園	목본, 초본, 화훼류 모두 준비
산림 휴양 분야	山林 景觀에 조화된	건축물	지붕선과 산악 스카이라인과의 조화
산림 휴양 분야	山林 景觀에 조화된	토공	平地 整地式이 아닌 接地式으로 地形線 維持
기타 공통 분야	기타 시설물	사인(Sign)	각종 거리 및 교통 사인 시설의 미적 처리(재료 및 글자)
기타 공통 분야	기타 시설물	사인(Sign)	立看板의 경우 최대한 투명한 재료 또는 이와 유사한 효과 고려
기타 공통 분야	기타 시설물	案內板	현장 입지에 어울리는 자연 재료 및 자연색 사용
기타 공통 분야	기타 시설물	案內板	立看板의 경우 최대한 투명한 재료 또는 이와 유사한 효과 고려
기타 공통 분야	공사 재료	포장재료	콘크리트 포장 지양, 줄눈막이 지양, 자연 재료(자연석, 목재)
기타 공통 분야	공사 재료	건축재료	가급적 목질 재료 사용(통나무집, 산막 등)

출처: 김기원, 「산림미학의 연구동향에 관한 연구」 산림과학. 1997.

제4절 관련법에서의 경관관리

1. 산림 관련법

산림관련법에서 경관관리의 대상에 가장 가까운 개념을 지닌 산림은 「산림자원의 조성 및 관리에 관한 법률」에 따라 규정된 기능별 산림의 유형이다. 이 법률 제8조는 산림의 기능을 수원(水源)의 함양(涵養), 산림재해방지, 자연환경 보전, 목재 생산, 산림 휴양, 생활환경 보전 등 6개 분야로 구분하고 있다. 이에 따라 동법 시행규칙 제3조에 이 기능별로 산림을 다음과 같이 6개 유형으로 나누고 있다.

「산림자원의 조성 및 관리에 관한 법률」 시행규칙 제3조(산림의 기능별 구분 · 관리)

1. 수원함양림 : 수자원함양과 수질정화를 위하여 필요한 산림
2. 산지재해방지림 : 산사태, 토사유출, 대형산불, 산림병해충 등 각종 산림재해의 방지 및 임지의 보전에 필요한 산림
3. 자연환경보전림 : 생태 · 문화 · 역사 · 경관 · 학술적 가치의 보전에 필요한 산림
4. 목재생산림 : 생태적 안정을 기반으로 하여 국민경제활동에 필요한 양질의 목재를 지속적 · 효율적으로 생산 · 공급할 수 있는 산림
5. 산림휴양림 : 산림휴양 및 휴식공간의 제공을 위하여 필요한 산림
6. 생활환경보전림 : 도시 또는 생활권 주변의 경관유지, 쾌적한 생활환경의 유지를 위하여 필요한 산림

산림청은 이들 산림의 관리를 위해 <지속가능한 산림자원 관리지침>이라는 행정규칙을 제정하였는데 주요 내용을 아래에 소개한다.

지속가능한 산림자원 관리지침

[시행 2015.2.27] [산림청훈령 제1244호, 2015.2.27., 일부개정]

1. 목 적

산림의 생태환경적인 건전성을 유지하면서, 다양한 기능이 최적 발휘되도록 산림을 보전하고 관리함

2. 기본방향

- 산림의 생물다양성의 보전
- 산림의 생산력 유지·증진
- 산림의 건강도와 활력도 유지·증진
- 산림 내의 토양 및 수자원의 보전·유지
- 산림의 지구탄소순환에 대한 기여도 증진
- 산림의 사회·경제적 편익 증진
- 지속가능한 산림관리를 위한 행정 절차 등 체계 정비

3. 산림의 기능구분

산림청장, 산림청장 외에 국유림을 소유 또는 관리하고 있는 중앙행정기관의 장, 특별시장·광역시장·도지사 또는 시장·군수·구청장(이하 '산림관리자'라 한다)은 소유 또는 관리하고 있는 산림을 그 기능에 따라 다음과 같이 구분함

- 목재생산림
- 수원함양림
- 산지재해방지림
- 자연환경보전림
- 산림휴양림
- 생활환경보전림

4. 기능별 산림의 조성과 관리(목재생산림 제외)

1) 수원함양림의 조성·관리

- 관리목표: 수자원함양기능과 수질정화기능이 고도로 증진되는 산림
- 목표로 하는 산림; 다층혼효림(多層混淆林)
- 관리대상: 산림의 수자원함양기능 및 수질정화기능을 높이기 위하여 지정·결정 또는 관리하는 산림

· 산림보호법에 의한 산림보호구역 중 수원함양보호구역

· 수도법에 의한 상수원보호구역 안의 산림

· 한강 수계 상수원 수질개선 및 주민지원 등에 관한 법률에 의한 한강 수계 지역 안에서 수원함양에 직접적인 영향을 주는 산림

· 영산강·섬진강 수계 물 관리 및 주민지원 등에 관한 법률에 의한 영산강·섬진강수계 지역 안에서 수원함양에 직접적인 영향을 주는 산림

· 금강 수계 물 관리 및 주민지원 등에 관한 법률에 의한 금강수계 지역 안에서 수원함양에 직접적인 영향을 주는 산림

· 낙동강 수계 물 관리 및 주민지원 등에 관한 법률에 의한 낙동강수계 지역 안에서 수원함양에 직접적인 영향을 주는 산림

· 댐 건설 및 주변지역 지원 등에 관한 법률 제2조의 규정에 의한 댐으로 집수되는 자연경계구획 산림

· 그 밖에 수원함양기능 증진을 위해 관리가 필요하다고 산림관리자가 인정하는 산림

- 조림

나무의 뿌리가 다층구조를 이룰 수 있도록 참나무류, 소나무 등의 심근성(深根性) 수종을 중심으로 천근성(淺根性) 수종이 혼합되도록 조림수종을 선정

- 숲가꾸기
  - · 덩굴제거는 하천과 계곡(1/25,000 지형도 상의 계곡을 말함. 이하 같음)의 홍수위, 호소(湖沼)의 만수위 등 수계로부터 100m 이내 지역 또는 집수유역 안의 지역은 약제를 사용하지 않고 인력으로 제거하고 기타 지역은 약해(藥害)가 발생하지 않도록 소면적으로 제거
  - · 솎아베기(간벌)

    수관울폐도(樹冠鬱蔽度)를 50~80% 수준으로 유지하는 것을 원칙으로 함. 솎아베기를 시행하지 않아 울폐된 침엽수림과 다음의 각 지역은 건강한 숲이 될 때까지 약도(弱度)의 솎아베기를 5년 이상의 간격으로 수회 실시하여 산림토양을 보전하고 입목의 수원함양기능을 증진함;
    - 계곡으로부터 계곡부 홍수위 폭 만큼의 계곡부 양안 지역
    - 호소, 저수지 등 수변부는 만수위로부터 30m 이내 지역
    - 하천의 홍수위로부터 30m 이내 지역
- 수확
  - · 수원함양림에서는 목재생산림의 우량대경재를 목표생산재로 하고 수확함
  - · 가급적 골라베기를 원칙으로 하되 불가피할 경우 모두베기와 모수작업(母樹作業)은 하나의 벌채면적을 5ha 미만으로 함

2) 산지재해방지림의 조성·관리

- 관리목표: 산사태, 토사유출, 대형산불, 산림병해충 등 각종 산림재해에 강한 산림
- 목표로 하는 산림
  - · 산사태, 토사유출에 강한 다층혼효림

- 대형산불을 방지하기 위해 내화수림대(耐火樹林帶)가 포함된 혼효림
- 산림병해충에 강하고 생태적으로 건강한 다층혼효림

• 관리대상
산사태, 토사유출, 대형산불, 산림병해충 등 산림재해 발생 방지 및 임지(林地)보전을 위하여 지정·결정 또는 관리하는 산림으로서 다음과 같음
- 사방사업법에 의한 사방지(砂防地) (산사태복구지 포함)
- 산림보호법에 의한 산림보호구역 중 재해방지보호구역
- 과밀(過密) 임분(林分)으로 산사태가 우려되는 지역의 침엽수 단순림
- 대형산불의 발생이 우려되는 지역의 침엽수 단순림
- 소나무재선충병 방제특별법에 의한 피해지역
- 산림병해충의 피해 우려가 있는 단순림
- 그 밖에 산지재해방지기능 증진을 위해 관리가 필요하다고 산림관리자가 인정하는 산림

• 사방지 등 토사유출이 우려되는 산림의 관리
- 사방지는 오리나무, 아까시나무, 싸리나무 등 질소고정 효과가 큰 수종과 속성수를 혼합하여 조림수종을 선정
- 나무의 뿌리가 다층구조를 이룰 수 있도록 참나무류, 소나무 등의 심근성 (深根性) 수종을 중심으로 천근성(淺根性) 수종이 혼합되도록 조림수종을 선정
- 토심이 깊은 곳은 활엽수, 얕은 곳은 침엽수 위주로 조림수종 선정
- ha당 5,000본을 기준으로 입지 조건에 따라 조정
- 사방기능 제고를 위한 경우를 제외하고는 숲가꾸기 실시하지 않음
- 침엽수림은 솎아베기를 통해 다층혼효림으로 전환 유도

• 산사태, 산불, 산림병해충 등 산림재해로 인한 피해 복구 등 공익적 목적을 위한 경우를 제외하고는 벌채하지 않음.

3) 자연환경보전림의 조성·관리

• 관리목표: 보호할 가치가 있는 산림자원이 건강하게 보전될 수 있는 산림

- 자연환경보전림의 유형구분
  - 보전형: 생태계, 유전자원 보호 등을 위해 보전해야 할 산림
  - 문화형: 역사·문화적 가치 보호 등을 위해 보전해야 할 산림
  - 학술·교육형: 학술·교육의 목적으로 보전해야 할 산림
- 목표로 하는 산림: 다층혼효림 또는 지정·결정·관리의 목적을 달성할 수 있는 산림
- 관리대상: 생태·문화·역사·학술적 가치를 보전하기 위하여 지정·결정 또는 관리하는 산림
  - 산림자원의조성및관리에관한법률에 의한 채종림, 채종원, 시험림
  - 산림보호법에 의한 산림보호구역 중 산림유전자원보호구역
  - 백두대간 보호에 관한 법률에 의한 백두대간보호지역 안의 산림
  - 국토의 계획 및 이용에 관한 법률에 의한 보전녹지지역 안의 산림
  - 자연공원법에 의한 자연공원 안의 산림
  - 자연환경보전법에 의한 자연생태계·경관보전지역, 생태·자연도 1등급 권역 안의 산림
  - 야생동·식물보호법에 의한 야생동·식물보호구역 안의 산림
  - 습지보전법에 의한 습지보호지역 안의 산림
  - 독도등도서지역의생태계보전에관한특별법에 의한 특정도서의 산림
  - 전통사찰보존법에 의한 사찰림
  - 문화재보호법에 의한 문화재보호구역 안의 산림
  - 수목원조성 및 진흥에 관한 법률에 의한 수목원 안의 산림
  - 대학설립·운영규정에 의한 연습림
  - 고등학교 이하 각급 학교 설립·운영규정에 의한 교지 안의 학교숲
  - 그 밖에 자연환경보전을 위해 필요하다고 산림관리자가 인정하는 산림
- 관리의 기본 방향: 해당 법률의 지정·결정의 취지에 맞게 관리하며, 해당부처·기관과 협의하여 추진

4) 산림휴양림의 조성·관리

- 관리목표: 다양한 휴양기능을 발휘할 수 있는 특색 있는 산림, 종다양성 풍부하고 경관이 다양한 산림

- 목표로 하는 산림: 지역적 특성에 적합한 다층림 또는 다층혼효림
- 관리대상: 쾌적한 환경과 휴식처를 제공하여 인간의 정신·육체적 건강의 유지·증진에 기여하는 기능으로 지정·결정 또는 관리하는 산림
  - 산림문화·휴양에 관한 법률에 의한 자연휴양림
  - 그 밖에 휴양기능 증진을 위해 필요하다고 산림관리자가 인정하는 산림
- 산림휴양림의 구분
  - 시설부지, 등산로, 산책로 주변으로부터 가시권을 고려하여 30m 이내 지역은 공간이용지역으로 함
  - 공간이용지역을 제외한 지역은 자연유지지역으로 함
- 공간이용지역의 관리
  - 조림
    - 경관수종, 화목류, 관목류, 식이(食餌)수종, 지역특색수종으로 선정
    - 식재조림, 천연갱신 등을 통한 이단림 등 다층혼효림으로 조성하되 지역적·국소적으로 특성있는 수종이 있을 경우 동일 수종으로 후계림을 조성하여 다층림으로 조성
  - 숲가꾸기
    - 생태적 활력도 제고를 위해 솎아베기 등 숲가꾸기 실시
    - 희귀식물, 노령목, 괴목(怪木), 노령고사목 등은 보존함. 다만, 산림병해충의 전염·확산의 우려가 있을 경우에는 제거할 수 있음
    - 사방지, 송진채취림 등 과거의 특별산림사업지는 보존
    - 덩굴제거는 필요할 경우 인력으로 제거
    - 살초목제(殺草木劑) 사용금지
    - 살충제, 화학비료의 대량 사용금지
    - 작업 시기는 방문객이 적은 시기에 실시
    - 열식간벌 등 기계적 솎아베기를 금지하고 가급적 약도의 솎아베기 실시
  - 수확: 산사태, 산불, 산림병해충 등 산림재해로 인한 피해 복구 등 공익적 목적을 위한 경우를 제외하고는 벌채하지 않음

- 자연유지지역의 관리

가급적 목재생산림의 우량대경재에 준하여 관리하되, 산림재해방지 등 별도의 기능이 요구될 경우 해당 산림의 기능에 준하여 관리할 수 있음

5) 생활환경보전림의 조성·관리

- 관리목표: 도시와 생활권 주변의 경관유지 등 쾌적한 환경을 제공하는 산림
- 유형구분
  - 공원형: 거주자의 자연체험, 레크리에이션, 환경교육 등의 장소로 이용하는 산림
  - 경관형: 심리적 안정감을 주고 시각적으로 풍요로움을 주는 산림
  - 방풍·방음형: 바람, 소음, 대기오염물질을 완화시켜 쾌적한 거주환경이 되도록 하는 산림
  - 생산형: 거주자의 쾌적한 거주환경을 훼손하지 않는 범위 내에서 목재를 생산하는 산림
- 목표로 하는 산림
  - 공원형·경관형: 생태적·경관적으로 다양한 다층혼효림
  - 방풍·방음형: 방풍과 방음의 기능을 최대한 발휘할 수 있는 다층림 또는 계단식 다층림
  - 생산형: 생태적으로 건강한 목재생산림
- 관리대상: 도시/생활권 주변의 경관유지, 쾌적한 생활환경유지 기능을 위해 지정·결정/관리하는 산림
  - 산림자원의 조성 및 관리에 관한 법률에 의한 도시림
  - 산림보호법에 의한 산림보호구역 중 경관보호구역, 재해방지보호구역, 생활환경보호구역
  - 도시공원법에 의한 도시공원 안의 산림
  - 개발제한구역의 지정 및 관리에 관한 특별조치법에 의한 개발제한구역 안의 산림
  - 그 밖에 생활환경보전기능 증진을 위해 관리가 필요하다고 산림관리자가 인정하는 산림

- 공원형·경관형 생활환경보전림의 조성과 관리
  - ·식재조림, 천연갱신, 솎아베기 등을 통한 다층혼효림으로 조성하되 지역적으로 특성있는 수종이 있을 경우 동일 수종으로 후계림을 조성하여 다층림으로 조성할 수 있음
  - ·수종은 경관수종, 화목류, 관목류, 식이수종, 지역특색수종으로 선정
  - ·희귀식물, 노령목, 괴목, 노령고사목 등은 보존함. 다만, 산림병해충 우려가 있을 경우 제거가능
  - ·덩굴제거는 하천·계곡의 홍수위, 호소의 만수위 등 수계와 방문객이 이동하는 산책로 등으로부터 100m 이내 또는 집수유역 안의 지역은 약제를 사용하지 않고 인력으로 제거하고 기타 지역은 약해가 발생하지 않도록 소면적으로 제거
  - ·살초목제 사용금지, 살충제, 화학비료는 대량 사용금지, 작업 시기는 방문객이 적은 시기에 실시
  - ·열식간벌 등 기계적 솎아베기는 금지하고 가급적 약도의 솎아베기 실시
  - ·생리적 수확기에 달한 산림, 산불·산림병해충 등 피해지 이외에는 수확 벌채하지 않음
- 방풍·방음형 생활환경보전림의 조성과 관리
  - ·최소 30m 폭으로 계단식 다층림의 수림대를 조성
  - ·30m 이내로 수림대를 조성할 경우에는 다층림으로 조성
  - ·수종은 경관수종, 화목류, 관목류, 식이수종, 지역특색수종으로 선정하되 침엽수림을 포함하여야 함
  - ·산물을 전량 수거하여 산불을 예방

2. 자연 공원법 관련

(1) 용어 정의

자연공원법에 지정된 각종 공원은 미적 대상으로써 대부분 산림경관에 해당하기 때문에 법에 명시된 그들의 성격과 관리 기법을 발췌하여 소개한다. 자연공원법 제정의 목적은 자연공원의 지정, 보전 및 관리에 관한 사항을 규정함으로써 자연생태

계와 자연 및 문화경관 등을 보전하고 지속 가능한 이용을 도모하기 위해 위함이다. 법에서 사용하는 주요한 용어들의 정의는 아래와 같다.

- 자연공원은 국립공원, 도립공원, 군립공원을 말한다.
- 국립공원은 우리나라의 자연생태계나 자연 및 문화경관(이하 "경관"이라 한다)을 대표할 만한 지역으로써 법 제4조 및 제4조의 2의 규정에 의하여 지정된 공원을 말한다.
- 도립공원은 특별시, 광역시 및 도(이하 "시 · 도"라 한다)의 자연생태계나 경관을 대표할 만한 지역으로써 법 제4조 및 제4조의3의 규정에 의하여 지정된 공원을 말한다.
- 군립공원은 시, 군, 자치구(이하 "군"이라 한다)의 자연생태계나 경관을 대표할 만한 지역으로써 법 제4조 및 제4조의4의 규정에 의하여 지정된 공원을 말한다.
- 공원구역은 자연공원으로 지정된 구역을 말한다.
- 공원보호구역은 자연공원의 보호를 위하여 법 제25조의 규정에 의하여 지정된 구역을 말한다.
- 공원기본계획은 자연공원의 보전, 이용, 관리를 위한 장기 발전방향을 제시하는 종합계획으로써 공원계획의 지침이 되는 계획을 말한다.
- 공원계획은 자연공원을 보전 · 관리하고 알맞게 이용하도록 하기 위한 용도지구의 결정, 공원시설의 설치, 건축물의 철거, 이전 그 밖의 행위제한과 토지이용 등에 관한 계획을 말한다.

(2) 지정 절차

국립공원은 환경부장관이 지정, 관리하고, 도립공원은 특별시장, 광역시장 또는 도지사(이하 "시 · 도지사"라 한다)가 각각 지정, 관리하며, 군립공원은 시장, 군수 또는 자치구의 구청장(이하 "군수"라 한다)이 각각 지정, 관리한다.

자연공원을 지정, 관리하는 환경부장관, 시 · 도지사 및 군수(이하 "공원관리청"이라 한다)가 자연공원을 지정하고자 하는 때에는 당해 대상지역의 자연생태계, 생물자원, 경관의 현황 및 특성, 지형, 토지이용상황 등 그 지정에 필요한 사항을 조사하도록 되어 있다.

1) 국립공원의 지정절차

환경부장관은 국립공원을 지정하고자 하는 때에는 법 제4조제2항의 규정에 의한 조사결과 등을 토대로 국립공원지정에 필요한 서류를 작성해야 한다. 또한, 주민설명회, 공청회를 개최하고 관할 시・도지사 및 군수의 의견을 들은 후 관계중앙행정기관의 장과 협의하고 법 제9조의 규정에 의한 국립공원위원회의 심의를 거쳐야 한다. 국립공원을 폐지하거나 구역변경 등 대통령령이 정하는 중요사항을 변경하는 때에도 또한 같다.

2) 도립공원의 지정절차

시·도지사는 도립공원을 지정하고자 하는 때에는 법 제4조제2항의 규정에 의한 조사결과 등을 토대로 규정에 의한 서류를 작성하여 미리 당해 지역주민과 관할군수의 의견을 들어야 한다. 이 후 관계중앙행정기관의 장과 협의하고 법 제9조의 규정에 의한 도립공원위원회의 심의를 거쳐야 한다. 도립공원구역변경 등 대통령령이 정하는 중요사항을 변경하는 때에도 같은 절차를 밟는다.

시・도지사가 지정된 도립공원을 폐지하거나 대통령령이 정하는 규모 이상 축소하고자 하는 때에는 제1항의 절차를 거친 후 환경부장관의 승인을 얻어야 한다.

3) 군립공원의 지정절차

군수는 군립공원을 지정하고자 하는 때에는 법 제4조제2항의 규정에 의한 조사결과 등을 토대로 규정에 의한 서류를 작성하여 미리 당해 지역주민의 의견을 들어야 한다. 이 후 관계행정기관의 장과 협의하고 제9조의 규정에 의한 군립공원위원회의 심의를 거쳐야 한다. 군립공원구역변경 등 대통령령이 정하는 중요사항을 변경하는 때에도 또한 같다.

지정된 군립공원을 폐지하거나 대통령령이 정하는 규모 이상 축소하고자 하는 때에는 지정 때와 같은 규정과 절차를 거친 후 시・도지사의 승인을 얻어야 한다.

(3) 관리방법

1) 용도지구 지정 관리

전체 공원 구역은 넓고 복잡하고 특성이 다양하기 때문에 경관 관리를 위해 몇 개의 지구로 구분하여 관리하는 것이 일반적이다. 자연공원을 효과적으로 보전하고 이용할 수 있도록 하기 위하여 몇 개의 지역으로 나눠서 관리하게 하는데 이들 지역을 용도지구라고 하고 이것은 '공원계획'(용어정의 참조)으로 한다. 이에 대해서는 법 제18조에 명시되어 있다.

① 공원자연보존지구(자연보존지구)

다음에 해당하는 곳으로써 특별히 보호할 필요가 있는 지역

- 생물다양성이 특히 풍부한 곳
- 자연생태계가 원시성을 지니고 있는 곳
- 특별히 보호할 가치가 높은 야생 동·식물이 살고 있는 곳
- 경관이 특히 아름다운 곳

② 공원자연환경지구(자연환경지구)

자연보존지구의 완충공간으로 보전할 필요가 있는 지역

③ 공원자연마을지구(자연마을지구)

취락의 밀집도가 비교적 낮은 지역으로써 주민의 취락생활을 유지하는 데 필요한 지역

④ 공원밀집마을지구(밀집마을지구)

취락의 밀집도가 비교적 높거나 지역생활의 중심 기능을 수행하는 지역으로써 주민의 일상생활을 유지하는 데 필요한 지역

⑤ 공원집단시설지구(집단시설지구)

자연공원에 들어가는 자에 대한 편의제공 및 자연공원의 보전·관리를 위한 공원시설이 모여 있거나 모아 놓기에 알맞은 지역

2) 행위 제한

용도지구에서 허용되는 행위의 기준은 아래와 같다. 다만, 자연공원안의 환경부령이 정하는 해안 및 섬지역에서 허용되는 행위기준은 지구별 행위기준 범위 안에서 환경부령으로 달리 정할 수 있도록 되어 있다.

① 자연보존지구

- 학술연구, 자연보호 또는 문화재의 보존·관리를 위하여 필요하다고 인정되는 최소한의 행위
- 환경부령이 정하는 최소한의 공원시설의 설치 및 공원사업

- 군사시설 · 통신시설 · 항로표지시설 · 수원(수원)보호시설 · 산불방지시설 등으로써 이 지역이 아니고는 설치할 수 없다고 인정되는 환경부령이 정하는 최소한의 시설의 설치
- 대통령령이 정하는 고증절차를 거친 사찰의 복원과 사찰경내지(사찰경내지)에서의 불사를 위한 시설 및 그 부대시설의 설치. 다만, 부대시설중 찻집 · 매점 등 영업시설의 설치는 경내 건조물이 정착되어 있는 토지 및 이에 연결되어 있는 그 부속토지에 한한다.
- 문화관광부장관이 종교법인으로 허가한 종교단체의 시설물중 자연공원으로 지정되기 전의 기존 건축물에 대한 개축 · 재축, 대통령령이 정하는 고증절차를 거친 시설물의 복원 및 환경부령이 정하는 규모 이내의 부대시설의 설치
- 사방사업법에 의한 사방사업으로써 자연상태로 그냥 두면 심각한 자연의 훼손이 우려되는 경우에 이를 막기 위하여 실시되는 최소한의 사업
- 자연환경지구에서 자연보존지구로 변경된 지역 중 환경부령이 정하는 대상지역 · 허용기준에 따라 공원관리청과 거주민(공원구역 안에 거주하는 자로 등록이 되어 있는 자를 말한다)간에 자발적 협약을 체결하여 행하는 임산물의 채취행위

② 자연환경지구

- 자연보존지구에서 허용되는 행위
- 환경부령이 정하는 밀집하지 아니하는 공원시설의 설치 및 공원사업
- 환경부령이 정하는 허용기준 범위 안에서의 농지 또는 초지 조성행위 및 그 부대시설의 설치
- 농업 · 축산업 등 1차산업행위 및 환경부령이 정하는 국민경제상 필요한 시설의 설치
- 임도의 설치(산불진화 등 불가피한 경우에 한한다), 조림, 육림, 벌채 및 사방사업법에 의한 사방사업
- 자연공원으로 지정되기 전부터 그 지구 안에 있는 기존 건축물에 대하여 주위 경관과 조화를 이루도록 하는 범위 안에서 실시되는 것으로써 환경부령이 정하는 규모 이하의 증축 · 개축 · 재축 및 그 부대시설의 설치와 천

재·지변이나 공원사업으로 이전이 불가피한 건축물의 이축

- 자연공원을 보호하고 자연공원에 들어가는 자의 안전을 지키기 위한 사방(砂防)·호안(湖岸)·방화(防火)·방책(防柵) 및 보호시설 등의 설치
- 군사훈련 및 농로·제방의 설치 등 대통령령이 정하는 국방상·공익상 필요한 최소한의 행위 또는 시설의 설치
- 「장사 등에 관한 법률」에 의한 개인묘지의 설치(섬지역에 거주하는 주민이 사망한 경우에 한한다)

③ 자연마을지구

- 자연환경지구에서 허용되는 행위
- 환경부령이 정하는 규모 이하의 주거용 건축물의 설치 및 생활환경 기반시설의 설치
- 자연마을지구의 자체기능상 필요한 시설 또는 행위로써 환경부령이 정하는 시설의 설치 또는 행위
- 환경오염을 일으키지 아니하는 가내공업

④ 밀집마을지구

- 자연공원의 보전·관리에 심각한 지장을 주지 아니하는 행위. 이 경우 자연공원의 보전·관리에 심각한 지장을 주는 행위의 기준은 환경부령으로 정한다.

⑤ 집단시설지구

- 공원시설 및 그 부대시설의 설치
- 집단시설지구로 결정되기 전의 기존 건축물에 대하여 실시되는 것으로써 환경부령이 정하는 규모 이하의 개축 및 재축

[그림 7-29] 대관령 소나무 숲

참고문헌

강승영, 1999. 시민의 불복종. 원저 Thoreau, H.D. Civil Disobedience. 도서출판 이레.

국립산림과학원. 2005. 지속가능한 산림자원관리 표준 매뉴얼. 웃고문화사.

권영필, 1994. 한국전통미술의 미학적 과제. <한국미학시론> 고려대학교 한국학연구소.

권정임, 1995. 셸링철학에 있어서 자연과 예술. 미술예술학 연구. 한국 미학예술학회. 제5집.

김기원 편저. 1997. 숲과 음악. 두솔.

김기원, 1997. 산림미학의 연구동향에 관한 연구. 산림과학. 국민대학교 산림과학연구소.

김기원, 2004. 숲이 들려준 이야기. 효형 출판사.

김도경, 1982. 산림경관분석에 관한 연구. 서울시립대학교 석사학위논문.

김문환, 1994. 환경미학의 이론적 과제-자연미를 중심으로. 철학과 현실. 22: 266-277.

김용옥, 1989. 아름다움과 추함. 통나무.

김진수 옮김, 1996. 미학사전. 원저 헹크만 · 로터 엮음. Lexikon der Ästhetik. 도서출판 예경.

김철영, 2006. 산림경관구성을 위한 조선후기 진경산수화에 묘사된 소나무 숲의 특성 분석. 국민대학교 박사학위 논문.

김춘일 옮김, 2006. 美術과 視知覺. 원저 Rudolf Arnheim Visual Perception. 미진사.

김태진, 1995. 山林의 레크레이션 및 景觀美 評價에 관한 연구. 고려대학교 박사학위논문.

김호준 · 박봉우 · 하연 · 임주훈, 1997. 경관수목학. 개정판. 두솔출판.

노성두 옮김, Warnke, M. 저. 1997. 정치적 풍경(Politische Landschaft zur Kunstgeschichte der Natur). 일빛. 219쪽.

두행숙 옮김, 1996. 헤겔미학I. 원저 Hegel, G.W.F., Vorlesungen über die

Ästhetik. 나남출판사.
민경호・배웅규・임희지・최강림 역, 1996. 장소의 혼. 원저 NorbergSchulz, Christian. Genius Loci. 태림문화사.
민주식, 1993. 도시환경의 미학. 미학. 18.
박선규, 1999. 산수화의 조경이론. 도서출판 신원.
박찬기, 1992. 독일문학사. 일지사.
박찬형 역주, 청춘은 아름다워라. 원저 Hermann Hesse. Schön ist die Jugend. 장문사.
박찬우・김도경・오정수, 1997. 도시 근교림의 경관특성에 관한 연구. 산림과학논문집. 54: 48-56
배정한, 1998. 조경이론으로써의 환경미학. 한국조경학회지. 25(4): 89-106
백기수, 1971. 應用美學의 기초학으로써의 一般美學의 기초개념. 美學. 제1집.
백기수, 1975. 美學序說. 서울대학교 출판부.
백기수, 1981. 美의 思索. 서울대학교 출판부.
백기수, 1981. 美學. 서울대학교출판부.
서배식, 1984. 미학과 예술론. 대왕사.
서원우, 1975. 산림경관의 조사 및 기술방법에 관한 연구. 서울대학교 석사학위 논문.
서주환・진승범, 1994. 경관색채학. 명보문화사.
서주환・진승법, 1994. 경관 색채학. 224쪽.
성기택, 1993. 조경미학. 선진문화사. 335쪽.
송보영・최형식 역, 1986. 환경과 행태. 원저 Porteus, J.D. Environment and Behavior. Lang.
숲과문화연구회, 19996. 아름다운 우리숲 탐방. 초당.
숲과문화연구회, 2005. 아름다운 우리숲 찾아가기. 도솔.
신만용・김기원, 2006. 식물과 생활환경. 국민대학교 출판부.
양병이, 1990. 국토경관조성을 위한 산림정책연구. 산림청. 연구보고서.
운림필방, 1987. 芥子園畵傳. 운림필방.
유재근, 1993. 東洋의 美學. 도서출판 둥지.
유홍준 편역, 1998. 미학에세이. 원저 周鈞韜. 청년사.

윤국병 · 박광철 · 김장수 · 민경현 · 임경빈 · 김광래 · 임순문 · 왕수덕, 1990. 造園學. 일조각.

윤수영 역, 1992. 中國文學과 自然美學. 서울.

윤평섭, 1999. 환경미학. 문운당.

이광원 · 이덕순 · 장우환, 1991. 산촌 휴양지 개발 방향과 휴양체계. 한국농촌경제연구원.

이돈구 · 홍성각역, 1987. 조림학 원론. 원저 시어도 W. 다니엘 · 존 A. 헬름스 · 프레드릭 S. 베이커. principles of siliviculture. 대한교과서주식회사.

이병훈 역, 1973. 養花小錄. 원저 姜希顔. 186p.

이수진 역, Arnold Berleant저. 1995. 미학과 환경. 미학. 20.

이일구 · 오휘영 역, 1974. 조경학 개론. 원저 Hubbard, Kimball. An introduction to the study of landscape design. 문교부.

이정탁, 1984. 韓國山林文學硏究. 형설출판사.

이창환, 1995. 근대미학의 발생론적 근거에 관한 고찰. 미학. 20.

이필우 · 박상진 · 이원용 · 김수창 · 정희양 · 홍병화 · 김종만 · 현정인 · 정대성, 1981. 목재공학. 향문사.

이현택, 1997. 조경미학. 태림문화사.

이호신, 1995. 그림 속의 참나무 소재와 표현 기법. 참나무와 우리 문화. 숲과 문화 총서3: 15-26

이호신, 1996. 단원 그림 속에 나타난 수목 생태와 기법. 문화와 숲. 숲과 문화 총서4: 31-51

임경빈 · 이경준 · 홍성각 · 김계환 · 김진수 · 김지홍 · 이돈구 · 박승찬 · 변우혁 · 강건우 · 신만용 · 최관 · 김성일 · 김의경 · 최종천 · 장상식 · 조남석, 1998. 임학개론. 향문사.

임범송, 1990. 인간과 미. 연변인민출판사/언어문화연구소. 282쪽.

임승빈, 1991. 경관분석론. 서울대학교출판부.

전영우, 1996. 산림문화론. 국민대학교 출판부.

전영우, 2005. 숲과 문화. 북스힐.

전영우, 2003. 숲 보기 · 읽기 · 담기. 현암사.

정　민, 2003. 花菴九曲의 작가 柳璞과 花菴隨錄. 韓國詩歌研究 제14집.

조요한, 2003. 예술철학. 예술문화.

조정송, 1996. 환경설계와 미학. 터전. 3.

차두송・김소연・지병윤・이해주, 1996. 계량심리학적 수법에 의한 임도노선의 경관평가에 관한 연구. 연습강원대학교 연습림보고서. 16..

차봉희 역, 1983. 점・선・면. 칸딘스키 예술론II. 열화당.

최동희・김영철・신일철, 1975. 哲學. 일신사.

최영훈, 1985. 색채학개론. 미진사.

최재천, 2001. 생명이 있는 것은 다 아름답다. 효형출판사.

한국조경학회, 1989. 조경수목학. 문운당.

한국종합조경공사, 1990. 조경용소재도감. 명보문화사.

황기원, 1994. 景과 관련된 述語의 개념에 관한 考察. 한국 조경학회지. 22(4).

筒井迪夫, 1991. わが國における森林美學研究の系譜と技術適應の條件. 多摩美術大學研究紀要. 第6号.

筒井迪夫, 1993. 森林環境保全政策における森林美學の意義に關する研究. 多摩美術大學研究紀要. 第8号.

筒井迪夫, 1995. 森林文化の道. 朝日新聞社.

宮崎良文, 1996. 森の香り.フレグランスヅャーナル社.

高木勝久, 1988. 森林風致論講義ノト. 千葉大學園藝學部.

新島善直・村山釀造, 1918. 森林美學. 1918

伊藤精晤, 1991. 森林風致計劃學. 文永堂出版.

森林施業計劃研究會, 1996. 森林施業計劃の手引. 地球社.

全國林業改良普及協會, (年度未詳). フォレストスケープ.

新島善直・村山釀造, 1918. 森林美學. 成美堂. 복각판. 1990. 北海道大學圖書刊行會.

前田志野, 1992. 樹木の葉色及びその變化の實用的な數値表現法と類型分類の試み. 森林文化研究. 森林文化協會. 13.

濱野周泰・濱谷稔夫, 1994. 樹木の形のでき方(1). 樹形を構成する要素の解釋. 森林文化研究. 森林文化協會. 15.

內村雅一・杉村乾・野田 嚴・天野正博, 1991. 風致林に關する研究. 森林科學. 1: 40-49.(박찬우 박사 소장 자료).

藤森隆朗, 1991. 多様な森林施業. 全國林業改良普及協會

林文鎮, 1991. 森林美學. 臺北. 淑馨出版社.

羅紹麟・蕭文英・邱立文・王長平, 1990. 森林景觀美學之研究. 中華林學季刊. 23(2).

Arbeitkreis Forstliche Landschaftspflege, 1991. Waldlandschaftspflege. 2. Auflage. ecomed.

Boyce, Stephan G. 1995. Landscape Forestry. John Wiley & Sons Inc.

Braun, H. 1992. Bau und Leben der Bäume. Rombach Wissenschaft.

British Columbia, Prince of. 1981. Forest Landscape Handbook. Information Service Branch, Ministry of Forests.

Bryson, B. 1998. A Walk in the Woods. Broadway books.

Cathy Johnson, 1990. The Sierra Club Guide to Sketching in Nature. Sierra Club Books.

Cornell, J. 1987. Listen to the Nature-how to Deepen Your Awareness of Nature. Dawn/Exely Publication.

David Peterson, 2001. Writing Naturally. Johnson Books.

Delphin, 1984. Der Wald. Delphin Verlag.

Dirks-Edmunds, J. C. 1999. Not Just Trees. WSU Press.

Dorward, Sherry. 1990. Design for Mountain Communities. Van Nostrand Reinhold.

Fish, Ivan L., 『The Visual Aspect and Resource Management』.

Forest Practices Board, Tasmania. 2000. Forest Ppractice Code.

Hesse, Hermann. 1984. Bäume. Insel Verlag.

Johnson, C. 1990. The Sierra Club Guide to Sketching in Nature. Sierra Club Books.

Konold, W. 1996. Naturlandschaft Kulturlandschaft. ecomed.

Litton, R. Burton Jr. 1968. Forest Landscape Description and Inventories.

USDA Forest Service Research Paper PSW-49.

Litton, R. Burton Jr. 1973. Landscape Control Point. USDA Forest Service Research Paper PSW-91.

Lucas, Oliver. W. R. 1991. The Design of Forest Landscape. Oxford Univ. Press.

Mayer, H. 1984. Waldbau. Gustav Fisher Verlag.

McQuillan, A. G. 2001. The Gaping Maw and a Sparing Hand, or, the Role of the Sublime in Forest Restoration and Prescribed Fire. a handout.

Muir, J. 1987. My First Summer in the Sierra. Penguin Books. New York.

Peterson, D. 2001. Writing Naturally. Johnson Books.

Porteus, J. D. 1977. Environment and Behavior. Addison-Wesley Publishing Company.

Salisch, 1885. Forestästhetik.

Schmidt-Vogt, Helmut. 1999. Musik und Wald. Rombach Oekologie.

Schmidt-Vogt. 1997. Wald und Kultur. 김기원 편저. <숲과 음악>.

Schneltiing, K. 1992. Unsere Bäume. GU.

Steinbach, G. 1983. Naturraum Bergwelt. Meyster.

Thoreau, H.D., 2000. Wild Fruits. W.W. Norton & Company. New York.

USDA Forest Service, 1995. Landscape Aesthetics. Agriculture Handbook No.701.

Vogel, J. · A. Heigl · K. Schäfer, 1997. Handbuch des Umweltschutzes. 3. Auflage. ecomed.

고대민족문화연구원 편찬위원회. 2002. 中韓辭典, 고대민족문화연구원.

민중서림 편집국, 1998. 漢韓大字典, 민중서림.

이근술 · 최기호, 2001. 토박이말 쓰임사전, 동광출판사.

한글학회, 1992. 우리말큰사전, 어문각.

부록

[부 록]

경관법

[시행 2016.1.25.] [법률 제13426호, 2015.7.24., 타법개정]

제1장 총칙

제1조(목적) 이 법은 국토의 경관을 체계적으로 관리하기 위하여 경관의 보전·관리 및 형성에 필요한 사항을 정함으로써 아름답고 쾌적하며 지역특성이 나타나는 국토환경과 지역환경을 조성하는 데 이바지함을 목적으로 한다.

제2조(정의) 이 법에서 사용하는 용어의 뜻은 다음과 같다.

1. "경관"(景觀)이란 자연, 인공 요소 및 주민의 생활상(生活相) 등으로 이루어진 일단(一團)의 지역환경적 특징을 나타내는 것을 말한다.
2. "건축물"이란 「건축법」 제2조제1항제2호에 따른 건축물을 말한다.

제3조(경관관리의 기본원칙) 경관은 다음 각 호의 원칙에 따라 계획되고 관리되어야 한다.

1. 국민이 아름답고 쾌적한 경관을 누릴 수 있도록 할 것
2. 지역의 고유한 자연·역사 및 문화를 드러내고 지역주민의 생활 및 경제활동과의 긴밀한 관계 속에서 지역주민의 합의를 통하여 양호한 경관이 유지될 것
3. 각 지역의 경관이 고유한 특성과 다양성을 가질 수 있도록 자율적인 경관행정 운영방식을 권장하고, 지역주민이 이에 주체적으로 참여할 수 있도록 할 것
4. 개발과 관련된 행위는 경관과 조화 및 균형을 이루도록 할 것
5. 우수한 경관을 보전하고 훼손된 경관을 개선·복원함과 동시에 새롭게 형성되는 경관은 개성있는 요소를 갖도록 유도할 것
6. 국민의 재산권을 과도하게 제한하지 아니하도록 하고, 지역 간 형평성을 고려할 것

제4조(국가 및 지방자치단체 등의 책무) ① 국가 및 지방자치단체는 아름답고 쾌적한 경관을 형성하는 데 필요한 시책을 마련하여야 하며, 우수한 경관을 발굴하여 지원·육성하여야 한다.

② 국가 및 지방자치단체는 경관관리의 기본원칙에 대한 국민의 이해를 높이도록 노력하여야 한다.

③ 국민은 아름답고 쾌적한 경관을 보전하고 개선하기 위하여 국가 및 지방자치단체의 시책에 적극적으로 협력하여야 한다.

제5조(다른 법률과의 관계) 경관의 보전·관리 및 형성 등에 관하여 다른 법률에 특별한 규정

이 있는 경우를 제외하고는 이 법에서 정하는 바에 따른다.

제2장 경관계획

제6조(경관정책기본계획의 수립 등) ① 국토교통부장관은 아름답고 쾌적한 국토경관을 형성하고 우수한 경관을 발굴하여 지원·육성하기 위하여 경관정책기본계획을 5년마다 수립·시행하여야 한다.

② 경관정책기본계획에는 다음 각 호의 사항이 포함되어야 한다.

1. 국토경관의 현황 및 여건 변화 전망에 관한 사항
2. 경관정책의 기본목표와 바람직한 국토경관의 미래상 정립에 관한 사항
3. 국토경관의 종합적·체계적 관리에 관한 사항
4. 사회기반시설의 통합적 경관관리에 관한 사항
5. 우수한 경관의 보전 및 그 지원에 관한 사항
6. 경관 분야의 전문인력 육성에 관한 사항
7. 지역주민의 참여에 관한 사항
8. 그 밖에 경관에 관한 중요 사항

③ 국토교통부장관은 경관정책기본계획을 수립할 때 「농어업인 삶의 질 향상 및 농어촌지역 개발촉진에 관한 특별법」 제5조제1항에 따른 농어업인 삶의 질 향상 및 농어촌 지역개발 기본계획 등 경관과 관련된 계획과 연계되도록 하여야 한다.

④ 국토교통부장관은 경관정책기본계획을 수립하거나 변경하려는 경우에는 환경부장관 등 관계 중앙행정기관의 장과 협의하고, 공청회 등을 거쳐 의견을 수렴한 후 제29조제1항에 따라 국토교통부장관 소속으로 설치하는 경관위원회의 심의를 거쳐야 한다.

⑤ 국토교통부장관은 경관정책기본계획을 수립하면 이를 관보 또는 국토교통부의 인터넷 홈페이지에 공고하고, 관계 중앙행정기관의 장과 다음 각 호의 어느 하나에 해당하는 자에게 알려야 한다. <개정 2015.7.24.>

1. 특별시장·광역시장·특별자치시장·도지사·특별자치도지사(이하 "시·도지사"라 한다)
2. 시장[「제주특별자치도 설치 및 국제자유도시 조성을 위한 특별법」 제10조제2항에 따른 행정시의 시장(이하 "행정시장"이라 한다)은 제외한다. 이하 같다]·군수(광역시 관할구역에 있는 군의 군수는 제외한다. 이하 같다)
3. 행정시장
4. 구청장(자치구의 구청장을 말한다. 이하 같다) 및 광역시의 군수(이하 "구청장등"이라 한다)
5. 「경제자유구역의 지정 및 운영에 관한 특별법」 제27조의2제1항에 따라 설치되는 행정기구(이하 "경제자유구역청"이라 한다)의 장(이하 "경제자유구역청장"이라 한다)

제7조(경관계획의 수립권자 및 대상 지역) ① 다음 각 호의 자는 관할구역에 대하여 경관을 보전·관리 및 형성하기 위한 계획(이하 "경관계획"이라 한다)을 수립하여야 한다. <개정

2015.7.24.>

1. 시・도지사
2. 인구 10만명을 초과하는 시[「제주특별자치도 설치 및 국제자유도시 조성을 위한 특별법」 제10조제2항에 따른 행정시(이하 "행정시"라 한다)는 제외한다. 이하 같다]의 시장
3. 인구 10만명을 초과하는 군(광역시 관할구역에 있는 군은 제외한다. 이하 이 조 제2항 및 제4항에서 같다)의 군수

② 인구 10만명 이하인 시・군의 시장・군수, 행정시장, 구청장등 또는 경제자유구역청장은 관할구역에 대하여 경관계획을 수립할 수 있다.

③ 특별시장・광역시장・특별자치시장・도지사, 시장・군수, 행정시장, 구청장등 또는 경제자유구역청장은 둘 이상의 특별시・광역시・특별자치시・도, 시・군・구(자치구를 말한다. 이하 같다), 행정시 또는 경제자유구역청의 관할구역에 걸쳐 있는 지역을 대상으로 공동으로 경관계획을 수립할 수 있다.

④ 도지사는 시장・군수가 요청하거나 그 밖에 필요하다고 인정하는 경우에는 둘 이상의 시 또는 군의 관할구역에 걸쳐 있는 지역을 대상으로 경관계획을 수립할 수 있다.

제8조(경관계획 수립의 제안) ① 주민(경관계획의 수립에 따른 이해관계자를 포함한다)은 제7조에 따라 경관계획을 수립할 수 있는 자에게 제안 내용을 첨부하여 경관계획의 수립을 제안할 수 있다.

② 제1항에 따라 경관계획의 수립을 제안받은 자는 그 처리 결과를 제안자에게 알려야 한다.

③ 제1항 및 제2항에서 규정한 사항 외에 경관계획의 제안, 제안서의 처리 등에 필요한 사항은 대통령령으로 정한다.

제9조(경관계획의 내용) ① 경관계획에는 다음 각 호의 사항이 포함되어야 한다. 다만, 도지사가 수립하는 경관계획에는 제4호부터 제11호까지의 사항을 생략할 수 있고, 특별시장・광역시장・특별자치시장・특별자치도지사, 시장・군수, 행정시장, 구청장등 또는 경제자유구역청장이 수립하는 경관계획에는 제5호부터 제9호까지 및 제11호의 사항을 생략할 수 있다.

1. 경관계획의 기본방향 및 목표에 관한 사항
2. 경관자원의 조사 및 평가에 관한 사항
3. 경관구조의 설정에 관한 사항
4. 중점적으로 경관을 보전・관리 및 형성하여야 할 구역(이하 "중점경관관리구역"이라 한다)의 관리에 관한 사항
5. 「국토의 계획 및 이용에 관한 법률」 제37조제1항제1호에 따른 경관지구(이하 "경관지구"라 한다)와 같은 항 제2호에 따른 미관지구(이하 "미관지구"라 한다)의 관리 및 운용에 관한 사항
6. 제16조에 따른 경관사업의 추진에 관한 사항
7. 제19조에 따른 경관협정의 관리 및 운영에 관한 사항

8. 경관관리의 행정체계 및 실천방안에 관한 사항
9. 자연 경관, 시가지 경관 및 농산어촌 경관 등 특정한 경관 유형 또는 건축물, 가로(街路), 공원 및 녹지 등 특정한 경관 요소의 관리에 관한 사항
10. 경관계획의 시행을 위한 재원조달 및 단계적 추진에 관한 사항
11. 그 밖에 경관의 보전·관리 및 형성에 관한 사항으로서 해당 지방자치단체의 조례로 정하는 사항

② 경관계획이 이미 수립된 특별시·광역시·특별자치시·도·특별자치도(이하 "시·도"라 한다)의 관할구역에서 수립하는 시·군·구·행정시·경제자유구역청의 경관계획은 해당 시·도의 경관계획에 부합되어야 하며, 시·군·구·행정시·경제자유구역청의 경관계획 내용과 시·도의 경관계획의 내용이 다른 경우 시·도의 경관계획이 우선한다.

③ 시·도지사, 시장·군수, 행정시장, 구청장등 또는 경제자유구역청장(이하 "시·도지사등"이라 한다)은 경관계획을 수립하는 경우에는 이미 수립된 다른 법률에 따른 경관 관련 계획에 부합되게 하여야 하고, 경관계획이 수립된 이후 다른 법률에 따른 경관 관련 계획을 수립하는 경우에는 이미 수립된 경관계획에 부합되게 하여야 한다.

④ 경관계획은 도시·군기본계획(「국토의 계획 및 이용에 관한 법률」 제2조제3호에 따른 도시·군기본계획을 말한다. 이하 같다)에 부합되어야 하며, 경관계획의 내용과 도시·군기본계획의 내용이 다른 경우 도시·군기본계획이 우선한다.

⑤ 국토교통부장관은 경관계획의 수립기준 등에 관하여 대통령령으로 정하는 바에 따라 관계 중앙행정기관의 장과 공동으로 정하여 고시하여야 한다.

제10조(경관계획의 수립 또는 변경을 위한 기초조사) 시·도지사등은 경관계획을 수립하거나 변경하려는 경우에는 대통령령으로 정하는 바에 따라 경관계획의 수립 또는 변경에 필요한 사항을 조사하여야 한다. 다만, 경관계획의 수립 또는 변경에 필요한 사항에 대하여 다른 법령에 따라 조사한 결과가 있는 경우에는 그 조사한 결과를 활용할 수 있다.

제11조(공청회 및 지방의회의 의견청취) ① 시·도지사등은 경관계획을 수립하거나 변경하려는 경우에는 미리 공청회를 개최하여 주민 및 관계 전문가 등의 의견을 들어야 하며, 공청회에서 제시된 의견이 타당하다고 인정할 때에는 경관계획에 반영하여야 한다.

② 제1항에 따른 공청회 개최에 필요한 사항은 대통령령으로 정하는 바에 따라 해당 지방자치단체의 조례로 정한다.

③ 시·도지사등은 경관계획을 수립하거나 변경하려는 경우에는 해당 지방의회(행정시 및 경제자유구역청의 경우에는 행정시 및 경제자유구역청이 소속한 지방자치단체의 의회를 말한다. 이하 이 항에서 같다)의 의견을 들어야 한다. 이 경우 지방의회는 특별한 사유가 없으면 30일 이내에 의견을 제시하여야 하며, 그 기한 내에 의견을 제출하지 아니하면 의견이 없는 것으로 본다.

④ 도지사는 제7조제4항에 따라 경관계획을 수립하거나 변경하려는 경우에는 관계 시장·군수

의 의견을 듣기 위하여 기한을 명시하여 경관계획안을 관계 시장·군수에게 보내야 한다.

⑤ 제4항에 따라 경관계획안을 받은 시장·군수는 명시된 기한까지 그 경관계획안에 대한 의견을 도지사에게 제출하여야 하며, 그 기한 내에 의견을 제출하지 아니하면 의견이 없는 것으로 본다.

제12조(경관계획의 수립절차) ① 시·도지사 또는 시장·군수는 경관계획을 수립하거나 변경하는 경우에는 환경부장관 등 관계 행정기관의 장과 미리 협의한 후 제29조제1항에 따라 해당 시·도지사 또는 시장·군수 소속으로 설치하는 경관위원회의 심의를 거쳐야 한다.

② 제1항에 따라 협의를 요청받은 관계 행정기관의 장은 특별한 사유가 없으면 그 요청을 받은 날부터 30일 이내에 의견을 제출하여야 하며, 그 기간 내에 의견을 제출하지 아니하면 협의가 이루어진 것으로 본다.

③ 시·도지사 또는 시장·군수는 경관계획을 수립하거나 변경하였을 경우에는 관계 행정기관의 장에게 관계 서류를 보내야 하며, 대통령령으로 정하는 바에 따라 공고하고 주민이 열람할 수 있도록 하여야 한다.

제13조(경관계획의 승인) ① 행정시장, 구청장등 또는 경제자유구역청장은 제7조제2항에 따라 경관계획을 수립하거나 변경하려면 대통령령으로 정하는 바에 따라 관할 시·도지사의 승인을 받아야 한다.

② 시·도지사는 제1항에 따라 경관계획을 승인하려면 환경부장관 등 관계 행정기관의 장과 미리 협의한 후 제29조제1항에 따라 해당 시·도지사 소속으로 설치하는 경관위원회의 심의를 거쳐야 한다.

③ 시·도지사는 경관계획을 승인하면 관계 행정기관의 장 및 해당 행정시장, 구청장등 또는 경제자유구역청장에게 관계 서류를 보내야 하며, 관계 서류를 받은 행정시장, 구청장등 또는 경제자유구역청장은 대통령령으로 정하는 바에 따라 공고하고 주민이 열람할 수 있도록 하여야 한다.

④ 제2항에 따른 협의에 관하여는 제12조제2항을 준용한다.

제14조(경관지구와 미관지구의 지정 및 관리) ① 시·도지사등은 경관계획에 따라 경관지구와 미관지구를 지정하거나 지정을 요청할 수 있다. 이 경우 경관지구와 미관지구의 지정절차 등은 「국토의 계획 및 이용에 관한 법률」 제37조에 따른다.

② 경관계획을 수립한 시·도지사등은 경관지구와 미관지구를 경관계획에 따라 관리하여야 한다.

제15조(경관계획의 정비) 제7조에 따라 경관계획을 수립한 자는 5년마다 같은 조에 따른 경관계획에 대하여 그 타당성을 재검토하여 정비하여야 한다.

제3장 경관사업

제16조(경관사업의 대상 등) ① 중앙행정기관의 장 또는 시·도지사등은 지역의 경관을 향상시키고 경관의식을 높이기 위하여 경관계획이 수립된 지역에서 다음 각 호의 사업(이하 "경관사업"이라 한다)을 시행할 수 있다.

1. 가로환경의 정비 및 개선을 위한 사업
2. 지역의 녹화(綠化)와 관련된 사업
3. 야간경관의 형성 및 정비를 위한 사업
4. 지역의 역사적·문화적 특성을 지닌 경관을 살리는 사업
5. 농산어촌의 자연경관 및 생활환경을 개선하는 사업
6. 그 밖에 경관의 보전·관리 및 형성을 위한 사업으로서 해당 지방자치단체의 조례로 정하는 사업

② 제1항에 따라 경관사업을 시행할 수 있는 자 외의 자는 경관계획이 수립된 지역에서 관계 중앙행정기관의 장 또는 그 경관계획을 수립한 시·도지사등의 승인을 받아 경관사업을 시행할 수 있다. 이 경우 경관사업의 시행을 승인받으려는 자는 대통령령으로 정하는 바에 따라 중앙행정기관의 장 또는 시·도지사등에게 사업계획서를 제출하여야 한다.

③ 제2항에 따른 승인신청을 받은 중앙행정기관의 장은 경관사업의 시행을 승인하기 전에 대통령령으로 정하는 바에 따라 제29조제1항에 따라 국토교통부장관 소속으로 설치하는 경관위원회 또는 승인신청을 받은 중앙행정기관의 장 소속으로 설치하는 경관과 관련된 위원회의 심의를 거쳐야 하고, 시·도지사등이 경관사업의 승인신청을 받은 경우에는 경관사업의 시행을 승인하기 전에 제29조제1항에 따라 해당 시·도지사등 소속으로 설치하는 경관위원회의 심의를 거쳐야 한다.

제17조(경관사업추진협의체) ① 중앙행정기관의 장 또는 시·도지사등은 경관사업을 원활하게 추진하기 위하여 필요한 경우 지역주민, 시민단체, 관계 전문가 등으로 구성된 경관사업추진협의체를 설치할 수 있다.

② 경관사업추진협의체는 경관사업의 계획 수립, 경관사업의 추진 및 사후관리 등 경관사업의 각 단계에 참여하여 경관사업이 일관성을 유지하도록 노력하여야 한다.

③ 경관사업추진협의체의 조직·운영 및 업무 등에 관하여 필요한 사항은 대통령령으로 정한다.

제18조(경관사업에 대한 재정지원 등) ① 국가 및 지방자치단체는 제16조제1항 및 제2항에 따른 경관사업에 필요한 자금의 전부 또는 일부를 보조하거나 융자할 수 있으며, 경관사업에 필요한 기술적 지원을 할 수 있다.

② 중앙행정기관의 장 또는 시·도지사등이 필요하다고 인정할 때에는 경관사업을 시행하는 자로 하여금 감독에 필요한 보고를 하게 하거나 자료를 제출하도록 명령할 수 있다.

제4장 경관협정

제19조(경관협정의 체결) ① 토지소유자와 그 밖에 대통령령으로 정하는 자(이하 "토지소유자등"이라 한다)는 전원의 합의로 쾌적한 환경과 아름다운 경관을 형성하기 위한 협정(이하 "경관협정"이라 한다)을 체결할 수 있다. 이 경우 경관협정의 효력은 경관협정을 체결한 토지소유자등에게만 미친다.

② 일단의 토지 또는 하나의 토지의 소유자가 1인인 경우에도 그 토지의 소유자는 해당 토지의 구역을 경관협정 대상지역으로 하는 경관협정을 정할 수 있다. 이 경우 그 토지소유자 1인을 경관협정 체결자로 본다.

③ 토지소유자등은 제1항에 따라 경관협정을 체결(제2항에 따라 토지소유자 1인이 경관협정을 정하는 경우를 포함한다. 이하 같다)하는 경우 다음 각 호의 사항을 준수하여야 한다.

1. 이 법 및 관계 법령을 위반하지 아니할 것
2. 「국토의 계획 및 이용에 관한 법률」 제2조제6호에 따른 기반시설의 입지를 제한하는 내용을 포함하지 아니할 것

④ 경관협정은 다음 각 호의 사항을 포함할 수 있다.

1. 건축물의 의장(意匠)·색채 및 옥외광고물(「옥외광고물 등 관리법」 제2조제1호에 따른 옥외광고물을 말한다)에 관한 사항
2. 공작물[「건축법」 제83조제1항에 따라 특별자치도지사 또는 시장·군수(광역시 관할구역에 있는 군의 군수를 포함한다. 이하 제27조제4항 및 제28조제3항에서 같다)·구청장에게 신고하여 축조하는 공작물을 말한다. 이하 같다] 및 건축설비(「건축법」 제2조제1항제4호에 따른 건축설비를 말한다)의 위치에 관한 사항
3. 건축물 및 공작물 등의 외부 공간에 관한 사항
4. 토지의 보전 및 이용에 관한 사항
5. 역사·문화 경관의 관리 및 조성에 관한 사항
6. 그 밖에 대통령령으로 정하는 사항

⑤ 토지소유자등이 경관협정을 체결하는 경우에는 경관협정서를 작성하여야 하며, 경관협정서에는 다음 각 호의 사항이 명시되어야 한다.

1. 경관협정의 명칭
2. 경관협정 대상지역의 위치 및 범위
3. 경관협정의 목적
4. 경관협정의 내용
5. 제1항에 따라 경관협정을 체결하는 자(이하 "협정체결자"라 한다) 및 제20조제1항에 따른 경관협정운영회의 성명·명칭과 주소
6. 경관협정의 유효기간
7. 경관협정 위반 시 제재에 관한 사항

8. 그 밖에 경관협정에 필요한 사항으로서 해당 지방자치단체의 조례로 정하는 사항

제19조(경관협정의 체결) ① 토지소유자와 그 밖에 대통령령으로 정하는 자(이하 "토지소유자등"이라 한다)는 전원의 합의로 쾌적한 환경과 아름다운 경관을 형성하기 위한 협정(이하 "경관협정"이라 한다)을 체결할 수 있다. 이 경우 경관협정의 효력은 경관협정을 체결한 토지소유자등에게만 미친다.

② 일단의 토지 또는 하나의 토지의 소유자가 1인인 경우에도 그 토지의 소유자는 해당 토지의 구역을 경관협정 대상지역으로 하는 경관협정을 정할 수 있다. 이 경우 그 토지소유자 1인을 경관협정 체결자로 본다.

③ 토지소유자등은 제1항에 따라 경관협정을 체결(제2항에 따라 토지소유자 1인이 경관협정을 정하는 경우를 포함한다. 이하 같다)하는 경우 다음 각 호의 사항을 준수하여야 한다.

1. 이 법 및 관계 법령을 위반하지 아니할 것
2. 「국토의 계획 및 이용에 관한 법률」 제2조제6호에 따른 기반시설의 입지를 제한하는 내용을 포함하지 아니할 것

④ 경관협정은 다음 각 호의 사항을 포함할 수 있다. <개정 2016.1.6.>

1. 건축물의 의장(意匠)·색채 및 옥외광고물(「옥외광고물 등의 관리와 옥외광고산업 진흥에 관한 법률」 제2조제1호에 따른 옥외광고물을 말한다)에 관한 사항
2. 공작물[「건축법」 제83조제1항에 따라 특별자치도지사 또는 시장·군수(광역시 관할구역에 있는 군의 군수를 포함한다. 이하 제27조제4항 및 제28조제3항에서 같다)·구청장에게 신고하여 축조하는 공작물을 말한다. 이하 같다] 및 건축설비(「건축법」 제2조제1항제4호에 따른 건축설비를 말한다)의 위치에 관한 사항
3. 건축물 및 공작물 등의 외부 공간에 관한 사항
4. 토지의 보전 및 이용에 관한 사항
5. 역사·문화 경관의 관리 및 조성에 관한 사항
6. 그 밖에 대통령령으로 정하는 사항

⑤ 토지소유자등이 경관협정을 체결하는 경우에는 경관협정서를 작성하여야 하며, 경관협정서에는 다음 각 호의 사항이 명시되어야 한다.

1. 경관협정의 명칭
2. 경관협정 대상지역의 위치 및 범위
3. 경관협정의 목적
4. 경관협정의 내용
5. 제1항에 따라 경관협정을 체결하는 자(이하 "협정체결자"라 한다) 및 제20조제1항에 따른 경관협정운영회의 성명·명칭과 주소
6. 경관협정의 유효기간
7. 경관협정 위반 시 제재에 관한 사항

8. 그 밖에 경관협정에 필요한 사항으로서 해당 지방자치단체의 조례로 정하는 사항

[시행일 : 2016.7.7.] 제19조

제20조(경관협정운영회의 설립) ① 협정체결자는 경관협정서의 작성 및 경관협정의 관리 등을 위하여 필요한 경우 협정체결자 간의 자율적 기구로서 운영회(이하 "경관협정운영회"라 한다)를 설립할 수 있다.

② 경관협정운영회를 설립하려면 협정체결자 과반수의 동의를 받아 경관협정운영회의 대표자 및 위원을 선임하고, 대통령령으로 정하는 바에 따라 해당 시・도지사등에게 신고하여야 한다.

제21조(경관협정의 인가) ① 협정체결자 또는 경관협정운영회의 대표자는 경관협정서를 작성하여 대통령령으로 정하는 바에 따라 해당 시・도지사등의 인가를 받아야 한다. 이 경우 인가신청을 받은 시・도지사등은 인가를 하기 전에 제29조제1항에 따라 해당 시・도지사등 소속으로 설치하는 경관위원회의 심의를 거쳐야 한다.

② 시・도지사등은 제1항에 따라 경관협정을 인가하였을 때에는 대통령령으로 정하는 바에 따라 그 내용을 공고하고 주민이 열람할 수 있게 하여야 한다.

제22조(경관협정의 변경) 경관협정의 변경에 관하여는 제19조 및 제21조를 준용한다. 다만, 대통령령으로 정하는 경미한 사항을 변경하는 경우에는 그러하지 아니하다.

제23조(경관협정의 폐지) ① 협정체결자 또는 경관협정운영회의 대표자는 경관협정을 폐지하려는 경우 협정체결자 과반수의 동의를 받아 대통령령으로 정하는 바에 따라 해당 시・도지사등의 인가를 받아야 한다.

② 경관협정의 폐지에 관하여는 제21조제2항을 준용한다.

제24조(경관협정의 준수 및 승계) ① 경관협정의 대상이 되는 구역에서 제19조제4항 각 호의 사항에 해당하는 행위를 하려는 협정체결자는 제21조 및 제22조에 따라 인가된 경관협정의 내용을 준수하여야 한다.

② 경관협정이 제21조제2항에 따라 공고된 후 경관협정의 대상이 되는 구역에서 협정체결자인 토지소유자등으로부터 권리를 이전 또는 설정 받은 자 중 대통령령으로 정하는 자는 협정체결자로서의 지위를 승계한다. 다만, 경관협정에서 달리 정한 경우에는 그에 따른다.

제25조(경관협정에 관한 지원) ① 시・도지사등은 경관협정서 작성 등의 자문에 대한 응답 등 경관협정에 관한 기술적・재정적 지원을 할 수 있다.

② 협정체결자 또는 경관협정운영회의 대표자는 경관협정에 필요한 비용 등을 지원받으려는 경우 대통령령으로 정하는 바에 따라 시・도지사등에게 사업계획서를 제출하여야 한다.

제5장 사회기반시설 사업 등의 경관 심의

제26조(사회기반시설 사업의 경관 심의) ① 「건설기술 진흥법」 제2조제6호에 따른 발주청(이하 이 조에서 "발주청"이라 한다)은 다음 각 호의 사회기반시설 사업으로서 대통령령으로 정하는 규모 이상의 사업을 실시하려고 하는 경우 대통령령으로 정하는 바에 따라 제29조제1항에 따른 경관위원회(이하 이 장에서 "경관위원회"라 한다)의 심의를 거쳐야 한다.

1. 「도로법」에 따른 도로
2. 「철도건설법」에 따른 철도시설
3. 「도시철도법」에 따른 도시철도시설
4. 「하천법」에 따른 하천시설
5. 그 밖에 지방자치단체의 조례로 정하는 시설

② 제1항에 따른 경관위원회의 심의기준은 환경 관계 법률에 따른 환경성평가와 중복되지 아니하도록 국토교통부장관이 환경부장관과 협의하여 고시한다.

③ 제1항에도 불구하고 대통령령으로 정하는 바에 따라 발주청에서 구성한 경관과 관련된 위원회의 심의를 거친 경우 경관위원회의 심의를 받지 아니한다. 이 경우 발주청은 심의 결과를 15일 이내에 해당 경관위원회에 제출하여야 한다.

제27조(개발사업의 경관 심의) ① 「도시개발법」 제2조제1항제2호에 따른 도시개발사업 등 대통령령으로 정하는 개발사업을 시행하려는 자는 개발사업에 따른 지구의 지정이나 사업계획의 승인 등을 받기 전에 대통령령으로 정하는 바에 따라 경관위원회의 심의를 거쳐야 한다.

② 제1항에 따른 경관위원회의 심의기준은 환경 관계 법률에 따른 환경성평가와 중복되지 아니하도록 국토교통부장관이 환경부장관과 협의하여 고시한다.

③ 제1항의 개발사업 중 대통령령으로 정하는 규모 이상의 개발사업을 시행하려는 자는 다음 각 호의 사항을 포함하여 대통령령으로 정하는 바에 따라 사전경관계획을 수립하여 경관위원회의 심의를 거쳐야 한다. 다만, 개발사업의 계획에 다음 각 호의 사항이 포함되어 있는 경우에는 사전경관계획을 수립한 것으로 본다.

1. 경관계획의 기본방향 및 목표에 관한 사항
2. 주변 지역의 경관 현황에 관한 사항
3. 경관 구조의 설정에 관한 사항
4. 건축물, 가로, 공원 및 녹지 등 주요 경관 요소를 통한 도시공간구조의 입체적 기본구상에 관한 사항

④ 제3항에 따라 사전경관계획을 수립(같은 항 각 호 외의 부분 단서에 따라 사전경관계획을 수립한 것으로 보는 경우를 포함한다)하여 경관위원회의 심의를 받으려는 자는 우수한 경관을 창출하기 위하여 필요한 경우 시·도지사 또는 시장·군수·구청장에게 「건축법」 제71조제1항에 따른 특별건축구역 지정 신청을 요청할 수 있다. 이 경우 특별건축구역 지정 신청을 요청받은 시·도지사 또는 시장·군수·구청장은 특별한 사유가 없으면 요청에 따라야 한다.

제28조(건축물의 경관 심의) ① 다음 각 호의 어느 하나에 해당하는 건축물을 건축하려는 자는 대통령령으로 정하는 바에 따라 경관위원회의 심의를 거쳐야 한다.

1. 경관지구의 건축물(해당 지방자치단체의 조례로 정하는 건축물은 제외한다)
2. 중점경관관리구역의 건축물로서 해당 지방자치단체의 조례로 정하는 건축물
3. 지방자치단체,「공공기관의 운영에 관한 법률」에 따른 공공기관 또는「지방공기업법」에 따른 지방공기업이 건축하는 건축물로서 해당 지방자치단체의 조례로 정하는 건축물
4. 그 밖에 관할지역의 경관관리를 위하여 필요한 건축물로서 해당 지방자치단체의 조례로 정하는 건축물

② 제1항에 따른 경관위원회의 심의기준은 환경 관계 법률에 따른 환경성평가와 중복되지 아니하도록 국토교통부장관이 환경부장관과 협의하여 고시한다.

③ 제1항제1호 및 제2호에 해당하는 건축물을 건축하려는 자는 우수한 경관을 창출하기 위하여 필요한 경우 대통령령으로 정하는 바에 따라「건축법」 제42조, 제55조, 제58조, 제60조 및 제61조의 기준을 완화하여 적용할 것을 특별시장·광역시장·특별자치시장·특별자치도지사 또는 시장·군수·구청장(이하 이 조에서 "허가권자"라 한다)에게 요청할 수 있다.

④ 제3항의 허가권자는「건축법」제4조에 따른 건축위원회의 심의를 거쳐 해당 기준의 완화 여부와 적용 범위를 결정하고 그 결과를 신청인에게 알려야 한다.

⑤ 제3항 및 제4항에 따른 기준 완화 요청 및 결정의 절차와 그 밖에 필요한 사항은 대통령령으로 정한다.

제6장 경관위원회

제29조(경관위원회의 설치) ① 경관과 관련된 사항에 대한 심의 또는 자문을 위하여 국토교통부장관 또는 시·도지사등 소속으로 경관위원회를 둔다. 다만, 경관위원회를 설치·운영하기 어려운 경우에는 대통령령으로 정하는 경관과 관련된 위원회가 그 기능을 수행할 수 있다.

② 시장·군수, 행정시장, 구청장등 또는 경제자유구역청장은 별도의 경관위원회를 구성하지 아니하고, 해당 지방자치단체(행정시 및경제자유구역청을 포함한다)가 속한 시·도에 설치된 경관위원회에서 심의하도록 시·도지사에게 요청할 수 있다.

③ 국토교통부장관 또는 시·도지사등은 경관 관련 사항의 심의가 필요한 경우 대통령령으로 정하는 바에 따라 다른 법률에 따라 설치된 위원회와 제1항에 따른 경관위원회(같은 항 단서에 따라 경관위원회의 기능을 대신하여 수행하는 경관과 관련된 위원회를 포함한다. 이하 같다)가 공동으로 하는 심의를 거칠 수 있다.

제30조(경관위원회의 기능) ① 경관위원회의 심의를 거쳐야 할 사항은 다음 각 호와 같다.

1. 제12조에 따른 경관계획의 수립 또는 변경
2. 제13조에 따른 경관계획의 승인

3. 제16조에 따른 경관사업 시행의 승인
4. 제21조에 따른 경관협정의 인가
5. 제26조에 따른 사회기반시설 사업의 경관 심의
6. 제27조에 따른 개발사업의 경관 심의
7. 제28조에 따른 건축물의 경관 심의
8. 그 밖에 경관에 중요한 영향을 미치는 사항으로서 대통령령으로 정하는 사항

② 국토교통부장관 또는 시·도지사등이 경관위원회에 자문하여야 하는 사항은 다음 각 호와 같다. 다만, 제3호 및 제4호는 시·도지사등에만 해당한다.

1. 경관계획에 관한 사항
2. 경관사업의 계획에 관한 사항
3. 경관에 관한 조례의 제정 및 개정에 관한 사항
4. 그 밖에 경관에 중요한 영향을 미치는 사항으로서 해당 지방자치단체의 조례로 정하는 사항

제31조(경관위원회의 구성·운영) 이 법에서 규정한 사항 외에 경관위원회의 구성·운영에 관한 사항과 그 밖에 필요한 사항은 대통령령으로 정한다.

제7장 보칙

제32조(인력 양성 및 지원) ① 국가 및 지방자치단체는 경관의 보전·관리 및 형성을 촉진하기 위하여 전문인력의 양성 및 교육, 우수한 경관의 발굴 및 그에 따른 포상 등 필요한 지원을 할 수 있다.

② 국가는 지방자치단체에 지역의 개발 또는 정비사업에 필요한 비용을 지원하는 경우 경관의 보전·관리 및 형성을 위한 계획 또는 실적이 우수한 지방자치단체를 우선적으로 지원할 수 있다.

제33조(경관관리정보체계의 구축·운영) ① 국토교통부장관 또는 시·도지사등은 경관계획 수립, 경관 심의 등 경관관리를 효율적으로 하기 위하여 경관관리정보체계를 구축하여 운영할 수 있다.

② 국토교통부장관 또는 시·도지사등은 경관관리정보체계를 통하여 경관자원의 현황, 경관사업의 내용 등 대통령령으로 정하는 사항을 관계 기관 및 일반 국민에게 제공할 수 있다.

③ 제1항 및 제2항에서 규정한 사항 외에 경관관리정보체계의 구축·운영 등에 필요한 사항은 대통령령으로 정한다.

제34조(벌칙 적용 시의 공무원 의제) 제29조제1항에 따른 경관위원회의 위원 중 공무원이 아닌 사람에 대하여 「형법」 제129조부터 제132조까지의 규정을 적용할 때에는 그를 공무원으로 본다.

부칙 <제13426호, 2015.7.24.> (제주특별자치도 설치 및 국제자유도시 조성을 위한 특별법)

제1조(시행일) 이 법은 공포 후 6개월이 경과한 날부터 시행한다. <단서 생략>

제2조부터 제37조까지 생략

제38조(다른 법률의 개정) ① 생략

② 경관법 일부를 다음과 같이 개정한다.

제6조제5항제2호 및 제7조제1항제2호 중 "「제주특별자치도 설치 및 국제자유도시 조성을 위한 특별법」 제15조제2항"을 각각 "「제주특별자치도 설치 및 국제자유도시 조성을 위한 특별법」 제10조제2항"으로 한다.

③부터 <45>까지 생략

제39조 생략

경관법 시행령

[시행 2015.12.29.] [대통령령 제26762호, 2015.12.28., 타법개정]

제1조(목적) 이 영은 「경관법」에서 위임된 사항과 그 시행에 필요한 사항을 규정함을 목적으로 한다.

제2조(경관계획의 수립에 관한 제안의 처리절차) ① 「경관법」(이하 "법"이라 한다) 제8조제1항에 따라 법 제7조제1항에 따른 경관계획(이하 "경관계획"이라 한다)의 수립을 제안하려는 주민(경관계획의 수립에 따른 이해관계인을 포함한다)은 경관계획수립제안서를 작성하여 다음 각 호의 어느 하나에 해당하는 자에게 제출하여야 한다.

1. 특별시장·광역시장·특별자치시장·도지사·특별자치도지사(이하 "시·도지사"라 한다)
2. 시장[「제주특별자치도 설치 및 국제자유도시 조성을 위한 특별법」 제15조제2항에 따른 행정시(이하 "행정시"라 한다)의 시장(이하 "행정시장"이라 한다)은 제외한다. 이하 같다]·군수(광역시의 관할구역에 있는 군의 군수는 제외한다. 이하 같다)
3. 행정시장
4. 구청장(자치구의 구청장을 말한다. 이하 같다) 및 광역시의 군수(이하 "구청장등"이라 한다)
5. 「경제자유구역의 지정 및 운영에 관한 특별법」 제27조의2제1항에 따라 설치되는 행정기구(이하 "경제자유구역청"이라 한다)의 장(이하 "경제자유구역청장"이라 한다)

② 제1항에 따라 경관계획의 수립을 제안받은 시·도지사, 시장·군수, 행정시장, 구청장등 또는 경제자유구역청장(이하 "시·도지사등"이라 한다)은 제안일부터 60일 이내에 그 제안을 경관계획에 반영할 것인지를 제안자에게 알려야 한다. 다만, 부득이한 사정이 있는 경우에는

그 기간을 30일의 범위에서 한차례만 연장할 수 있다.

③ 시·도지사등은 제1항에 따른 제안을 경관계획에 반영할 것인지를 결정하려는 경우 필요하면 법 제29조제1항에 따라 해당 시·도지사등 소속으로 설치된 경관위원회에 자문할 수 있다.

④ 제1항부터 제3항까지에서 규정한 사항 외에 경관계획의 수립 제안에 필요한 세부적인 절차는 해당 지방자치단체의 조례[행정시 및 경제자유구역청의 경우에는 행정시 및 경제자유구역청이 소속한 특별시·광역시·특별자치시·도·특별자치도(이하 "시·도"라 한다)의 조례를 말한다. 이하 같다]로 정한다.

제2조(경관계획의 수립에 관한 제안의 처리절차) ① 「경관법」(이하 "법"이라 한다) 제8조제1항에 따라 법 제7조제1항에 따른 경관계획(이하 "경관계획"이라 한다)의 수립을 제안하려는 주민(경관계획의 수립에 따른 이해관계인을 포함한다)은 경관계획수립제안서를 작성하여 다음 각 호의 어느 하나에 해당하는 자에게 제출하여야 한다. <개정 2016.1.22.>

1. 특별시장・광역시장・특별자치시장・도지사・특별자치도지사(이하 "시・도지사"라 한다)
2. 시장[「제주특별자치도 설치 및 국제자유도시 조성을 위한 특별법」 제10조제2항에 따른 행정시(이하 "행정시"라 한다)의 시장(이하 "행정시장"이라 한다)은 제외한다. 이하 같다]・군수(광역시의 관할구역에 있는 군의 군수는 제외한다. 이하 같다)
3. 행정시장
4. 구청장(자치구의 구청장을 말한다. 이하 같다) 및 광역시의 군수(이하 "구청장등"이라 한다)
5. 「경제자유구역의 지정 및 운영에 관한 특별법」 제27조의2제1항에 따라 설치되는 행정기구(이하 "경제자유구역청"이라 한다)의 장(이하 "경제자유구역청장"이라 한다)

② 제1항에 따라 경관계획의 수립을 제안받은 시・도지사, 시장・군수, 행정시장, 구청장등 또는 경제자유구역청장(이하 "시・도지사등"이라 한다)은 제안일부터 60일 이내에 그 제안을 경관계획에 반영할 것인지를 제안자에게 알려야 한다. 다만, 부득이한 사정이 있는 경우에는 그 기간을 30일의 범위에서 한차례만 연장할 수 있다.

③ 시・도지사등은 제1항에 따른 제안을 경관계획에 반영할 것인지를 결정하려는 경우 필요하면 법 제29조제1항에 따라 해당 시・도지사등 소속으로 설치된 경관위원회에 자문할 수 있다.

④ 제1항부터 제3항까지에서 규정한 사항 외에 경관계획의 수립 제안에 필요한 세부적인 절차는 해당 지방자치단체의 조례[행정시 및 경제자유구역청의 경우에는 행정시 및 경제자유구역청이 소속한 특별시・광역시・특별자치시・도・특별자치도(이하 "시・도"라 한다)의 조례를 말한다. 이하 같다]로 정한다.

[시행일 : 2016.1.25.] 제2조

제3조(경관계획의 수립기준 등) ① 국토교통부장관은 법 제9조제5항에 따라 관계 중앙행정기관의 장과 경관계획의 수립기준 등을 공동으로 정하여 고시하려는 경우에는 다음 각 호의 사항을 고려하여야 한다.

1. 자연경관, 역사·문화 경관, 농촌·산촌·어촌 경관 및 시가지 경관에 대한 장기적 방향을 제시하고 삶의 질을 향상시키기 위한 내용이 반영되도록 할 것
2. 지역적 특성과 요구를 충분히 반영하여 경관계획의 독창성과 다양성이 확보되도록 할 것
3. 경관계획이 실질적으로 추진될 수 있도록 상세하고 구체적으로 수립되도록 할 것

② 법 제9조제5항에 따른 관계 중앙행정기관의 장은 행정자치부장관, 문화체육관광부장관, 농림축산식품부장관, 환경부장관 및 산림청장으로 한다. <개정 2014.11.19.>

제4조(경관계획의 수립 또는 변경을 위한 기초조사의 대상) 시·도지사등이 법 제10조에 따라 기초조사를 하는 경우에는 다음 각 호의 사항을 대상으로 한다.

1. 지형, 지세(地勢), 수계(水界) 및 식생(植生) 등 자연적 여건
2. 인구, 토지 이용, 산업, 교통 및 문화 등 인문·사회적 여건
3. 경관과 관련된 다른 계획 및 사업의 내용
4. 그 밖에 경관계획의 수립 또는 변경에 필요한 사항

제5조(경관계획의 수립 또는 변경을 위한 공청회) ① 시·도지사등은 법 제11조제1항에 따라 공청회를 개최하려면 다음 각 호의 사항을 해당 경관계획의 수립 지역을 주된 보급지역으로 하는 일반일간신문에 공청회 개최예정일 14일 전까지 1회 이상 공고하여야 한다.

1. 공청회의 개최목적
2. 공청회의 개최예정 일시 및 장소
3. 수립하거나 변경하려는 경관계획의 개요
4. 그 밖에 공청회 개최에 필요한 사항

② 법 제11조제1항에 따른 공청회는 시·도지사등이 지명하는 사람이 주재한다.

제6조(경관계획의 수립절차) 경관계획을 수립하거나 변경한 시·도지사 또는 시장·군수는 법 제12조제3항에 따라 그 내용을 해당 지방자치단체의 공보에 공고하고, 관계 서류를 30일 이상 주민이 열람할 수 있도록 하여야 한다.

제7조(경관계획의 승인 등) ① 행정시장, 구청장등 또는 경제자유구역청장은 법 제13조제1항에 따라 경관계획의 승인을 받으려면 경관계획안에 다음 각 호의 서류를 첨부하여 관할 시·도지사에게 제출하여야 한다.

1. 법 제10조에 따른 기초조사 결과
2. 법 제11조제1항에 따른 공청회 개최 결과
3. 법 제11조제3항에 따른 해당 지방의회의 의견
4. 법 제29조제1항에 따라 행정시장, 구청장등 또는 경제자유구역청장 소속으로 설치하는 경관위원회의 심의(법 제29조제3항에 따라 다른 법률에 따라 설치된 경관과 관련된 위원회와 공동으로 하는 심의를 포함한다) 또는 자문을 거친 경우에는 그 결과

② 법 제13조제3항에 따라 관계 서류를 받은 행정시장, 구청장등 또는 경제자유구역청장은 그

내용을 해당 지방자치단체의 공보(행정시 및 경제자유구역청의 경우에는 행정시 및 경제자유구역청이 소속한 시·도의 공보를 말한다. 이하 같다)에 공고하고, 관계 서류를 30일 이상 주민이 열람할 수 있도록 하여야 한다.

제8조(경관사업 사업계획서 등) ① 법 제16조제2항에 따라 경관계획이 수립된 지역에서 경관사업의 시행을 승인받으려는 자는 다음 각 호의 사항이 포함된 사업계획서를 관계 중앙행정기관의 장 또는 그 경관계획을 수립한 시·도지사등에게 제출하여야 한다. 다만, 관계 중앙행정기관의 장에게 제출하는 경우 제7호의 사항은 제외한다.

1. 사업의 목표
2. 사업주체
3. 사업 내용 및 추진방법
4. 경관계획과의 연계성
5. 유지관리 방안
6. 사업비용
7. 그 밖에 해당 지방자치단체의 조례로 정하는 사항

② 법 제16조제3항에 따라 법 제29조제1항에 따른 경관위원회(이하 "경관위원회"라 한다) 또는 중앙행정기관의 장 소속으로 설치하는 경관과 관련된 위원회에서 경관사업을 심의하는 경우에는 다음 각 호의 사항을 고려하여야 한다.

1. 경관사업의 효과 및 필요성
2. 경관사업 대상지역의 경관계획
3. 주변지역의 경관에 미치는 영향 및 주변지역 경관과의 조화
4. 그 밖에 국토교통부장관이 정하여 고시하거나 해당 지방자치단체의 조례로 정하는 사항

제9조(경관사업추진협의체의 조직 등) ① 법 제17조제1항에 따른 경관사업추진협의체(이하 "경관사업추진협의체"라 한다)는 경관사업 대상지역의 주민 및 이해관계인, 시민단체가 추천하는 사람, 경관 관련 전문가 또는 공무원 등을 포함하여 20명 이내로 구성한다.

② 경관사업추진협의체는 다음 각 호의 업무를 수행한다.

1. 경관사업에 관한 의견수렴 및 개선사항의 건의
2. 경관사업에 대한 교육 및 홍보
3. 경관사업 추진에 따른 이해관계의 조정

③ 제1항 및 제2항에서 규정한 사항 외에 경관사업추진협의체의 조직·운영 및 업무 등에 관하여 필요한 사항은 해당 중앙행정기관의 장이 정하여 고시하거나 해당 지방자치단체의 조례로 정한다.

제10조(경관협정 체결자의 범위) 법 제19조제1항 전단에서 "대통령령으로 정하는 자"란 다음 각 호의 자를 말한다.

1. 건축물소유자
2. 지상권자
3. 그 밖에 해당 토지 또는 건축물에 이해관계가 있는 자로서 해당 지방자치단체의 조례로 정하는 자 중 그 토지소유자 및 건축물소유자의 동의를 받은 자

제11조(경관협정의 내용) 법 제19조제4항제6호에서 "대통령령으로 정하는 사항"이란 다음 각 호의 사항을 말한다.

1. 녹지, 가로, 수변공간(水邊空間) 및 야간조명 등의 관리 및 조성에 관한 사항
2. 경관적으로 가치가 있는 수목(樹木)이나 구조물 등의 관리 및 조성에 관한 사항
3. 그 밖에 해당 지방자치단체의 조례로 정하는 사항

제12조(경관협정운영회의 설립신고) ① 법 제20조제1항에 따른 경관협정운영회(이하 "경관협정운영회"라 한다)의 대표자는 법 제20조제2항에 따라 경관협정운영회의 설립신고를 하려면 다음 각 호의 사항이 포함된 경관협정운영회 설립신고서를 설립한 날부터 15일 이내에 제2항에 따른 해당 시·도지사등에게 제출하여야 한다.

1. 명칭 및 소재지
2. 대표자 및 회원명단
3. 운영 목적 및 방법
4. 기능과 역할
5. 그 밖에 해당 지방자치단체의 조례로 정하는 사항

② 제1항에 따른 경관협정운영회의 설립신고는 다음 각 호의 구분에 따른 시·도지사등에게 한다.

1. 경관협정 대상지역이 하나의 특별자치시, 시(행정시는 제외한다)·군·행정시·자치구(이하 "시·군등"이라 한다) 또는 「경제자유구역의 지정 및 운영에 관한 특별법」 제2조제1호에 따른 경제자유구역(이하 "경제자유구역"이라 한다)에 속하는 경우: 해당 특별자치시장·시장·군수·행정시장·구청장등 또는 경제자유구역청장
2. 경관협정 대상지역이 하나의 특별시·광역시·도 또는 특별자치도 내에서 둘 이상의 시·군등에 걸쳐 있는 경우 또는 시·군등과 경제자유구역에 걸쳐 있는 경우: 해당 특별시장·광역시장·도지사 또는 특별자치도지사
3. 경관협정 대상지역이 둘 이상의 특별시·광역시·특별자치시 또는 도에 걸쳐 있는 경우: 해당 경관협정 대상지역이 속한 각각의 특별시장·광역시장·특별자치시장 또는 도지사

제13조(경관협정의 인가 및 폐지인가) 법 제21조제1항 및 제23조제1항에 따른 경관협정의 인가 및 폐지인가를 받아야 하는 시·도지사등의 구분에 관하여는 제12조제2항을 준용한다. 이 경우 "경관협정운영회의 설립신고"는 "경관협정의 인가 신청" 또는 "경관협정의 폐지인가 신청"으로 본다.

제14조(경관협정의 공고 등) ① 법 제21조제2항에 따른 경관협정의 공고는 해당 지방자치단체

의 공보에 게재하는 방법으로 한다.

② 특별자치시장·시장·군수·행정시장·구청장등 또는 경제자유구역청장은 법 제21조제1항에 따라 경관협정을 인가하였을 때에는 법 제21조제2항에 따라 특별자치시, 시·군등, 경제자유구역청의 사무소 또는 경관협정 대상지역이 속한 관할 지역의 읍·면·동 사무소에 경관협정 관련 서류를 갖추어 두고 일반인이 열람할 수 있도록 하여야 한다.

③ 특별시장·광역시장·도지사 또는 특별자치도지사는 법 제21조제1항에 따라 경관협정을 인가하였을 때에는 법 제21조제2항에 따라 특별시·광역시·도 또는 특별자치도의 사무소에 경관협정 관련 서류를 갖추어 두고 일반인이 열람할 수 있도록 하여야 하며, 시장·군수·행정시장·구청장등 또는 경제자유구역청장에게 관련 서류를 보내 시·군등, 경제자유구역청의 사무소 또는 경관협정 대상지역이 속한 관할 지역의 읍·면·동 사무소에 경관협정 관련 서류를 갖추어 두고 일반인이 열람할 수 있도록 하여야 한다.

제15조(경관협정의 변경) 법 제22조 단서에서 “대통령령으로 정하는 경미한 사항을 변경하는 경우”란 다음 각 호의 어느 하나에 해당하는 경우를 말한다.

1. 법 제19조제1항에 따라 경관협정을 체결한 자(이하 “협정체결자”라 한다)의 수가 10분의 1 이내의 범위에서 변경되는 경우
2. 「국토의 계획 및 이용에 관한 법률 시행령」 제25조제4항에 따른 지구단위계획의 경미한 변경 등 관련 계획의 경미한 변경에 따른 경우

제16조(경관협정의 승계자) 법 제24조제2항 본문에서 “대통령령으로 정하는 자”란 협정체결자로부터 권리를 이전받거나 설정받은 날부터 60일 이내에 해당 경관협정을 인가한 시·도지사등에게 해당 지방자치단체의 조례로 정하는 바에 따라 협정체결자로서의 지위를 승계하기로 신고한 자를 말한다.

제17조(경관협정 지원 대상 사업계획서) 법 제25조제2항에 따라 경관협정에 필요한 비용 등을 지원받기 위하여 제출하는 사업계획서에는 다음 각 호의 사항이 포함되어야 한다.

1. 사업의 목표
2. 협정체결자 또는 경관협정운영회의 대표자
3. 사업내용 및 추진계획
4. 사업비용(지원이 필요한 금액을 포함한다)
5. 그 밖에 해당 지방자치단체의 조례로 정하는 사항

제18조(사회기반시설 사업의 경관 심의 대상 등) ① 법 제26조제1항 각 호 외의 부분에서 “대통령령으로 정하는 규모 이상의 사업”이란 다음 각 호의 어느 하나에 해당하는 사업을 말한다.

1. 총사업비가 500억원 이상인 도로·철도시설·도시철도시설 사업
2. 총사업비가 300억원 이상인 하천시설 사업
3. 그 밖에 지방자치단체의 조례로 정하는 규모 이상의 사회기반시설 사업

② 제1항 각 호의 어느 하나에 해당하는 사회기반시설 사업에 대하여 법 제26조제1항에 따라 경관위원회의 심의를 거치는 경우에는 다음 각 호의 기준에 따라야 한다. <개정 2014.5.22.>

1. 심의는 「건설기술 진흥법 시행령」 제71조에 따른 기본설계(이하 이 호에서 "기본설계"라 한다)를 완료하기 전에 마칠 것. 다만, 사업의 특성 등을 고려하여 경관위원회에서 기본설계를 완료하기 전에 심의를 마치기 어렵다고 인정하는 경우에는 「건설기술 진흥법 시행령」 제73조에 따른 실시설계를 완료하기 전에 심의를 마쳐야 한다.
2. 사회기반시설 사업별로 다음 각 목의 구분에 따른 경관위원회의 심의를 거칠 것
   가. 도로 사업의 경우: 「도로법」 제23조에 따른 도로관리청 소속으로 설치한 경관위원회
   나. 철도시설 및 도시철도시설 사업의 경우: 법 제29조제1항에 따라 국토교통부장관 소속으로 설치한 경관위원회
   다. 하천 사업의 경우: 「하천법」 제8조에 따른 하천관리청 소속으로 설치한 경관위원회

③ 법 제26조제3항 전단에 따라 「건설기술 진흥법」 제2조제6호에 따른 발주청(이하 이 항에서 "발주청"이라 한다)에서 경관과 관련된 위원회를 구성하는 경우에는 다음 각 호의 기준에 따른다.

1. 「건설기술 진흥법」 제6조제1항에 따른 기술자문위원회 등 발주청에 설치된 기존 위원회에서 경관 심의를 하는 경우: 해당 위원회의 위원 중 건축·도시·조경·환경 등 경관 관련 분야에 대한 학식과 경험이 풍부한 사람이 전체 위원 수의 3분의 1 이상 되어야 하며, 3명 이상이 경관 심의에 참여하도록 할 것
2. 발주청에서 경관과 관련된 위원회를 새로 구성하는 경우
   가. 해당 위원회의 위원은 다음의 어느 하나에 해당하는 사람 중에서 발주청의 장이 임명하거나 위촉할 것. 이 경우 2)에 해당하는 위원의 수가 전체 위원 수의 3분의 2 이상 되어야 한다.
      1) 발주청에서 경관 관련 업무를 담당하는 직원
      2) 건축·도시·조경·토목·교통·환경·문화·농림·디자인·옥외광고 등 경관계획 관련 분야에 관한 학식과 경험이 풍부한 사람
   나. 가목에서 규정한 사항 외에 해당 위원회의 구성에 관하여는 제25조제1항·제3항 및 제4항을 준용한다. 이 경우 제25조제1항 중 "경관위원회"는 "발주청에서 구성하는 경관과 관련된 위원회"로, 제25조제4항 중 "제2항제3호"는 "가목2)"로 본다.

④ 제2항에서 규정한 사항 외에 사회기반시설 사업에 대하여 경관위원회의 심의를 거치는 경우의 심의절차 등에 관하여 필요한 사항은 국토교통부장관이 정하여 고시한다.

제19조(개발사업의 경관 심의 대상 등) ① 법 제27조제1항에서 "도시개발사업 등 대통령령으로 정하는 개발사업"이란 별표의 사업으로서 다음 각 호의 어느 하나에 해당하는 개발사업을 말한다.

1. 「국토의 계획 및 이용에 관한 법률」 제6조제1호에 따른 도시지역(이하 이 항에서 "도시지

역"이라 한다)에서 시행하는 개발사업 대상지역 면적이 3만제곱미터 이상인 개발사업

2. 도시지역 외의 지역에서 시행하는 개발사업 대상지역 면적이 30만제곱미터 이상인 개발사업

3. 제1호 및 제2호에도 불구하고 별표 제3호다목에 해당하는 개발사업의 경우에는 개발사업 대상지역 면적이 20만제곱미터 이상인 개발사업

② 법 제27조제1항에 따라 개발사업에 대하여 경관위원회의 심의를 거치는 경우 그 심의 시기는 별표와 같다.

③ 제1항 및 제2항에서 규정한 사항 외에 개발사업에 대하여 경관위원회의 심의를 거치는 경우의 심의절차, 제출서류 등에 관하여 필요한 사항은 국토교통부장관이 정하여 고시한다.

제20조(사전경관계획의 수립 등) ① 법 제27조제3항 각 호 외의 부분 본문에서 "대통령령으로 정하는 규모 이상의 개발사업"이란 개발사업 대상지역 면적이 30만제곱미터 이상이거나 개발사업으로 건축되는 건축물 연면적의 합계가 20만제곱미터 이상인 개발사업을 말한다.

② 법 제27조제3항에 따라 사전경관계획을 수립하려는 개발사업 시행자는 사전경관계획에 해당 지역의 경관계획이 반영되도록 하여야 한다.

③ 법 제27조제3항에 따라 사전경관계획을 수립하려는 개발사업 시행자는 사전경관계획을 수립하여 경관위원회의 심의를 신청할 때 사전경관계획과 관련된 종합계획도, 실행계획 등 국토교통부장관이 정하여 고시하는 서류를 첨부하여야 한다.

④ 제1항부터 제3항까지에서 규정한 사항 외에 사전경관계획의 세부적인 작성방법, 심의절차 등에 관하여 필요한 사항은 국토교통부장관이 정하여 고시한다.

제21조(건축물의 경관 심의) ① 법 제28조제1항 각 호에 따른 건축물을 건축하려는 자는 「건축법」 제11조에 따른 건축허가를 받기 전에 특별시장·광역시장·특별자치시장·특별자치도지사 또는 시장·군수·구청장 소속으로 설치하는 경관위원회의 심의를 거쳐야 한다. 다만, 「건축법 시행령」 제5조의5제1항제4호 각 목 외의 부분 후단에 따라 도에 두는 지방건축위원회의 건축 심의를 하는 경우에는 도지사 소속으로 설치하는 경관위원회의 심의를 거쳐야 한다.

② 법 제28조제3항에 따라 「건축법」의 기준을 완화하여 적용받으려는 자는 「건축법」 제11조에 따른 건축허가를 신청할 때 다음 각 호의 사항이 포함된 건축기준 완화적용요청서를 제출하여야 한다.

1. 법 제28조제3항에 따라 기준을 완화하여 적용할 것을 요청하는 사항

2. 기준 완화를 요청하는 사유 및 예상효과

3. 건축물의 공사 및 유지·관리 등에 관한 계획

③ 제1항에 따른 경관위원회의 심의절차 및 제2항에 따른 건축기준 완화적용요청서의 작성방법 등에 관하여는 국토교통부장관이 정하여 고시한다.

제22조(경관과 관련된 위원회) 법 제29조제1항 단서에서 "대통령령으로 정하는 경관과 관련된 위원회"란 다음 각 호의 위원회를 말한다. <개정 2015.12.22., 2015.12.28.>

1. 다음 각 목의 위원회로서 국토교통부장관이 지정하는 위원회
   가. 「공공주택 특별법」 제33조에 따라 국토교통부에 두는 공공주택통합심의위원회
   나. 「국토의 계획 및 이용에 관한 법률」 제106조에 따라 국토교통부에 두는 중앙도시계획위원회
   다. 「경제자유구역의 지정 및 운영에 관한 특별법」 제25조에 따라 산업통상자원부에 두는 경제자유구역위원회
   라. 「농업·농촌 및 식품산업 기본법」 제15조에 따라 농림축산식품부에 두는 중앙 농업·농촌및식품산업정책심의회
   마. 「산업단지 인·허가 절차 간소화를 위한 특례법」 제6조에 따라 국토교통부에 두는 중앙산업단지계획심의위원회
   바. 「연구개발특구의 육성에 관한 특별법」 제7조에 따라 미래창조과학부에 두는 연구개발특구위원회
   사. 「항만법」 제4조에 따라 해양수산부장관 소속으로 두는 중앙항만정책심의회
2. 다음 각 목의 위원회로서 해당 시·도지사등(행정시장 및 경제자유구역청장의 경우에는 시·도지사를 말한다)이 지정하는 위원회
   가. 「건축법」 제4조에 따라 지방자치단체에 두는 건축위원회
   나. 「국토의 계획 및 이용에 관한 법률」 제113조에 따라 지방자치단체에 두는 지방도시계획위원회
   다. 「농업·농촌 및 식품산업 기본법」 제15조에 따라 지방자치단체에 두는 농업·농촌및식품산업정책심의회
   라. 「도시공원 및 녹지 등에 관한 법률」 제50조에 따라 지방자치단체에 두는 도시공원위원회
   마. 산업단지 인·허가 절차 간소화를 위한 특례법」 제6조에 따라 지방자치단체에 두는 지방산업단지계획심의위원회
   바. 「옥외광고물 등 관리법」 제7조에 따라 지방자치단체에 두는 광고물관리및디자인심의위원회
   사. 그 밖에 해당 지방자치단체의 조례로 정하는 위원회

제23조(공동위원회의 구성 및 운영) ① 법 제29조제3항에 따라 다른 법률에 따라 설치된 위원회와 경관위원회(법 제29조제1항 단서에 따라 경관위원회의 기능을 대신하여 수행하는 경관과 관련된 위원회를 포함한다)가 공동으로 심의하려는 경우에는 공동위원회(이하 "공동위원회"라 한다)를 구성하여야 한다.

② 공동위원회는 경관위원회 및 다른 법률에 따라 설치된 위원회의 위원 중 국토교통부장관 또는 해당 시·도지사등이 임명하거나 위촉하는 30명 이내의 위원으로 구성하며, 경관위원회의 위원이 공동위원회 전체 위원 수의 3분의 1 이상 되어야 한다.

③ 공동위원회의 위원장은 국토교통부차관(국토교통부장관이 지명하는 국토교통부차관을 말한

다) 또는 해당 지방자치단체의 부시장, 부지사, 부군수, 부구청장(해당 공무원이 두 명 이상인 경우에는 해당 지방자치체의 장이 지명하는 사람을 말하며, 행정시 및 경제자유구역청의 경우에는 행정시장 및 경제자유구역청장이 지명하는 소속 공무원을 말한다)이 된다.

④ 공동위원회의 회의는 재적위원 과반수의 출석으로 개의(開議)하고, 출석위원 과반수의 찬성으로 의결한다.

⑤ 제1항부터 제4항까지에서 규정한 사항 외에 공동위원회의 조직·운영에 필요한 사항은 국토교통부장관이 정하여 고시하거나 해당 지방자치단체의 조례로 정한다.

제24조(경관위원회의 심의 대상) 법 제30조제1항제8호에서 "대통령령으로 정하는 사항"이란 다음 각 호의 사항을 말한다. 이 경우 제3호는 시·도지사등 소속으로 설치하는 경관위원회인 경우만 해당한다.

1. 법 제25조제2항에 따라 비용 등을 지원받는 경관협정의 결정
2. 다른 법령에서 경관위원회의 심의를 받도록 규정한 사항
3. 그 밖에 해당 지방자치단체의 조례로 정하는 사항

제25조(경관위원회의 구성 등) ① 경관위원회(법 제29조제1항에 따라 시·도지사등 소속으로 설치하는 경우로 한정한다. 이하 같다)는 위원장과 부위원장 각 1명을 포함하여 10명 이상 70명 이내의 위원으로 구성한다.

② 경관위원회의 위원은 다음 각 호의 어느 하나에 해당하는 사람 중에서 해당 시·도지사등이 임명하거나 위촉한다. 이 경우 제3호에 해당하는 위원의 수가 전체 위원 수의 2분의 1 이상 되어야 한다.

1. 해당 지방자치단체 지방의회(행정시 및 경제자유구역청의 경우에는 행정시 및 경제자유구역청이 소속한 시·도의 지방의회를 말한다)의 의원
2. 해당 지방자치단체 또는 경관계획과 관련이 있는 행정기관의 공무원
3. 해당건축·도시·조경·토목·교통·환경·문화·농림·디자인·옥외광고 등 경관계획 관련 분야에 관한 학식과 경험이 풍부한 사람

③ 위원장과 부위원장은 위원 중에서 호선(互選)한다.

④ 제2항제3호에 해당하는 위원의 임기는 2년으로 하고, 위원의 사임 등으로 새로 위촉된 위원의 임기는 전임위원 임기의 남은 기간으로 한다.

제26조(경관위원회의 운영 등) ① 경관위원회의 위원장은 경관위원회의 업무를 총괄하여, 경관위원회를 소집하고 그 의장이 된다.

② 경관위원회의 위원장이 부득이한 사유로 직무를 수행할 수 없을 때에는 부위원장이 그 직무를 대행하며, 위원장과 부위원장이 모두 부득이한 사유로 그 직무를 수행할 수 없을 때에는 위원장이 미리 지명한 위원이 그 직무를 대행한다.

③ 경관위원회의 회의는 다음 각 호의 사람으로 구성한다.

1. 위원장
2. 부위원장
3. 위원장이 회의 시마다 지정하는 8명 이상 20명 이내의 위원

④ 경관위원회의 회의는 제3항에 따른 구성위원 과반수의 출석으로 개의하고, 출석위원 과반수의 찬성으로 의결한다.

⑤ 시·도지사등은 경관위원회 회의를 마친 후 10일 이내에 회의에 참석한 위원 명단 및 회의 결과를 인터넷 홈페이지에 공개하여야 한다. 다만, 법 제29조제3항에 따라 다른 법률에 따라 설치된 위원회와 공동으로 심의한 경우에는 해당 법률에서 규정한 공개 기준에 따라야 한다.

⑥ 경관위원회에 간사 1명과 서기 몇 명을 둘 수 있으며, 간사와 서기는 경관위원회의 위원장이 임명한다.

⑦ 경관위원회의 경관 심의의 효율성을 높이기 위하여 필요한 경우에는 심의 대상 사업의 종류 등을 고려하여 소위원회를 둘 수 있다.

⑧ 소위원회의 위원장은 경관위원회의 위원장이 지명하는 위원이 되며, 소위원회의 회의는 소위원회의 위원장 1명을 포함하여 7명 이내의 위원으로 구성한다.

⑨ 제1항부터 제8항까지에서 규정한 사항 외에 경관위원회의 운영 및 소위원회의 구성·운영 등에 필요한 사항은 해당 지방자치단체의 조례로 정한다.

부칙 <제26762호, 2015.12.28.> (공공주택 특별법 시행령)

제1조(시행일) 이 영은 2015년 12월 29일부터 시행한다.

제2조부터 제7조까지 생략

제8조(다른 법령의 개정) ① 생략

② 경관법 시행령 일부를 다음과 같이 개정한다.

제22조제1호가목 중 “「공공주택건설 등에 관한 특별법」”을 “「공공주택 특별법」”으로 한다.

③부터 <20>까지 생략

제9조 생략

색 인

(ㅊ)

산림미학시론 값 10,000원

초판발행	2007년 2월 28일
초판2쇄발행	2016년 2월 29일
저 자	김 기 원
발 행 인	유 지 수
발 행 처	국민대학교 출판부
주 소	서울시 성북구 정릉로 77
전 화	02-910-4242~3
팩 스	02-910-4030
등록년월일	1975. 6. 17
등록 번호	제6-33호
인 쇄	삼아인쇄사

 ISBN978-89-7812-160-6 93480